Jerry Wyckoff

MW01709750

L'enfant qui dit non

Traduit de l'américain par Jacques Desfossés

LES ÉDITIONS DE L'HOMME

Avant-propos

Au cours des vingt dernières années, nous avons parcouru l'Amérique pour apprendre aux parents à discipliner leur enfant sans crier et sans leur donner la fessée ; nous leur avons montré qu'ils pouvaient devenir des « parents-ressources », dont la mission serait de développer les traits innés de leur enfant. Ce faisant, nous avons rencontré des milliers de parents, de grands-parents, d'enseignants et de baby-sitters qui nous ont demandé de leur fournir des stratégies simples pour amener les enfants dont ils ont la charge à obéir, à écouter et à coopérer. Ces requêtes nous ont convaincus de la nécessité d'un livre comme celui-ci.

Ce livre est d'autant plus nécessaire que nous vivons dans un monde inquiétant et agité, un monde turbulent axé sur la gratification immédiate. La télévision est pour nous une source intarissable de divertissements instantanés. Grâce au four micro-ondes, nous pouvons préparer nos repas en quelques minutes seulement. L'ordinateur est un autre outil qui nous permet de gérer instantanément nos loisirs et notre emploi du temps.

Accoutumés à vivre dans l'immédiateté, de plus en plus de parents s'attendent à ce que leur enfant leur obéisse au doigt et à l'œil. Si l'enfant ne se plie pas aussitôt à ses exigences, le parent aura tendance à le réprimander, à négocier sa coopération ou à le menacer d'un châtiment corporel comme la fessée ; le parent tendra également à amener l'enfant à se sentir coupable ou honteux. De telles stratégies inciteront parfois l'enfant à obéir, par contre, elles mineront sa volonté et le rempliront de rage et de ressentiment. En pareilles circonstances, un enfant coopère non pas parce qu'il veut obéir, mais parce qu'il a peur de désobéir. Ces stratégies pernicieuses sont décrites dans le présent ouvrage, cela afin que le parent bien intentionné puisse comprendre à quel point elles sont néfastes pour son enfant.

Nous proposerons également au parent des stratégies positives qui inciteront l'enfant à coopérer, mais qui l'amèneront aussi à respecter son entourage, à tolérer la frustration, à prendre des décisions responsables et à accepter une gratification qui ne soit pas immédiate. Ces stratégies vous permettront de bâtir une relation parent-enfant positive, basée sur la confiance et l'amour inconditionnel.

Des études ont démontré qu'un parent est confronté au problème de la discipline plusieurs centaines de fois par jour[1] ! Chacune de ces situations donne au parent l'occasion de développer sa patience, son empathie, sa tolérance et ses capacités de négociation, mais aussi d'inculquer ce genre d'aptitudes à son enfant. Ces situations donnent aussi aux parents la chance d'encourager leurs enfants à devenir des êtres autonomes et indépendants, capables de contrôler leur environnement et d'apprécier les différentes étapes de leur développement. Nous vous invitons à toujours garder ce livre à portée de main. Il vous aidera à choisir des pensées, des actions et des paroles constructives dans les moments de conflit avec votre enfant. N'oubliez jamais que l'enfant est à votre écoute !

1. John Gottman. *Raising an Emotionally Intelligent Child*, Fireside, 1997.

Prenez garde à ce que vous dites,
les enfants vous écoutent.
Prenez garde à ce que vous faites,
les enfants apprennent en vous imitant.
Les enfants n'obéissent pas toujours,
mais ils sont à votre écoute.
Les enfants comptent sur vous
pour leur montrer la route à suivre.
Prenez garde avant de dire « écoute-moi »,
car les enfants vous écoutent.

CHILDREN WILL LISTEN,
DE LA COMÉDIE MUSICALE *INTO THE WOODS*,
DE STEPHEN SONDHEIM

Introduction

Le parent qui veut inciter son enfant à coopérer doit se rappeler cette équation simple, mais néanmoins fort importante : aptitude + motivation = performance. En d'autres mots, il ne suffit pas qu'un enfant soit physiquement et intellectuellement *apte* à faire ce que vous lui demandez pour qu'il se plie à vos exigences : il doit aussi *consentir* à vous obéir. Par exemple, pour que votre enfant s'exécute lorsque vous lui demandez de s'habiller, il lui faudra bien sûr savoir comment enfiler ses vêtements, mais aussi avoir une bonne raison de le faire.

Le problème est que ce qui est important pour vous ne l'est pas nécessairement pour l'enfant. Vous voulez qu'il s'habille immédiatement parce que vous devez le conduire à la garderie et que vous ne voulez pas arriver en retard au boulot ; de son côté, l'enfant n'a aucune notion du temps et ne désire qu'une chose : continuer de s'amuser avec ses jouets. Que faire ? Eh bien, vous devez commencer par déterminer s'il est capable de s'habiller tout seul, puis vous devez lui donner une bonne raison d'enfiler ses vêtements.

Il faut certes beaucoup de temps et de patience pour apprendre la coopération à un enfant. Songez cependant que les leçons que vous lui inculquez lui seront profitables pour le reste de sa vie. En appliquant les techniques décrites dans ce livre (et en évitant les approches négatives), vous tisserez avec votre enfant des liens chaleureux et positifs, vous lui apprendrez les bienfaits du travail en équipe et augmenterez sa capacité à différer sa gratification et à tolérer la frustration.

Grâce à ces techniques, l'enfant d'âge préscolaire apprendra à exprimer ses émotions, à respecter son prochain et à prendre des décisions responsables. C'est à ce stade de son développement que l'enfant aura le plus de facilité à assimiler ces aptitudes. D'autant plus qu'il bénéficie d'ores et déjà du professeur idéal : vous.

Pourquoi les jeunes enfants disent « non »

Les bébés et les enfants d'âge préscolaire sont très centrés sur eux-mêmes. Ils désirent faire ce qu'ils veulent, quand ils le veulent. Du point de vue de leur développement, il est parfaitement normal qu'ils agissent ainsi. Mais les jeunes enfants ont également besoin d'un environnement stable et prévisible, aussi disent-ils « non » par peur de l'inconnu : « Je ne veux pas monter dans l'avion ! » ; pour éviter l'échec : « Je ne veux pas m'exercer au piano ! » ; ou pour tenter de garder le contrôle de la situation : « Je ne veux pas aller à la garderie ! ».

Les parents encouragent souvent à leur insu les comportements revêches de leur enfant en l'ignorant quand il obéit et en se préoccupant trop de lui quand il n'obéit pas. Un enfant apprend très vite que désobéir est un excellent moyen d'attirer sur lui l'attention de ses parents. De plus, un jeune enfant à qui on demande de faire quelque chose ne saisit généralement pas les raisons d'une telle requête. Les enfants en bas âge n'ont aucune notion du temps et ne comprennent pas l'empressement dont font preuve leurs parents en certaines circonstances.

Cinq questions importantes

Avant de réagir négativement quand votre enfant vous répond « non », posez-vous ces cinq questions importantes :

Comment me sentirais-je si j'étais à la place de mon enfant? Tout parent désireux de trouver des moyens de motiver son enfant pour l'amener à coopérer doit commencer par prendre en considération le point de vue de celui-ci. Votre enfant est-il fatigué? Est-il occupé à s'amuser avec son joujou préféré? Est-il en train de regarder son émission de télévision favorite? Y a-t-il dans ce que vous lui demandez de faire quelque chose qui pourrait l'apeurer? Une fois que vous aurez compris son point de vue, il vous sera plus facile de l'aider à répondre à vos exigences.

Quelles sont les capacités de mon enfant? Vos attentes sont-elles trop élevées? Votre enfant est-il physiquement capable de faire ce que vous lui demandez? Vous entend-il clairement? Comprend-il les mots que vous utilisez? Songez que chaque enfant est unique et se développe à son propre rythme. Si le développement de votre enfant vous inquiète, n'hésitez pas à consulter un médecin ou un spécialiste.

Ai-je enseigné à mon enfant à faire ce que je lui demande? Lui avez-vous montré et lui avez-vous fait répéter chacune des étapes de la tâche à accomplir? Par exemple, prenez le temps de lui montrer comment se brosser les dents avant de lui demander de le faire par lui-même. Il est normal que vous ayez à lui faire répéter plusieurs fois une tâche ou un geste avant qu'il ne parvienne à le maîtriser. Soyez patient!

Mes directives sont-elles trop nombreuses? Si vous demandez à votre enfant d'éteindre la télé, de ranger ses jouets et de s'habiller, croyez-vous qu'il sera capable de se souvenir de toutes ces tâches distinctes? Suivra-t-il vos directives sans se laisser distraire par autre chose? Dans le cas contraire, mettez à l'épreuve sa capacité à retenir vos demandes. S'il se montre capable de suivre une directive, donnez-lui-en deux, puis trois à la fois.

Suis-je un bon exemple à suivre pour mon enfant? Votre enfant vous a-t-il déjà vu vous brosser les dents? vous laver les mains? utiliser une serviette de table? boucler votre ceinture de sécurité? N'oubliez pas que votre enfant vous observe et cherche à suivre votre exemple.

Les stratégies négatives à éviter

Il est normal qu'un parent s'impatiente quand son enfant ne veut pas lui obéir. Le problème, c'est que l'impatience pousse généralement le parent à harceler son enfant: «Combien de fois vais-je devoir te répéter de...»; à le déprécier: «Tu es paresseux»; à le supplier: «Fais-le pour maman»; à le blâmer: «Ne me mets pas en retard encore une fois»; ou à le culpabiliser: «Tu me déçois vraiment». Si ces stratégies ne donnent pas de bons résultats, le parent tentera parfois d'acheter son obéissance: «Si tu mets tes chaussures, je te donnerai un bonbon»; ou de le menacer: «Si tu ne mets pas tes chaussures, tu auras droit à la fessée».

Ces techniques peuvent sembler légitimes aux yeux du parent qui croit que le manque de coopération de son enfant est un acte de défi. Bon nombre de parents craignent que leur enfant ne leur obéisse jamais, qu'il ne s'entende jamais avec les autres enfants et qu'il n'apprenne jamais à suivre les directives que lui donnent ses professeurs à l'école. Il est possible que leurs propres parents les aient harcelés, menacés ou critiqués quand ils n'obéissaient pas, ce qui fait qu'ils utilisent tout naturellement ce genre de réponse quand leur enfant refuse catégoriquement de coopérer. Il arrive aussi que des parents éprouvent de la honte ou de la colère parce qu'ils ont peur que les autres croient qu'ils sont de mauvais parents si leur enfant ne leur obéit pas.

Ce genre d'attitude et de discours intérieur surviennent lorsque le parent comprend, avec horreur, qu'il ne contrôle pas le comportement de l'enfant. Le parent se dit qu'il doit *absolument* contrôler son enfant, sans quoi cela entraînera des conséquences désastreuses. La colère est une manifestation qui indique que le parent doit changer son discours intérieur. Des études ont démontré que les réactions irrationnelles du parent face au comportement de son enfant[1] peuvent être jugulées par un discours intérieur rationnel. Le parent qui croit que son enfant défie son autorité aura tendance à le blâmer, à le diminuer, à le punir ou à attiser son sentiment de honte, tout cela dans le but de contrôler son attitude de défi. Si, au lieu de cela, le parent se disait que le comportement de son enfant est approprié d'un point de vue développemental, il pourrait alors réévaluer la situation et voir en elle une occasion d'apprendre quelque chose à l'enfant. Ce genre de situation donne au parent la chance de travailler *avec* son enfant, et non contre lui.

Harceler ou menacer un enfant ou encore tenter d'acheter sa coopération ne peut entraîner aucune conséquence positive. Un enfant que l'on traite ainsi fera parfois ce qu'on lui demande parce qu'il a peur ou parce qu'il se sent coupable ou honteux, mais il ne développera pas les aptitudes nécessaires pour devenir un être humain responsable, respectueux et autonome. Au contraire, il apprendra qu'il peut intimider et manipuler les autres pour obtenir ce qu'il désire.

Les stratégies positives

Les enfants ont un sens inné de l'empathie. Cela dit, cette capacité naturelle a besoin d'un environnement stimulant et positif pour se développer. Le parent doit lui-même faire preuve d'empathie envers son enfant

1. Jonathan Haidt. «The Emotional Dog and its Rational Tail: A Social Intutionist Approach to Moral Judgment», *Psychological Review*, vol. 108, n° 4 (octobre 2001), p. 814-834.

s'il veut lui apprendre à respecter les règles qu'il a établies à son intention. Un enfant apprend à se soucier des autres du fait qu'on se soucie de lui et il apprend à respecter les autres du fait qu'il est lui-même respecté. Pour que l'enfant gagne en assurance et apprenne à faire confiance aux autres, le parent doit l'habituer à prendre ses propres décisions, à respecter les règles qu'on lui impose et à accepter les conséquences de ses choix. Les stratégies positives décrites ci-dessous vous aideront à développer votre patience et votre self-control, deux qualités essentielles au parent qui veut enseigner la coopération à son enfant.

Faites preuve d'empathie. Montrez à votre enfant que vous comprenez ce qu'il ressent et que vous vous préoccupez de son bien-être. Si vous agissez ainsi, l'enfant se sentira valorisé et comprendra que vous respectez son point de vue, ce qui l'incitera à devenir plus coopératif. Si vous réprimandez, blâmez, dénigrez ou critiquez votre enfant de façon répétée, si vous vous plaignez de lui et le culpabilisez continuellement, alors il ne fera plus attention à ce que vous dites. Qui plus est, il apprendra à user de ces tactiques déplorables dans ses relations avec ses semblables.

Faites appel à la « règle de grand-mère ». La règle de grand-mère dit ceci : « Quand tu auras fait ce que je t'ai demandé de faire, tu seras libre de faire ce qui te plaît. » Cette approche pacifique et rationnelle montre à l'enfant qu'il doit s'acquitter de ses responsabilités avant de pouvoir faire ce qu'il veut, ce qui lui apprend à tolérer la frustration et à accepter de reporter sa gratification à plus tard. Cette stratégie positive aidera votre enfant à développer la motivation intérieure dont il a besoin pour s'acquitter de ses tâches avant de passer aux choses plus plaisantes. Bref, la règle de grand-mère accoutume l'enfant à travailler en harmonie avec les autres de manière que les besoins de chacun soient comblés.

En tentant de marchander la coopération de l'enfant, le parent transmet à celui-ci un tout autre message: «Si tu fais ce que je te demande, je te donnerai une récompense.» Cette façon de faire lui apprend à attendre qu'on lui propose une gratification tangible avant de consentir à coopérer. Du moment que l'enfant a compris qu'il peut monnayer sa coopération, sa motivation demeurera toujours externe et sera totalement dépendante de l'importance de l'éventuelle récompense.

Proposez-lui plusieurs choix. Pour que votre enfant développe ses aptitudes décisionnelles, il faut que vous lui donniez des choix. Vous pouvez dire par exemple: «Tu peux jouer avec ta sœur si tu es gentil avec elle, sinon tu peux aller jouer tout seul; à toi de choisir.» Puisque l'enfant veut tout naturellement continuer de jouer avec sa sœur, votre discours le motive à se montrer gentil envers elle.

En intimidant votre enfant ou en menaçant de le punir quand il n'obéit pas, vous lui signifiez qu'il n'est pas autorisé à contrôler sa destinée. Le fait que vous ne lui laissiez aucun choix quant à l'issue de la situation ne fera qu'accroître son sentiment de colère et de ressentiment à votre égard, l'incitant à vous résister encore davantage. Les menaces engendrent la peur, or, la peur incite l'enfant à se rebeller et à adopter une attitude de fuite.

Le parent se place dans une position fort délicate lorsqu'il menace son enfant. Le problème est que si l'enfant refuse toujours d'obéir, le parent se verra forcé de mettre ses menaces à exécution en le punissant d'une manière qui risque de compromettre la relation parent-enfant. D'un autre côté, si le parent ne donne pas suite à ses menaces, il perdra toute crédibilité aux yeux de l'enfant. Une fois que votre enfant découvrira que vos avertissements ne sont que des paroles en l'air, il cessera de croire que vous parlez sérieusement quand vous vous adressez à lui. La conséquence de cela est que, au lieu d'avoir peur d'être puni, l'enfant en viendra à craindre que la réalité ne soit pas telle qu'il la perçoit. Au vu de tant de conséquences néfastes, il est préférable que vous évitiez de menacer votre enfant.

Comment utiliser ce livre

Le but de ce livre est de vous aider à atteindre vos objectifs à court terme, c'est-à-dire amener votre enfant à faire ce que vous lui demandez, de même que vos objectifs à long terme, c'est-à-dire lui apprendre à gérer sa frustration, à tolérer que sa gratification soit différée, à exprimer ses émotions, à prendre ses propres décisions, à faire preuve d'empathie envers les autres et à prendre leurs besoins en considération.

Le titre de chaque chapitre réfère à des situations qui reviennent fréquemment dans la relation parent-enfant. Chaque titre est suivi d'une brève explication du contexte psychologique et développemental relatif à la situation.

La section «Conseils pratiques» vous propose des recommandations qui vous aideront à motiver l'enfant pour qu'il vous écoute, suive vos directives et fasse ce que vous lui demandez.

La section «Votre discours intérieur» présente les mots que vous vous dites en votre for intérieur lorsque survient la situation en question. C'est ce discours intérieur qui déterminera l'attitude que vous adopterez face aux événements. Cette petite voix que vous entendez parfois résonner dans votre tête vous dit qu'un événement est soit un problème insurmontable, soit une occasion d'aider l'enfant à acquérir une aptitude importante. À la base, tout événement est neutre ; c'est la perception que vous avez de cet événement qui en fait une chose positive ou négative.

Il est important que vous réfléchissiez à votre attitude face au comportement de l'enfant *avant* d'agir. Au bout du compte, c'est votre attitude qui déterminera votre réaction. Lorsque vous percevez le manque de coopération de votre enfant comme un acte de défi, il est probable que vous réagirez négativement. Par contre, si vous percevez la résistance de l'enfant comme une opportunité d'apprentissage, alors votre réponse sera rationnelle et adéquate.

La section «Comment parler à votre enfant» montre au parent comment s'adresser à son enfant pour l'amener à coopérer. Tout comme dans la section «Votre discours intérieur», nous vous présentons ce qu'il faut dire, mais aussi ce qu'il ne faut pas dire. Toutes les réponses, les positives comme les négatives, sont accompagnées d'un texte explicatif. Évitez d'utiliser les réponses négatives - «Ne dites pas» - avec votre enfant; ces réponses le motiveront à obéir parce qu'il a peur, parce qu'il a honte ou parce qu'il se sent coupable. Nous vous conseillons vivement d'adopter plutôt les réponses positives - «Dites» -, lesquelles inciteront l'enfant à coopérer tout en l'aidant à développer son sens du respect et de l'empathie.

CHAPITRE 1

LES DÉPLACEMENTS

La route est longue – faisons ce chemin ensemble. La route est tortueuse – aidons-nous mutuellement à la négocier. La route est plaisante – partageons-la tous les deux. Cette route n'appartient qu'à nous – parcourons-la dans l'amour.

JOYCE HUNTER

L'HEURE DU DÉPART

C'est la pause du midi et vous «lunchez» dans un restaurant sympathique avec vos collègues de travail. La nourriture est excellente et la conversation, stimulante. Vous n'avez pas envie de retourner travailler, n'est-ce pas? Eh bien, c'est ainsi que se sent votre fillette de trois ans quand elle s'amuse au parc ou chez une copine et qu'elle proteste parce qu'elle ne veut pas rentrer à la maison. Au lieu d'attendre d'elle qu'elle coopère immédiatement, donnez-lui le temps de s'adapter en amorçant le processus de départ plusieurs minutes avant de partir. L'enfant doit en arriver à comprendre que son emploi du temps n'aura pas toujours préséance sur le vôtre.

CONSEILS PRATIQUES

- Avant d'aller quelque part avec votre enfant, expliquez-lui clairement le processus de départ. Vous pourriez, par exemple, lui dire: «Je vais t'avertir cinq minutes avant de partir. Ainsi, tu auras le temps de dire au revoir à tes amis, de mettre ton manteau et de te préparer.»
- Aidez votre enfant à compléter les tâches relatives à son départ – mettre son manteau, ranger ses jouets, aller à la toilette, etc.
- Encouragez votre enfant à obéir en conservant une attitude positive et en lui faisant des commentaires positifs.

Votre discours intérieur

NE VOUS DITES PAS :

Je ne supporte pas que mon enfant me désobéisse.

Lorsqu'on se dit qu'on ne peut pas supporter quelque chose, cela évoque en nous des sentiments de désespoir et d'impuissance et cela nous empêche de trouver des solutions constructives au problème. En vous disant que vous ne pouvez pas tolérer la désobéissance de l'enfant, vous risquez de ressentir colère et frustration, ce qui n'incitera pas l'enfant à coopérer.

DITES-VOUS PLUTÔT :

Je reconnais que mon enfant a besoin de se sentir autonome et de prendre ses propres décisions. Je suis capable de gérer cet état de choses.

En tant qu'adulte, vous êtes libre de choisir comment vous réagirez au comportement de votre enfant. Lorsque vous vous dites que vous êtes *capable* de faire quelque chose, cela vous donne davantage confiance en vous-même. Vous serez plus apte à trouver une solution au problème si vous vous concentrez sur des émotions positives. Du moment que vous agissez avec enthousiasme et empathie, votre relation avec l'enfant sera positive et enrichissante et celui-ci se montrera plus coopératif.

NE VOUS DITES PAS :

Tout le monde doit penser que je suis un mauvais parent.

À force de vous imaginer que les autres pensent que vous êtes un mauvais parent, vous allez finir par croire qu'ils ont raison. Une telle attitude vous empêchera de trouver des moyens constructifs de gérer le comportement de l'enfant. Vous ne pouvez pas contrôler ce que pensent les autres, alors cessez de vous en préoccuper.

DITES-VOUS PLUTÔT :

Mon but n'est pas d'impressionner les autres.

Votre objectif à long terme est d'aider l'enfant à tolérer la frustration et à s'ajuster aux changements qui surviennent dans sa vie. Vous saurez conserver une attitude positive si vous vous concentrez sur cet objectif.

NE VOUS DITES PAS :

Mon enfant m'enrage ! J'ai peur de ce que je pourrais lui faire s'il ne se prépare pas à partir MAINTENANT !

En soi, le comportement de votre enfant ne peut pas vous rendre furieux ; seul ce que vous *pensez* du comportement de votre enfant peut vous mettre dans cet état. Chaque fois que vous exigez une chose qui se situe hors de votre contrôle - la coopération de votre enfant, par exemple -, il est probable que vous serez en colère si vous n'obtenez pas satisfaction. Seul votre enfant peut décider s'il suivra ou non vos directives. Votre rôle est de lui enseigner à prendre la bonne décision.

DITES-VOUS PLUTÔT :

Je ne vais pas obliger mon enfant à coopérer.

En choisissant de vous mettre en colère, vous inhibez votre capacité à résoudre un problème avec empathie. Au lieu de vous dire que votre enfant *doit* obéir, dites-vous que vous *aimeriez* qu'il coopère. Cette attitude ouvrira votre esprit à de nouvelles façons de l'encourager dans cette voie.

Comment parler à votre enfant

NE VOUS LAMENTEZ PAS. NE DITES PAS :

Pourquoi ne fais-tu jamais ce que je te dis de faire ? Tu ne serais pas content même si on restait plus longtemps !

Cette réplique cinglante suggère à l'enfant qu'il a des troubles caractériels innés alors qu'en réalité son comportement est tout à fait normal à ce stade de son développement.

DONNEZ-LUI PLUTÔT DES DIRECTIVES PRÉCISES. DITES :

On va partir dans cinq minutes, alors commence à ramasser tes affaires.

En amorçant ainsi le processus de départ, vous permettez à l'enfant de terminer ses activités et de se préparer au changement qui est sur le point de survenir.

NE LE MENACEZ PAS. NE DITES PAS :

Je t'avertis que si tu n'obéis pas tout de suite, tu auras la fessée !

Lorsque vous menacez votre enfant d'un châtiment physique, vous lui signifiez qu'il est acceptable pour une personne grande et forte d'user de violence pour obtenir ce qu'elle veut d'une personne plus petite et plus faible qu'elle.

AGISSEZ PLUTÔT AVEC EMPATHIE. DITES :

Je comprends que tu ne veuilles pas partir maintenant, mais, dans la vie, il faut parfois faire des choses qui nous déplaisent.

En vous mettant à la place de l'enfant, vous lui montrez que vous respectez ses sentiments, ce qui l'incitera à coopérer. Non seulement aurez-vous davantage de chances de partir à l'heure dite en adoptant cette approche, mais vous habituerez également votre enfant à gérer les petites déceptions de l'existence.

NE JOUEZ PAS LES DÉLATEURS. NE DITES PAS :
Attends que je dise à ton père combien tu es désobéissant ! Il ne sera pas du tout content de toi !

En adoptant cette approche, vous habituez l'enfant à avoir peur de ses parents et vous lui faites croire qu'il risque de contrarier quelqu'un s'il refuse de coopérer. Cette stratégie lui apprend par ailleurs qu'il est acceptable de dénoncer une autre personne pour arriver à ses fins. Quand vous dites, «Ton père ne sera pas content de toi», vous signifiez à l'enfant que ses parents cesseront de l'aimer s'il n'obéit pas. De plus, en traitant votre enfant de «désobéissant», vous l'invitez à se définir à travers son comportement.

FAITES PLUTÔT UN JEU DE LA SITUATION. DITES :
On va voir si tu peux mettre ton manteau avant que je puisse compter jusqu'à dix. Prêt ? Un, deux...

Le parent peut aisément désamorcer une situation potentiellement explosive en en faisant un jeu. Voyant son esprit de compétition sollicité, votre enfant ne songera plus à vous résister, si bien que vous pourrez orienter son comportement dans la direction voulue. Dans le cas présent, si votre enfant ne parvient pas à mettre son manteau au compte de dix, dites : «C'est dommage que tu n'aies pas pu finir à temps. Maintenant je vais t'aider à mettre ton manteau. On va jouer au même jeu en arrivant à la maison, tu veux ? Un jour, tu seras capable de faire tout ce que je te demande avant même que je puisse compter jusqu'à dix.»

NE MARCHANDEZ PAS AVEC L'ENFANT. NE DITES PAS :
Si tu viens avec moi tout de suite, on arrêtera au magasin et je t'achèterai des bonbons.

En rétribuant ainsi l'enfant, vous l'habituez à refuser de coopérer jusqu'à ce qu'on lui promette une récompense. La situation se compliquera davantage si le parent utilise la nourriture comme récompense. En pareil cas, l'approbation du parent deviendra irrémédiablement liée à la nourriture dans l'esprit de l'enfant, ce qui pourrait l'amener à développer des troubles du comportement alimentaire.

METTEZ PLUTÔT L'ACCENT SUR UNE CONSÉQUENCE POSITIVE. DITES :

Plus vite tu te prépareras à partir, et plus vite on pourra revenir.

Ce genre de discours fait comprendre à l'enfant que sa coopération lui permettra de faire une chose dont il a envie dans un avenir rapproché. Grâce à cette stratégie, l'enfant apprendra à tolérer la frustration et à accepter que sa gratification soit remise à plus tard.

LA VOITURE : Y MONTER

Votre bambin de quatre ans ne veut pas monter en voiture quand vous le lui demandez? Eh bien, sachez que son opposition peut s'expliquer de plusieurs façons. Peut-être n'aime-t-il pas porter sa ceinture de sécurité. Peut-être a-t-il faim ou est-il fatigué. Peut-être a-t-il mal au ventre quand il est en auto. Il est également possible qu'il veuille tout simplement rester à la maison pour jouer. Lorsque votre enfant refuse de monter en voiture, commencez par lui demander comment il se sent ; vous serez plus apte à régler le problème si vous connaissez les motifs de son refus. Allez, bonne route !

CONSEILS PRATIQUES

- Évitez autant que possible les déplacements en voiture durant les moments de la journée où votre enfant est le plus grincheux – juste avant les repas ou à l'heure de la sieste, par exemple. Cela dit, si vous envisagez un long trajet, partez durant l'heure de la sieste pour que l'enfant puisse dormir dans la voiture.
- Si votre enfant n'est pas à l'aise en voiture, aérez l'habitacle autant que possible et asseyez-le de façon qu'il puisse voir la route. Vous pouvez également lui proposer d'écouter des chansons ou ses films favoris pour faire de ce périple une expérience qu'il prendra plaisir à renouveler.

Votre discours intérieur

NE VOUS DITES PAS :
J'ai un million de choses à faire… et il faut que mon enfant me donne du fil à retordre par-dessus le marché !

À force de considérer la vie comme une série de problèmes insolubles, vous finirez par vous apitoyer sur votre propre sort et vous aurez l'impression d'être une victime. Vous vous sentirez alors accablé, épuisé, persécuté, ce qui vous plongera tôt ou tard dans un état de profonde dépression. Vos problèmes vous paraîtront pires qu'ils ne le sont si vous vous dépréciez de la sorte.

DITES-VOUS PLUTÔT :
Mon enfant est têtu en ce moment, mais cela ne veut pas dire qu'il se comportera toujours ainsi.

Adoptez une attitude optimiste, et la réticence de votre enfant ne sera plus à vos yeux qu'un désagrément passager. Vous aurez l'esprit plus tranquille et serez plus apte à régler le problème patiemment et de façon proactive.

NE VOUS DITES PAS :
Ça ne vaut pas la peine que je me batte avec lui. Je ferai mes courses plus tard.

En changeant votre emploi du temps parce que votre enfant regimbe, vous lui signifiez qu'il peut obtenir tout ce qu'il veut en rouspétant. Votre attitude lui montre en outre qu'il est acceptable de capituler face à l'adversité.

DITES-VOUS PLUTÔT :
Au lieu de changer mon emploi du temps parce que mon enfant ne veut pas monter dans la voiture, je vais essayer de trouver une façon de l'inciter à coopérer.

En plus de vous rendre plus apte à régler le conflit, votre attitude positive fait de vous un exemple de patience et de persévérance aux yeux de votre enfant.

NE VOUS DITES PAS :
Mon enfant croit qu'il peut abuser de moi parce que nous formons une famille monoparentale.

En imputant la résistance de votre enfant au fait que vous êtes parent unique, vous attisez votre sentiment de persécution, ce qui vous fera considérer les écarts de conduite de votre enfant comme des échecs personnels. C'est là une façon malsaine et peu efficace de lui apprendre à coopérer.

DITES-VOUS PLUTÔT :
Je comprends comment se sent mon enfant. Je n'ai moi-même pas toujours envie de faire les choses que je dois faire.

L'enfant sera plus enclin à coopérer si vous faites preuve d'empathie à son égard. Si le parent et l'enfant s'épaulent mutuellement et travaillent en harmonie, ils atteindront tous deux leurs objectifs respectifs.

Comment parler à votre enfant

NE L'INTIMIDEZ PAS. NE DITES PAS :
Monte tout de suite dans la voiture ou tu vas le regretter !

Votre enfant n'apprendra pas à coopérer si vous le traitez ainsi. Au contraire, cela lui apprend à continuer de résister jusqu'à ce que vous le menaciez. Songez également que si l'enfant persiste dans son comportement rebelle, vous serez obligé de mettre vos menaces à exécution ! Si vous ne sévissez pas, l'enfant n'accordera plus aucun crédit à vos paroles.

DONNEZ-LUI PLUTÔT DES CHOIX. DITES :
Tu peux monter dans la voiture en te disant que tu auras du plaisir ou monter dans la voiture et continuer de faire la tête. À toi de choisir.

Cette réponse fait comprendre à l'enfant que c'est à lui de décider de son état d'âme. Une telle approche lui permet d'apprendre à gérer ses contrariétés.

NE NÉGOCIEZ PAS AVEC LUI. NE DITES PAS :
Si tu montes tout de suite dans la voiture, je te donnerai un biscuit.

Marchander la coopération de l'enfant par le biais de friandises confère à la nourriture le pouvoir de rendre l'enfant heureux, ce qui est très malsain. Cette attitude lui enseigne en outre qu'il peut être gratifié d'une récompense s'il vous résiste.

CONCLUEZ PLUTÔT UN MARCHÉ AVEC LUI. DITES :
Quand tu seras bien installé sur ton siège avec ta ceinture bouclée, on pourra chanter tous les deux en faisant jouer tes chansons préférées.

Cette réponse renvoie à la règle de grand-mère dont nous avons parlé précédemment. Ce genre d'attitude montre à l'enfant qu'il peut contrôler sa destinée tout en se pliant à vos directives puisque, lorsqu'il coopère, il peut faire des choses qui lui sont agréables.

NE LE MENACEZ PAS. NE DITES PAS :
Si tu ne montes pas tout de suite dans la voiture, je vais te donner la fessée.

La menace d'une punition corporelle montre à l'enfant que son comportement revêche risque d'entraîner une réaction violente de votre part. En menaçant ainsi votre enfant, vous lui apprenez à obéir pour éviter d'être puni, et non parce que cela vous permettra, à vous et à lui, d'atteindre vos objectifs respectifs.

INVITEZ-LE PLUTÔT À SE CONFIER. DITES :

Je ne comprends pas pourquoi tu ne veux pas monter dans la voiture. Pourrais-tu me l'expliquer ?

En demandant à votre enfant de vous expliquer pourquoi il refuse de coopérer, vous lui donnez la chance de décrire un problème dont vous ne soupçonnez peut-être pas l'existence. Peut-être voudrait-il pouvoir regarder le paysage défiler sous ses yeux, mais que la position de son siège ne le lui permet pas ; peut-être a-t-il mal au ventre. En le questionnant, vous lui montrez que vous vous préoccupez de ce qu'il pense et ressent, que vous êtes heureux qu'il consente à exprimer ce qui le tracasse. Une fois le problème identifié, vous pourrez vous employer à le résoudre au lieu de vous concentrer sur le comportement revêche de l'enfant.

NE VOUS FÂCHEZ PAS. NE DITES PAS :

Ça fait trois fois que je te le demande gentiment. Maintenant, je vais me fâcher !

Lorsque vous vous mettez en colère, vous incitez l'enfant à obéir pour éviter de vous contrarier. Cette approche ne lui enseigne pas les bienfaits d'une interaction harmonieuse avec vous.

SOULIGNEZ PLUTÔT LES ASPECTS POSITIFS DE LA CHOSE. DITES :

Je sais que tu ne veux pas monter dans la voiture, mais il faut que je te conduise à la garderie parce que je dois aller travailler. Quand tu seras bien installé et que ta ceinture sera bouclée, tu pourras t'amuser avec les jouets que j'ai mis dans l'auto spécialement pour toi.

Aidez votre enfant à comprendre que certaines de vos requêtes sont non négociables, mais qu'il pourra tout de même prendre du plaisir à s'y plier. Les jouets et les livres que vous gardez dans la voiture à son intention sont autant de gratifications positives qui le motiveront à coopérer.

LE SIÈGE D'AUTO

Imaginez un peu comment vous vous sentiriez si on essayait de vous attacher sur une chaise sans fournir quelque explication que ce soit. Vous ne seriez pas trop chaud à l'idée de coopérer, n'est-ce pas? Sachant cela, efforcez-vous de comprendre comment votre garçon ou votre fillette de deux ans se sent quand vous «l'enchaînez» à son siège de sécurité pour enfant. Expliquez-lui gentiment mais fermement qu'en voiture, pour des raisons de sécurité, tout le monde doit être bien attaché. Il est important que l'enfant comprenne que certaines règles sont non négociables.

CONSEILS PRATIQUES

- Établissez des règles relatives aux déplacements en auto. Dites par exemple à votre enfant qu'il doit garder sa ceinture de sécurité bien attachée jusqu'à ce que vous arriviez à destination.
- Portez toujours votre ceinture de sécurité. N'oubliez pas que votre enfant aura tendance à imiter vos comportements.
- Conservez des jouets et des livres dans le véhicule afin de divertir l'enfant et de détourner son attention du fait qu'il doit rester bien arrimé à son siège.

Votre discours intérieur

NE VOUS DITES PAS :

Mon enfant n'a pas besoin de rester attaché puisque je conduis prudemment.

Des échappatoires de ce genre vous tirent peut-être momentanément d'embarras, toutefois ils risquent de mettre la vie et la sécurité de votre enfant en danger. La résistance de votre enfant ne devrait pas vous empêcher de lui inculquer les habitudes et les principes de sûreté qui prévalent lors des déplacements en voiture.

DITES-VOUS PLUTÔT :

Mon enfant n'a aucune notion du danger. C'est à moi de veiller à sa sécurité.

Ne perdez pas de vue votre objectif premier qui est d'inculquer à l'enfant les principes de sécurité relatifs aux déplacements en voiture.

NE VOUS DITES PAS :

Pourquoi mon enfant est-il si obstiné ? Je ne sais peut-être pas comment m'y prendre avec lui.

Ce n'est pas en vous blâmant vous-même du comportement de votre enfant que vous parviendrez à résoudre le problème. La vérité est que vous ne pouvez pas contrôler le comportement de votre enfant ; lui seul peut le faire. Ce que vous pouvez contrôler, cependant, c'est votre réaction à son comportement.

DITES-VOUS PLUTÔT :

J'imagine que moi non plus je n'aimerais pas être ligoté sur mon siège comme ça. Mon enfant doit se sentir totalement impuissant dans cette position.

Faites preuve d'empathie envers votre enfant. Si votre enfant a le sentiment que vous comprenez sa situation et que vous respectez ce qu'il ressent, il sera plus enclin à coopérer.

NE VOUS DITES PAS :

Ma mère m'avait bien averti que j'aurais un enfant difficile.

Il est absurde et illogique que vous imputiez le comportement revêche de votre enfant à une prédiction sans fondement lancée par vos parents. En adoptant ce genre d'attitude, vous vous déresponsabilisez face à votre rôle de parent. Sachez par ailleurs que vous cataloguez votre enfant en le qualifiant ainsi de «difficile»; or, à force de se voir affublé d'une épithète négative, l'enfant en viendra à croire qu'il est ainsi.

DITES-VOUS PLUTÔT :

Mon objectif est d'aider mon enfant à apprendre à faire les choses qu'il ne veut pas faire.

Aidez patiemment votre enfant à comprendre pourquoi il est important qu'il reste bien installé sur son siège d'auto. Il est important que l'enfant sache que s'il obéit, il sera en sécurité.

Comment parler à votre enfant

NE LE PUNISSEZ PAS. NE DITES PAS :

Si tu ne t'assois pas sur ton siège, je vais te donner la fessée.

En menaçant votre enfant d'une punition corporelle, vous lui faites comprendre que vous êtes plus grand et fort que lui et que vous pouvez lui faire du mal s'il n'obéit pas. Au lieu de proférer des menaces de violence, usez plutôt d'empathie pour l'inspirer à coopérer. Aidez votre enfant à comprendre que vous respectez ce qu'il ressent, mais que vous devez néanmoins faire le nécessaire pour assurer sa sécurité.

INVITEZ-LE PLUTÔT À SE CONFIER À VOUS. DITES :
Pourquoi n'aimes-tu pas t'asseoir sur ton siège d'auto ?

En demandant à votre enfant de vous dire pourquoi il n'aime pas s'asseoir sur son siège d'auto, vous lui montrez que vous respectez ce qu'il ressent et vous lui apprenez à agir de façon empathique. Vous découvrirez peut-être que votre enfant voudrait pouvoir regarder dehors, mais qu'il ne peut le faire parce que son siège est installé trop bas ; ou peut-être que les sangles de sa ceinture de sécurité l'enserrent trop étroitement quand vous négociez un virage. Rectifiez ces détails et les déplacements en voiture deviendront une expérience beaucoup plus agréable pour l'enfant.

N'ABUSEZ PAS DE VOTRE AUTORITÉ. NE DITES PAS :
Si tu ne restes pas assis sur ton siège, la police va t'arrêter.

N'évoquez pas la police pour inciter votre enfant à coopérer. Après tout, ne voulez-vous pas que votre enfant apprenne que les policiers sont ses amis, et non ses ennemis ? De toute manière, si votre enfant n'est pas bien attaché à son siège, c'est vous, et non lui, qui risquez de vous faire arrêter.

RAPPELEZ-LUI PLUTÔT LE RÈGLEMENT. DITES :
Le règlement dit que tu dois rester assis sur ton siège. On ne peut pas rouler si tu n'obéis pas à cette règle.

En tenant ce genre de discours, vous vous placez sur un pied d'égalité avec l'enfant : c'est à la règle, et non à vous personnellement, qu'il doit obéir. L'enfant sera donc moins porté à vous tenir tête et il apprendra que les règlements sont des choses que tout le monde se doit de respecter.

NE VOUS FÂCHEZ PAS. NE DITES PAS :

Assois-toi tout de suite sur ton siège, sinon je vais vraiment me fâcher !

En disant cela, vous signifiez à l'enfant qu'il est responsable de votre colère. Par conséquent, vous le culpabilisez et inhibez sa capacité à agir de façon empathique. Votre attitude donne par ailleurs à l'enfant le sentiment qu'il peut contrôler vos émotions, ce qui est très malsain.

REMERCIEZ-LE PLUTÔT DE SA COOPÉRATION. DITES :

Tu t'es assis sur ton siège tout seul, comme un grand. Merci. J'aime bien quand tu m'écoutes et que tu es gentil comme ça.

Montrez à votre enfant que vous êtes content de lui et de son comportement. Cela lui apprend que sa coopération entraîne une attention positive de votre part, ce qui est très motivant pour lui.

NE LUI PROMETTEZ PAS DE RÉCOMPENSE. NE DITES PAS :

« Si tu t'assois sur ton siège, je te donnerai un suçon. »

Si vous achetez ainsi l'obéissance de votre enfant, celui-ci s'attendra à être récompensé chaque fois qu'il fait ce que vous lui demandez.

CONCLUEZ PLUTÔT UN MARCHÉ AVEC LUI. DITES :

« Si tu t'assois sur ton siège, on fera jouer ta musique préférée. »

Cet usage de la règle de grand-mère montre à l'enfant que sa coopération entraîne des conséquences positives pour toutes les parties concernées.

LA VOITURE : EN DESCENDRE

Si votre petit de cinq ans refuse de sortir de la voiture, c'est peut-être qu'il est temps pour vous de réévaluer le nombre et la nature des déplacements que vous lui faites subir quotidiennement. Il est possible qu'en refusant de coopérer, il cherche à vous signifier qu'il en a assez de tous ces va-et-vient. Sa résistance peut également signifier qu'il craint une activité ou une destination bien précise. Peut-être ne désire-t-il rien de plus que de rester bien confortablement à la maison avec vous. En pareille situation, commencez par demander à votre enfant ce qu'il pense et ressent. Sa réponse vous aidera très certainement à régler le problème.

CONSEILS PRATIQUES

- Faites preuve d'empathie et d'ouverture d'esprit. Encouragez l'enfant à vous dire ce qui le tracasse ou lui fait peur.
- Établissez des règles précises concernant les déplacements en voiture afin que l'enfant comprenne bien ce qu'il doit faire lorsque vous arriverez à destination.
- Avant de partir, répétez avec lui les gestes qu'il sera appelé à faire dans la voiture de manière qu'il puisse bien les assimiler.

Votre discours intérieur

NE VOUS DITES PAS :

Il ne m'écoute jamais parce que c'est un enfant difficile. Je ne sais vraiment pas ce que je vais faire de lui.

En qualifiant votre enfant de «difficile», vous vous détournez de votre objectif qui est de lui apprendre à coopérer. Vos propos risquent par ailleurs de créer un nouveau problème : en cataloguant l'enfant de la sorte, vous l'incitez à devenir tel que vous le décrivez. Du moment que vous êtes convaincu que votre enfant est difficile, lui apprendre à obéir vous semblera un objectif impossible à réaliser.

DITES-VOUS PLUTÔT :

Je sais que mon enfant est capable de coopérer et je sais qu'il choisira éventuellement de m'obéir plus souvent.

Si vous continuez de croire que votre enfant est capable de faire ce que vous lui demandez, il en viendra à croire lui aussi en ses propres capacités. Entretenez une vision positive de ce qu'il est.

NE VOUS DITES PAS :

J'abandonne ! Il ne veut pas sortir de l'auto, eh bien, qu'il y reste !

Le parent qui se dit que la situation est sans issue risque de prendre une décision à la fois dangereuse et irrationnelle – laisser son enfant seul dans sa voiture, par exemple. Il va sans dire que ce n'est pas une chose à faire.

DITES-VOUS PLUTÔT :

Mon enfant est parfois têtu, néanmoins je dois toujours veiller à sa sécurité.

Vous supporterez mieux les frustrations propres à votre rôle de parent si vous vous dites capable de les endurer. Agissez avec mesure et de façon responsable... et il y a de fortes chances que votre enfant suive votre exemple.

NE VOUS DITES PAS :
Je déteste commencer la journée en me battant avec mon enfant pour qu'il sorte de la voiture.

Des émotions négatives de ce genre peuvent nuire à votre santé physique et émotionnelle. Des études ont démontré que les émotions négatives inhibent le flot sanguin vers le cœur et diminuent la résistance d'un individu face à la maladie[1].

DITES-VOUS PLUTÔT :
Mon enfant refuse de descendre de voiture, mais je ne laisserai pas cet incident gâcher toute ma journée.

Vous conserverez une attitude plus positive et serez plus à même de régler le problème qui vous occupe si vous refusez de laisser un incident négatif isolé donner le ton à votre journée. Une attitude positive vous permettra de réfléchir plus clairement et d'accueillir avec optimisme les petits problèmes quotidiens[2].

Comment parler à votre enfant

NE LE SUPPLIEZ PAS. NE DITES PAS :
Pourrais-tu s'il te plaît sortir de la voiture ? Maman est fatiguée et elle n'a pas envie d'attendre.

Votre enfant n'apprendra pas à obéir si vous le suppliez de la sorte. En fait, cette attitude lui fait comprendre qu'il exerce sur vous une certaine mesure de contrôle, ce qui peut l'inciter à vous résister davantage.

---

1. Barbara Fredrickson. « Cultivating Positive Emotions to Optimize Health and Well-Being », *Prevention and Treatment*, vol. III, article 1 (2000).
2. *Ibid.*

OFFREZ-LUI PLUTÔT DES CHOIX. DITES :

Veux-tu descendre de voiture tout seul ou préfères-tu que je t'aide ? À toi de choisir.

En donnant des choix à votre enfant, vous l'habituez à prendre ses propres décisions, ce qui lui donne l'impression de contrôler davantage sa destinée. Ce sentiment de pouvoir et de contrôle sur sa propre existence le motivera grandement à coopérer.

NE MARCHANDEZ PAS AVEC LUI. NE DITES PAS :

Si tu descends tout de suite de l'auto, je t'achèterai une petite gâterie.

Cette approche montre à l'enfant qu'il peut monnayer sa coopération.

CONCLUEZ PLUTÔT UN MARCHÉ AVEC LUI. DITES :

Plus vite tu descendras de voiture, plus vite on aura fini de faire les courses et plus vite on pourra retourner à la maison pour que tu puisses jouer.

Votre enfant sera plus apte à tolérer sa frustration dans l'immédiat si vous lui montrez que sa décision présente des avantages à long terme. Cette stratégie enseigne en outre à l'enfant que, dans la vie, il y a des solutions qui profitent à tout le monde.

NE DÉPRÉCIEZ PAS L'ENFANT. NE DITES PAS :

Mais qu'est-ce qui cloche chez toi ? Pourquoi ne fais-tu jamais ce que je te demande de faire ?

Si vous faites croire à l'enfant qu'il est caractériel chaque fois qu'il tente d'avoir une certaine maîtrise sur sa propre existence, il finira par devenir pessimiste et aura une image négative de lui-même.

ESSAYEZ PLUTÔT DE LE VALORISER. DITES :
Tu m'aides vraiment beaucoup quand on va au magasin. Tu veux descendre de voiture pour m'aider à faire les courses ?

Ce genre de renforcement positif motive l'enfant à faire ce que vous lui demandez. Dites-lui à quel point vous appréciez son aide, et il ne sera que trop heureux de vous suivre.

NE LE MENACEZ PAS. NE DITES PAS :
Sors de l'auto et plus vite que ça, sinon je te jure que tu vas le regretter !

En menaçant votre enfant, vous l'encouragez à utiliser à son tour la menace pour obtenir ce qu'il veut. Cette stratégie ne lui apprend pas à employer des moyens pacifiques pour atteindre ses objectifs.

CHERCHEZ PLUTÔT À CONNAÎTRE SES MOTIVATIONS. DITES :
Aide-moi à comprendre pourquoi tu ne veux pas descendre de voiture. Si tu as un problème, j'aimerais pouvoir t'aider à le régler.

Lorsque vous montrez à votre enfant que vous cherchez à le comprendre, vous lui signifiez que vous vous préoccupez de ses sentiments et vous lui faites sentir que la situation dans laquelle vous vous trouvez n'est pas critique. Cela aura l'heur de le mettre en confiance. Peut-être ne veut-il pas descendre de voiture parce qu'il a peur de toutes ces personnes inconnues qui sont au magasin ou parce qu'il n'aime pas s'asseoir dans le chariot d'épicerie. S'il fait très chaud, peut-être craint-il de marcher sur le bitume brûlant du terrain de stationnement.

L'ASCENSEUR

Pour un petit garçon ou une petite fille de trois ans, se retrouver enfermé dans une grosse boîte qui monte et descend peut être une expérience terrifiante. (Emprunter un escalier mobile peut également s'avérer une expérience affolante pour un enfant.) Songez que même les adultes sont parfois nerveux à l'idée de monter dans un ascenseur ! Pour que votre enfant puisse s'accoutumer à ces moyens de transport usuels, il faut que vous vous montriez patient à son égard et que vous preniez le temps de le rassurer.

CONSEILS PRATIQUES

- Montrez plusieurs ascenseurs et escaliers mobiles à votre enfant pour qu'il puisse se familiariser avec eux avant d'avoir à les utiliser. Permettez-lui d'observer ces objets à distance afin qu'il constate par lui-même que les gens peuvent y monter ou en descendre sans danger. N'hésitez pas à lui expliquer leur fonctionnement si vous croyez que cela pourrait apaiser ses craintes.
- En dépit de vos efforts, il est possible que votre enfant refuse d'utiliser l'ascenseur ou l'escalier mobile. Assurez-vous donc au préalable qu'il y a un autre moyen d'aller d'étage en étage. Empruntez les escaliers ou, si vous êtes en voiture, garez-vous à l'étage où vous désirez aller. Et n'ayez crainte : votre enfant saura surmonter sa hantise et consentira éventuellement à prendre l'ascenseur ou l'escalier mobile.

Votre discours intérieur

NE VOUS DITES PAS :

Tout le monde doit penser que je suis un mauvais parent parce que mon enfant fait une scène dans l'ascenseur.

Évitez de vous dire que le comportement de votre enfant fait de vous un parent indigne. Cela ne fera qu'exacerber votre anxiété et votre impatience à son endroit.

DITES-VOUS PLUTÔT :

Mon enfant a piqué une crise dans l'ascenseur, mais ce n'est pas grave.

Ne voyez pas le comportement de l'enfant comme une attaque vous visant personnellement. Lorsqu'un problème surgit, prenez un peu de recul. Une fois que vous aurez accepté le fait que les conflits entre parent et enfant sont des choses normales et inévitables, vous comprendrez mieux votre enfant et serez plus à même d'agir avec empathie à son endroit.

NE VOUS DITES PAS :

Je ne peux pas supporter de voir mon enfant dans un tel état. On ne prendra plus jamais l'ascenseur puisqu'il déteste ça.

Protéger votre enfant de cette façon n'est pas un bon moyen de lui apprendre à surmonter sa peur.

DITES-VOUS PLUTÔT :

C'est normal qu'il ait peur de certaines choses. J'avais moi aussi mes hantises quand j'étais enfant et j'y ai survécu.

Si vous acceptez le comportement de votre enfant comme normal à ce stade de son développement, vous serez tous deux plus aptes à confronter vos peurs. Votre tolérance vous aidera à réagir avec empathie quand votre enfant vit un moment difficile.

NE VOUS DITES PAS :
Mais qu'est-ce que j'ai bien pu faire de travers pour avoir un enfant si peureux ?

Vous vous sentirez toujours coupable si vous vous blâmez ainsi de ce que ressent votre enfant. Votre enfant est seul maître de ses émotions ; vous n'êtes pas responsable de ce qu'il ressent.

DITES-VOUS PLUTÔT :
Ce n'est pas ma faute s'il a peur.

Du moment que vous comprenez que votre enfant est responsable de ses propres émotions, il vous sera plus facile de prendre du recul face à ses peurs et d'avoir foi en votre capacité à l'aider à les surmonter.

Comment parler à votre enfant

NE L'ISOLEZ PAS. NE DITES PAS :
Il faut que tu t'endurcisses et que tu arrêtes d'avoir peur.

Quand vous dites à votre enfant de s'endurcir, c'est comme si vous lui disiez que vous ne voulez pas l'aider à surmonter sa peur. De fait, en adoptant cette approche, vous ne montrez pas à l'enfant comment vaincre sa hantise.

PROPOSEZ PLUTÔT UNE SOLUTION PRATIQUE. DITES :
Je comprends que tu aies peur de monter dans l'ascenseur. On va prendre l'escalier pour le moment et on essaiera l'ascenseur la prochaine fois.

Votre enfant se sentira plus en confiance avec vous et aura moins de mal à surmonter sa peur si vous le traitez avec empathie. En mettant de l'avant une solution pratique au problème, vous offrez à l'enfant un moyen de dominer sa peur de façon proactive.

NE DIMINUEZ PAS L'ENFANT. NE DITES PAS :

Ah ! ce que tu peux être pleurnichard !

En dépréciant et en cataloguant votre enfant de cette manière, vous lui renvoyez une image négative de lui-même. Si vous lui répétez sans cesse qu'il a tel ou tel défaut, il finira par développer réellement ce défaut.

EFFORCEZ-VOUS PLUTÔT DE L'ENCOURAGER. DITES :

Je sais qu'avant tu avais peur de l'ascenseur, mais maintenant tu es une grande fille courageuse. Tu veux qu'on tente à nouveau l'expérience ?

L'enfant se sentira épaulé et aura plus de facilité à surmonter sa peur si vous l'encouragez en soulignant ses qualités.

NE LE MENACEZ PAS. NE DITES PAS :

Si tu pleures encore dans l'ascenseur, je te donne la fessée. Tu auras alors une bonne raison de chialer !

En menaçant l'enfant, vous ne faites qu'exacerber sa peur. Ce genre de discours fait comprendre à l'enfant que vous préférez lui faire du mal plutôt que de l'aider à vaincre sa hantise.

SOULIGNEZ PLUTÔT UN ASPECT PLAISANT DE LA CHOSE. DITES :

Je vais te tenir dans mes bras pour que tu aies moins peur dans l'ascenseur. J'aime la sensation que ça fait dans mon ventre quand l'ascenseur monte et descend. C'est excitant, non ?

Transformez la source de crainte en une expérience plaisante. Grâce à cette stratégie, l'enfant en viendra à accepter et même à apprécier ce qu'il craignait.

NE NÉGOCIEZ PAS. NE DITES PAS :

Si tu montes sagement dans l'ascenseur et que tu restes tranquille jusqu'à ce qu'on en descende, je t'achèterai des bonbons.

Ce genre de rétribution n'aidera pas votre enfant à vaincre sa peur. Par cette approche, vous lui apprenez que son refus de coopérer peut éventuellement lui valoir une récompense.

PROPOSEZ PLUTÔT UNE SOLUTION ALTERNATIVE. DITES :

On peut utiliser l'escalier jusqu'à ce que tu n'aies plus peur de prendre l'ascenseur. De toute manière, ça va nous faire faire un peu d'exercice ! La prochaine fois, on essaiera l'ascenseur pour voir si c'est plus rapide.

Dédramatisez la situation en offrant plusieurs options à l'enfant. De cette façon, vous lui apprenez à évaluer ses choix, à en peser le pour et le contre avant de prendre une décision. Cette approche aide l'enfant à développer ses capacités décisionnelles.

LES VOYAGES EN AVION

Prendre l'avion est devenu aujourd'hui une source d'anxiété tant pour le voyageur chevronné que pour le néophyte. Votre petit bout de cinq ans vous a peut-être entendu parler de choses qui vous inquiétaient relativement à votre voyage en avion ; ou peut-être a-t-il vu des écrasements ou des détournements d'avions à la télé. Pour le rassurer, parlez-lui des bienfaits et des avantages du transport aérien et rappelez-lui que vous serez là pour veiller à sa sécurité.

CONSEILS PRATIQUES

- Prenez le temps d'évaluer les capacités de votre enfant avant de lui imposer un voyage en avion. Est-il capable de gérer ce bouleversement important dans sa routine ? Pourra-t-il s'adapter à l'environnement frénétique et chaotique de l'aéroport ? Sera-t-il capable de surmonter sa peur et de rester sagement assis sur son siège pendant des heures ?
- Si votre budget et la nature de votre destination le permettent, choisissez au besoin un autre moyen de transport. Songez que, durant le voyage, votre enfant aura à aller régulièrement à la toilette. Il faut que votre décision tienne compte de ses besoins spécifiques.
- Songez que prendre l'avion pour la première fois peut être une expérience terrifiante pour un enfant en bas âge.

- Prenez garde à ce que vous dites. Si vous dites, même à la blague, que vous avez peur de prendre l'avion, vous risquez de transmettre cette peur à votre enfant. Advenant que vous ayez vraiment peur de prendre l'avion, calmez-vous en vous disant que vous avez une chance sur neuf millions de mourir dans un écrasement d'avion[1].

Votre discours intérieur

NE VOUS DITES PAS :

Il faut absolument que j'oblige mon enfant à prendre l'avion. Mes parents vont être furieux si on ne va pas les voir.

Lorsque vous vous inquiétez de ce que les autres pourraient penser de vous, vous vous détournez du problème en vous préoccupant de choses que vous ne pouvez contrôler. L'opposition de votre enfant vous causera alors encore plus d'anxiété et vous aurez alors beaucoup plus de mal à le persuader de prendre calmement l'avion.

DITES-VOUS PLUTÔT :

Il faut que j'apaise les craintes de mon enfant pour qu'il soit capable de monter dans l'avion. Je dois me concentrer là-dessus, et non sur ce que pourraient penser mes parents.

Vous ne serez pas dépassé par les événements et vous ne vous énerverez pas inutilement si vous concentrez vos efforts sur votre enfant, et non sur l'opinion de vos parents.

1. David Ropeik et George Gray. *Risk : A Practical Guide for Deciding What's Really Safe and What's Really Dangerous in the World Around You*, Mariner Books, 2002.

NE VOUS DITES PAS :

Mon enfant n'est pas normal parce qu'il ne veut pas voyager en avion.

Ce n'est pas à vous de décider de ce que votre enfant craint ou ne craint pas. Vouloir contrôler sa peur est une réaction irrationnelle de votre part. La seule chose que vous pouvez contrôler, c'est ce que *vous* ressentez.

DITES-VOUS PLUTÔT :

Le fait que mon enfant ait peur de prendre l'avion me renseigne sur un autre aspect de sa personnalité.

Bon nombre d'adultes ont peur de l'inconnu, surtout lorsqu'il s'agit d'un événement sur lequel ils n'ont aucun contrôle. Les enfants d'âge préscolaire explorent généralement leur environnement avec prudence et circonspection, néanmoins on peut leur apprendre à voir le monde comme une aventure, et non comme un danger.

NE VOUS DITES PAS :

Mon pauvre chou a hérité de ma peur de prendre l'avion ! C'est de ma faute tout ça !

Vous n'aidez pas votre enfant à surmonter sa peur en vous blâmant ainsi. Cette attitude ne rend service ni à vous, ni à lui.

DITES-VOUS PLUTÔT :

Si j'apprends à gérer ma peur, je pourrai ensuite l'aider à dominer la sienne.

Vous serez plus apte à réagir avec empathie aux états d'âme de votre enfant si vous êtes conscient de vos forces et de vos faiblesses.

NE VOUS DITES PAS :

Si j'annule le voyage, mon enfant ne sera jamais capable de prendre l'avion.

Il est irrationnel pour vous d'exiger que votre enfant coopère simplement parce que vous craignez qu'il ne surmonte jamais sa hantise.

DITES-VOUS PLUTÔT :
Mon objectif est d'amener mon enfant à comprendre pourquoi il a peur, puis de l'aider à gérer cette émotion.

Pour que votre enfant et vous puissiez tirer des leçons profitables de ce genre de situation, il est important que vous ayez une bonne compréhension de votre rôle de parent. Or, en ce cas-ci, votre rôle est d'amener l'enfant à voir les voyages en avion comme des événements positifs.

Votre discours intérieur

NE CRITIQUEZ PAS L'ENFANT. NE DITES PAS :
Mais qu'est-ce que tu as, encore ? Je pensais que ça te ferait plaisir de prendre l'avion. Ce que tu peux être difficile !

Ce genre de discours fait comprendre à l'enfant qu'il n'est pas normal pour lui d'exprimer ses sentiments. Si vous persistez sur cette voie, l'enfant en viendra à aborder la vie avec pessimisme ; il aura une image négative de lui-même et aura peur de vous dire quand il se sent mal.

FAITES PLUTÔT UN JEU DE LA SITUATION. DITES :
Faisons comme si on était en avion. Toi, tu es le passager, et moi je suis l'agent de bord. Est-ce que tu sais ce qu'est un agent de bord ? C'est la personne qui sert à boire et à manger aux passagers et qui fait en sorte qu'ils se sentent en sécurité pendant le vol.

Ce petit jeu vous permet d'informer l'enfant de ce qui se passe dans un avion. L'enfant aura probablement moins peur s'il sait à quoi s'attendre.

NE L'OBLIGEZ PAS À VOUS OBÉIR. NE DITES PAS :
On va monter dans cet avion que tu le veuilles ou non !

En agissant ainsi, vous ne faites qu'aggraver le conflit. Voyant que vous êtes contre lui, votre enfant s'entêtera encore davantage.

INVITEZ-LE PLUTÔT À VOUS PARLER DE SES CRAINTES. DITES :
Quel effet ça te fait de penser que tu vas monter dans ce gros avion. Ça te donne mal au ventre ?

Efforcez-vous de savoir comment votre enfant se sent physiquement. S'il ressent une crampe à l'estomac comme vous lorsque vous avez le trac, cela signifie que sa résistance est motivée par la peur. Pour amener l'enfant à dominer cette peur, vous devez d'abord l'aider à identifier et à comprendre ce qu'il ressent.

NE LE CULPABILISEZ PAS. NE DITES PAS :
Attends que je dise à grand-mère et à grand-père que tu refuses de prendre l'avion pour aller les voir. Ils vont être très fâchés contre toi !

Il ne suffit pas que vous menaciez l'enfant pour qu'il domine sa peur. En ce cas-ci, en plus de se sentir honteux de son comportement, l'enfant aura peur de perdre l'amour et l'estime de ses grands-parents.

SOULIGNEZ PLUTÔT LES ASPECTS POSITIFS DU VOYAGE. DITES :
Ça va être très amusant d'aller visiter grand-mère dans sa nouvelle maison ! Tu vas pouvoir jouer sur la plage… et je parie que grand-mère te laissera fouiller dans tous les tiroirs secrets de sa chambre.

Parlez des plaisirs qui vous attendent à l'arrivée. Cela aidera l'enfant à gérer sa peur de l'avion en lui faisant réaliser que ce n'est au fond qu'un moyen de transport parmi tant d'autres.

NE VALIDEZ PAS À SON ÉMOTION. NE DITES PAS :
Ce n'est pas grave, ma chouette. Maman a tendance à se faire du souci elle aussi.

En parlant ainsi, vous signifiez à l'enfant qu'il a hérité de vous cette émotion et que, par conséquent, il ne sera jamais capable de dominer sa peur ou son inquiétude.

FAITES PLUTÔT PREUVE D'EMPATHIE. DITES :
Je comprends que tu aies peur de prendre l'avion. Cela m'arrive parfois à moi aussi. Dans ces moments-là, je me dis que je suis une personne brave et forte et que je suis capable de surmonter ma peur.

En expliquant à votre enfant comment vous vous y prenez pour surmonter votre peur, vous lui donnez les outils dont il a besoin pour gérer la sienne. Votre enfant sera plus enclin à s'ouvrir à vous et à vous dire ce qu'il ressent si vous procédez ainsi. Votre attitude lui fera comprendre que ses émotions sont normales et qu'il est possible pour lui de les contrôler.

NE MARCHANDEZ PAS. NE DITES PAS :
Si tu montes dans l'avion, je t'achèterai cette bicyclette dont tu as envie.

Un enfant avec qui on marchande afin d'obtenir sa coopération aura toujours tendance à vouloir être récompensé pour son obéissance. Votre rôle consiste à fournir à l'enfant des motivations internes qui l'inciteront à coopérer, et non de lui apprendre à obéir seulement lorsqu'il obtient une gratification externe.

EFFORCEZ-VOUS PLUTÔT DE LE VALORISER. DITES :
Tu m'aides beaucoup avec le bébé. Veux-tu t'occuper du sac de couches pour qu'on l'ait bien avec nous dans l'avion ?

Le fait de demander à votre enfant de vous aider lui change les idées. Suggérez-lui quelque chose d'intéressant et vous lui donnerez le sentiment qu'il contrôle la situation.

LES VISITES AU CENTRE COMMERCIAL

Les enfants d'âge préscolaire sont actifs et s'intéressent à tout. Les centres commerciaux, avec leurs magasins remplis d'objets fascinants, sont pour eux de véritables terrains de jeu. Dans ce genre d'environnement, la main du parent devient pour l'enfant un obstacle à sa liberté. Vous aurez donc à trouver des moyens imaginatifs de contrôler les mouvements de votre enfant tout en lui permettant de satisfaire sa curiosité.

CONSEILS PRATIQUES

- Évitez de faire vos emplettes lorsque l'enfant a faim ou est fatigué.
- En gardant les tout-petits dans une poussette, vous serez libre de vous occuper plus adéquatement de vos rejetons un peu plus âgés.

Votre discours intérieur

NE VOUS DITES PAS :

Je ne sais jamais quoi faire quand mon enfant refuse de me donner la main. En fait, je ne suis jamais certain d'agir correctement en tant que parent.

Vous ne devez pas vous attendre à trouver la « bonne » solution chaque fois que survient un conflit avec votre enfant. Toute solution est appropriée du moment qu'elle respecte votre point de vue, votre personnalité, vos émotions, ainsi que le point de vue, la personnalité et les émotions de votre enfant.

DITES-VOUS PLUTÔT :
Je suis capable de gérer la situation. Mon but est d'apprendre à mon enfant à me donner la main quand on est au magasin.

Laissez votre enfant exprimer sa curiosité, mais toujours en veillant à sa sécurité. Si votre enfant continue de refuser de vous donner la main, vous aurez peut-être à faire vos courses sans lui jusqu'à ce qu'il se montre capable de vous obéir.

NE VOUS DITES PAS :
J'ai peur qu'il se perde mais, d'un autre côté, je ne veux pas qu'il m'en veuille parce que je l'empêche de s'amuser.

Un parent est un maître et non un ami. Votre enfant n'aimera pas toujours ce que vous dites ou ce que vous faites ; de même, vous n'apprécierez pas toujours ce que dit ou fait votre enfant. Cet état de choses est tout à fait normal. Lorsque vous faites vos emplettes, votre rôle n'est pas de plaire à l'enfant, mais d'assurer sa sécurité.

DITES-VOUS PLUTÔT :
Les règles relatives à la sécurité sont importantes et mon enfant doit les respecter.

Si vous êtes convaincu de l'importance des règles de sécurité que vous voulez imposer, vous serez plus strict avec l'enfant lorsque celui-ci cherchera à y déroger.

NE VOUS DITES PAS :
Je dois montrer à mon enfant que je suis fâché, sinon il ne comprendra pas qu'il est important qu'il me donne la main.

Lorsque vous employez la colère pour inciter votre enfant à coopérer, vous diminuez sa capacité à agir avec empathie et vous lui fournissez un exemple de comportement négatif.

DITES-VOUS PLUTÔT :
Si je me fâche, cela ne fera qu'aggraver la situation.

Si vous vous mettez en colère, vous ne pourrez pas réfléchir calmement pour trouver une solution adéquate au problème.

Comment parler à votre enfant

NE LE MENACEZ PAS. NE DITES PAS :
Si tu ne viens pas tout de suite me donner la main, je vais devoir te corriger !

Une menace de châtiment corporel incitera l'enfant à s'éloigner encore davantage de vous. Votre enfant finira peut-être par vous obéir, mais ce sera par peur d'être puni, et non parce qu'il aura compris que vous donner la main est une mesure de sécurité nécessaire.

RAPPELEZ-LUI PLUTÔT LA RÈGLE. DITES :
La règle dit que tu dois me donner la main quand on va au magasin ou au supermarché. Ce règlement est là pour notre propre sécurité.

Vous motiverez plus aisément votre enfant à coopérer s'il comprend que la règle que vous lui imposez est une chose distincte de vous : ce n'est pas à vous qu'il doit obéir, mais à la règle. Cette façon de faire permet à l'enfant de se concentrer sur les comportements qu'il doit assimiler.

NE LUI OFFREZ PAS DE RÉCOMPENSE. NE DITES PAS :
Si tu tiens ma main pendant qu'on fait les courses, je t'achèterai un nouveau jouet.

Ne promettez pas de cadeaux à votre enfant pour qu'il fasse ce que vous lui demandez. Il faut que l'enfant sache que vous donner la main est une précaution, une mesure de sécurité, et non un geste qui se doit d'être récompensé. Ce genre de gratification détourne votre enfant de ses objectifs premiers qui, en ce cas-ci, sont d'apprendre la prudence et la coopération.

INVITEZ-LE PLUTÔT À RÉPÉTER LE GESTE À LA MAISON. DITES :
Comme on doit aller faire les courses cet après-midi, on va s'exercer à se donner la main. Comme ça, on sera tous les deux en sûreté.

En répétant le geste au préalable, vous transformez la règle en une série de comportements conditionnés. Votre enfant apprendra ainsi à exécuter automatiquement le geste désiré.

NE PUNISSEZ PAS L'ENFANT. NE DITES PAS :
Si tu ne me donnes pas la main, tu seras privé de télé pour le reste de la journée.

On n'incite pas un enfant à obéir en menaçant de lui retirer ses privilèges. En procédant ainsi, vous lui montrez qu'il est acceptable de menacer quelqu'un pour l'obliger à faire ce qu'on lui demande.

FAITES PREUVE D'EMPATHIE. DITES :
Je sais que c'est difficile pour toi de me donner la main quand il y a tant de choses intéressantes autour de nous, mais il faut que tu restes près de moi. C'est la règle et il faut qu'on la respecte parce qu'elle est là pour notre propre sécurité.

Vous offrez à votre enfant un exemple de comportement empathique lorsque vous lui dites que vous comprenez son désir d'explorer son environnement, mais que vous voulez néanmoins qu'il respecte la règle que vous lui imposez.

NE DÉNIGREZ PAS VOTRE ENFANT. NE DITES PAS :

Vraiment, tu me déçois. Tu sais très bien que c'est dangereux de t'éloigner comme ça, sans m'avertir. C'était vraiment stupide de ta part !

Lorsque vous rabaissez votre enfant de la sorte, c'est comme si vous lui disiez que sa curiosité naturelle est une tare ou un défaut à corriger. Ce n'est définitivement pas un bon moyen pour l'encourager à obéir.

PROPOSEZ-LUI PLUTÔT D'AUTRES ALTERNATIVES. DITES :

Tu n'es pas obligé de me donner la main si tu n'aimes pas ça. Si tu préfères, tu peux te tenir à ma jupe (ou à ma ceinture, à mon sac à main, à la jambe de mon pantalon). Comme ça, je saurai toujours où tu es et on ne se perdra pas dans ce grand magasin.

Proposez si nécessaire à l'enfant d'autres façons de s'agripper à vous. Cette méthode présente un autre avantage en ce sens qu'elle vous permet d'avoir les mains libres.

NE DONNEZ PAS D'ORDRES À L'ENFANT. NE DITES PAS :

Ne t'éloigne pas de moi ! Et surtout, ne touche à rien !

En procédant ainsi, vous dites à votre enfant ce qu'il ne doit pas faire, mais vous ne l'informez pas de ce qu'il doit faire. Qui plus est, votre enfant ne comprendra pas *pourquoi* il doit obéir si vous lui parlez ainsi. De toute manière, cette approche ne fonctionne pas avec de très jeunes enfants, car ceux-ci sont généralement trop occupés à explorer leur environnement pour porter attention à ce que vous dites.

ADOPTEZ PLUTÔT LA VOIE DU RENFORCEMENT POSITIF. DITES :
Je te remercie de m'avoir tenu la main. C'est si bon de sentir qu'on est ensemble et en sécurité.

Votre enfant sera plus enclin à se montrer coopératif si vous le félicitez de son obéissance. Cela lui montre qu'il peut gagner votre attention en suivant vos directives.

LA GARDERIE

Quel parent ne se sent pas coupable lorsqu'il annonce à son petit de trois ans qu'il est l'heure d'aller à la garderie et que celui-ci s'écrie: «Non, je veux rester à la maison avec toi!» En pareil cas, commencez par vous assurer que rien n'effraie votre enfant à la garderie - une situation, une personne, un règlement, etc. S'il n'y a pas d'ennuis de ce côté-là, c'est que l'enfant éprouve de la difficulté à se séparer de vous, ce qui est un problème courant chez les enfants en bas âge.

CONSEILS PRATIQUES

- Avant d'envoyer votre enfant à la garderie, habituez-le à votre absence et montrez-lui que vous reviendrez toujours ensuite. Confiez-le à une gardienne d'enfants une heure ou deux par jour à raison de quelques fois par semaine afin qu'il puisse se faire à l'idée que vous ne serez pas toujours là, auprès de lui.
- Évitez de vous plaindre de votre travail et ne dites pas que vous détestez envoyer votre enfant à la garderie. Songez que votre négativité est communicative.
- Une fois à la garderie, n'éternisez pas les adieux. Cela permettra à l'enfant de s'adapter plus rapidement à votre absence et à son nouvel environnement.

Votre discours intérieur

NE VOUS DITES PAS :

Je devrais être avec mon enfant. Je voudrais ne pas avoir à travailler pour qu'il puisse rester à la maison avec moi.

Si vous vous sentez coupable du fait que vous voulez ou devez travailler, vous aurez l'impression de faire quelque chose de mal en envoyant votre enfant à la garderie. En pareil cas, dites-vous que vous prenez la meilleure décision possible tant pour vous que pour votre enfant. Être à la garderie lui donne la chance de côtoyer d'autres enfants, et cela vous permet de travailler pour pourvoir aux besoins de votre famille.

DITES-VOUS PLUTÔT :

Ce que je fais, je le fais dans l'intérêt de ma famille.

Assurez-vous que la garderie que vous choisissez constitue un environnement sécuritaire et stimulant pour votre enfant. Il est important que les personnes qui y travaillent soient des gens responsables et chaleureux qui partagent votre philosophie parentale.

NE VOUS DITES PAS :

Mon enfant me met de mauvaise humeur quand il regimbe parce qu'il ne veut pas aller à la garderie.

Il ne sert à rien de vous apitoyer ainsi sur votre sort. Une telle attitude ne peut que vous amener à vous sentir coupable et déprimé. Et n'oubliez pas que c'est *vous* qui contrôlez vos états d'âme, et non votre enfant.

DITES-VOUS PLUTÔT :

Mon enfant ne veut pas aller à la garderie parce qu'il a du mal à se séparer de moi.

Il est normal pour un enfant en bas âge de ressentir des angoisses de séparation. Votre rôle est d'aider l'enfant à s'accoutumer à votre absence et de lui apprendre à jouer avec les autres enfants de son âge.

NE VOUS DITES PAS :
Si mon ex-conjoint ne m'avait pas quitté, je n'aurais pas été obligé de retourner travailler et j'aurais pu rester à la maison avec mon enfant.

Blâmer votre ex-conjoint ou conjointe du fait que vous avez à travailler ne fera qu'exacerber les tensions entre vous. Il est également probable que votre attitude incitera votre enfant à rejeter ce père ou cette mère que vous critiquez.

DITES-VOUS PLUTÔT :
Mon enfant doit aller à la garderie, mais ça ne veut pas dire que mon ex-conjoint et moi sommes de mauvais parents.

Si vous évitez de jeter le blâme sur l'autre, votre enfant, son autre parent et vous pourrez travailler en harmonie et tout le monde y trouvera son compte.

Comment parler à votre enfant

NE LE MENACEZ PAS. NE DITES PAS :
Arrête de crier et tiens-toi tranquille pendant que je t'habille, sinon je vais te donner une bonne raison de te plaindre !

Lorsque vous menacez votre enfant, vous l'encouragez à continuer de vous résister. De fait, un enfant menacé cherchera à vous mettre à l'épreuve pour voir si vous mettrez vraiment vos menaces à exécution. Votre attitude lui montre par ailleurs qu'on peut utiliser la force et la violence pour obtenir ce que l'on veut.

FÉLICITEZ-LE PLUTÔT DE SON OBÉISSANCE. DITES :

Je te remercie de m'avoir laissé te mettre tes chaussettes. Tu m'as vraiment beaucoup aidé. On va être prêt à partir pour la garderie en un rien de temps !

Il est certes difficile de féliciter un enfant qui s'obstine à vous résister, néanmoins faites de votre mieux pour encourager le moindre signe de coopération. Dites par exemple : « Tu as mangé tout ton déjeuner ! Bravo ! Tu vas avoir beaucoup d'énergie aujourd'hui. » Ou encore : « J'aime quand tu me parles des choses qui te plaisent à la garderie, et je sais que ça te fait plaisir de me les raconter. »

NE LE DÉVALORISEZ PAS. NE DITES PAS :

Tu es vraiment une petite peste ! Maintenant ferme-la et monte dans l'auto !

Vous n'obtiendrez aucun résultat positif en rabaissant votre enfant. À force de le traiter de « peste » ou de « bon à rien », il finira par vous croire et agira en conséquence.

OFFREZ-LUI PLUTÔT VOTRE SOUTIEN. DITES :

Je vais parler à mademoiselle Sarah à la garderie pour m'assurer que tout va bien.

La résistance de votre enfant est peut-être symptomatique d'un problème à la garderie. Demandez à la personne qui s'occupe de lui de vous fournir le plus de renseignements possible : comment votre enfant se comporte-t-il après votre départ ? avec quels autres enfants joue-t-il ? est-il confronté à de nouvelles situations, à de nouvelles activités ? Demandez également à la technicienne en garderie si elle a des suggestions quant à ce qui permettrait à votre enfant de se sentir plus à l'aise dans cet environnement.

NE CATALOGUEZ PAS VOTRE ENFANT. NE DITES PAS :

Mon chou, je sais que tu es timide et que tu n'aimes pas te mêler aux autres enfants, mais maman doit aller travailler.

Quand vous dites à votre enfant qu'il est timide, vous lui signifiez que la timidité est partie intégrante de son identité. C'est comme si vous lui disiez: «Tu ne peux pas jouer avec les autres enfants parce que ça ne fait pas partie de ta personnalité.»

PERMETTEZ-LUI PLUTÔT D'APPORTER UN OBJET RÉCONFORTANT DITES:

Veux-tu apporter ton ourson à la garderie aujourd'hui? Tu te sens toujours bien quand tu le prends dans tes bras.

Un enfant qui n'a pas envie d'aller quelque part se sentira parfois plus à l'aise s'il apporte un objet familier et réconfortant avec lui. Un objet de ce genre peut très certainement apaiser l'enfant en l'absence des parents.

NE MARCHANDEZ PAS AVEC LUI. NE DITES PAS:

Si tu arrêtes de crier et que tu montes dans l'auto, on ira t'acheter une pâtisserie avant d'arriver à la garderie. Tu aimes ça, les pâtisseries, non?

Un enfant dont on monnaye ainsi l'obéissance s'attendra à recevoir une récompense chaque fois qu'il accepte de coopérer. De plus, utiliser la nourriture comme gratification incite votre enfant à associer amour, attention et nourriture, ce qui risque de l'amener à développer toutes sortes de troubles alimentaires.

UTILISEZ PLUTÔT LA RÈGLE DE GRAND-MÈRE. DITES:

Si tu consens à aller sagement à la garderie, je viendrai te chercher cet après-midi et on ira s'amuser au parc.

La règle de grand-mère apprend à votre enfant qu'il pourra faire ce qu'il désire et avoir du plaisir, mais seulement après qu'il se sera plié à votre requête.

NE CULPABILISEZ PAS L'ENFANT. NE DITES PAS :

Tu sais que je dois travailler pour t'acheter tes vêtements et tes jouets! Tu vas encore me mettre en retard à mon boulot!

Cette approche ne motivera pas l'enfant à coopérer avec vous et elle ne lui apprendra pas à gérer son angoisse de séparation. En le blâmant et en le culpabilisant ainsi, vous lui signifiez qu'il est responsable du fait que vous devez aller travailler.

METTEZ PLUTÔT L'ACCENT SUR VOTRE RETOUR. DITES :

Je dois aller au bureau et tu dois aller à la garderie, mais on se retrouvera à la maison ce soir pour le dîner!

Votre enfant consentira plus volontiers à aller à la garderie si vous lui faites comprendre que votre séparation n'est que temporaire. Soulignez le fait que vous serez très bientôt ensemble de nouveau.

NE CAPITULEZ PAS. NE DITES PAS :

Puisque tu ne veux pas aller à la garderie, je vais rester à la maison avec toi.

Il est certes tentant pour un parent de délaisser ses obligations pour rester à la maison auprès de son enfant. Sachez cependant qu'en capitulant, vous montrez à l'enfant qu'il peut obtenir ce qu'il veut en refusant de coopérer.

APPRENEZ-LUI PLUTÔT À DIFFÉRER SA GRATIFICATION. DITES :

Aujourd'hui, c'est un jour de travail pour moi et un jour de garderie pour toi. Voyons combien de jours il reste avant qu'on puisse rester tous les deux à la maison.

C'est en amenant votre enfant à se concentrer sur un événement plaisant à venir que vous lui apprendrez à accepter que sa gratification soit reportée à plus tard. Profitez de cette occasion pour l'habituer à tolérer votre absence.

LES COURS

Un parent qui se dit que Tiger Woods était déjà un golfeur émérite à l'âge de cinq ans sera sans doute déçu du fait que son bambin refuse d'aller à sa leçon de golf. Le parent qui veut s'assurer de la coopération de son enfant doit tenir compte de la personnalité, mais aussi de l'horaire habituel de celui-ci ; il doit aussi déterminer si l'opposition de son enfant est constante ou occasionnelle. L'enfant est-il toujours réticent à essayer de nouvelles choses ? Est-il incapable de s'asseoir tranquillement et de se concentrer sur une chose spécifique pendant plusieurs minutes ? A-t-il du mal à terminer les tâches qu'il entreprend ? Lui accorde-t-on chaque jour des périodes de temps libre ? Vous dit-il qu'il n'aime pas le professeur qui lui donne ses leçons ? Est-ce la première fois qu'il refuse d'aller à sa leçon ? Une fois que vous aurez répondu à ces questions, vous comprendrez mieux ce qui motive le refus de votre enfant.

CONSEILS PRATIQUES

- Avant d'inscrire votre enfant à une activité spécifique, discutez avec la personne qui lui donnera des leçons. L'approche éducative et disciplinaire du professeur doit être compatible avec vos convictions. N'oubliez pas que les meilleurs professeurs sont des personnes qui savent communiquer avec les enfants et qui les traitent avec respect et empathie.

- Assurez-vous que votre enfant est capable d'écouter et de suivre les directives qui lui sont adressées. Il doit aussi comprendre que ses leçons impliquent qu'il devra s'exercer et répéter à la maison.
- Assurez-vous que votre enfant est capable de faire (ou d'apprendre) ce que le professeur exigera de lui.

Votre discours intérieur

NE VOUS DITES PAS :
Un enfant doit écouter ses parents parce qu'ils savent ce qui est bon pour lui.

Les enfants d'âge préscolaire sont généralement très volontaires. Si vous adoptez une approche autoritaire et tyrannique avec votre enfant, votre relation avec lui se résumera à une série de luttes de pouvoir. Pour amener votre enfant à adopter la conduite désirée, il faut que vous acceptiez le fait que vous ne pouvez pas contrôler son comportement. Tout ce que vous pouvez contrôler, c'est votre *réaction* à son comportement.

DITES-VOUS PLUTÔT :
Ce n'est pas grave si mon enfant me résiste un peu. Je suis capable de gérer ça.

Lorsque vous basez votre réaction sur une attitude constructive et positive, vous faites comprendre à l'enfant que vous souhaitez qu'il s'exprime, même si ses vues et ses objectifs ne concordent pas avec les vôtres. Souvenez-vous que l'objectif à long terme de tout parent est de faire de son enfant un être humain autonome, indépendant et équilibré.

NE VOUS DITES PAS :
Un enfant qui n'apprend pas la musique n'arrivera à rien dans la vie.

Évitez de souscrire aux mythes qui disent qu'il n'y a qu'une façon de réussir sa vie.

DITES-VOUS PLUTÔT :
Mon enfant n'est pas obligé de prendre des leçons tout de suite. On en reparlera quand il se sentira prêt à le faire.

Votre enfant refuse de prendre des cours pour l'instant, mais cela ne veut pas dire qu'il ne réclamera pas des leçons de ceci ou de cela dans un avenir rapproché. Jetez un coup d'œil à son emploi du temps : dans l'immédiat, l'horaire de votre enfant est peut-être trop chargé pour qu'il se sente capable de poursuivre l'activité à laquelle vous l'avez inscrit.

NE VOUS DITES PAS :
Mon enfant n'est sûrement pas normal. Tous les enfants aiment ça, prendre des cours de gymnastique. J'ai moi-même eu beaucoup de plaisir à faire de la gymnastique quand j'étais petite.

Ce n'est pas en projetant vos goûts et vos penchants sur votre enfant que vous parviendrez à comprendre la source de sa résistance. En agissant ainsi, vous aurez tendance à pousser votre enfant à faire des choses qui vous plaisent à vous, et non à lui.

DITES-VOUS PLUTÔT :
J'aimais faire de la gymnastique quand j'étais enfant, mais ça ne veut pas dire que mon enfant doit aimer ça lui aussi.

Franchement, lequel de vous deux avait envie de leçons de gymnastique ? Était-ce vous ou votre enfant ? Idéalement, vous étiez tous deux partants. Si l'enfant décide d'interrompre ses leçons en cours de route, c'est peut-être parce que c'était vous, et non lui, qui aviez envie de pratiquer cette activité.

Comment parler à votre enfant

NE LE MENACEZ PAS. NE DITES PAS :

J'en ai assez de tes simagrées ! Tu vas faire ce que je te dis ou bien c'est la fessée !

En menaçant votre enfant d'un châtiment corporel, vous lui enseignez deux choses : qu'il est acceptable d'avoir recours à la violence pour résoudre un problème ; et qu'il est acceptable de faire du mal à quelqu'un quand on est fâché.

QUESTIONNEZ PLUTÔT VOTRE ENFANT. DITES :

Qu'est-ce qui te déplaît dans tes leçons ? Est-ce que je peux faire quelque chose pour que ce soit plus plaisant pour toi ?

En posant calmement des questions à votre enfant, vous serez plus apte à comprendre ce qui le tracasse. De plus, votre attitude lui fait comprendre que vous vous souciez de ce qu'il pense et de ce qu'il ressent.

NE CULPABILISEZ PAS L'ENFANT. NE DITES PAS :

Mais qu'est-ce que tu as encore ? C'est toi qui voulais absolument prendre ces leçons !

Si vous lui tenez ce genre de discours, votre enfant croira que changer d'avis est un comportement anormal.

CHANGEZ PLUTÔT SA PERCEPTION DE LA SITUATION. DITES :

Parlons un peu des choses plaisantes que tu feras à ta prochaine leçon.

En offrant à votre enfant une perspective différente de la situation, vous l'aiderez à vaincre sa résistance et stimulerez son envie de participer. Motivez l'enfant en l'aidant à voir combien plaisante et enrichissante cette expérience peut être pour lui.

NE NÉGOCIEZ PAS AVEC LUI. NE DITES PAS :

Si tu t'habilles et montes dans l'auto avant que je puisse compter jusqu'à dix, je t'achèterai des bonbons en revenant de ta leçon.

En promettant à votre enfant une gratification en échange de son obéissance, vous l'incitez à coopérer simplement dans le but de recevoir une récompense. Or, votre objectif en tant que parent est de lui enseigner qu'on peut s'acquitter d'une tâche ou d'une activité pour le simple plaisir de la chose.

APPRENEZ-LUI PLUTÔT À APPRÉCIER SES PROGRÈS. DITES :

On va mettre un calendrier sur la porte du réfrigérateur, puis on va coller une belle étoile dans la case des jours où tu auras complété une leçon.

Encourager son enfant à apprécier ses progrès est une excellente façon de lui apprendre à se motiver lui-même et à coopérer de son propre chef.

N'HUMILIEZ PAS VOTRE ENFANT. NE DITES PAS :

Je suis très déçu de toi. Tu ne finis jamais ce que tu entreprends.

En humiliant votre enfant, vous lui faites comprendre que vous ne l'aimez que lorsqu'il fait ce que vous lui demandez.

DONNEZ-LUI PLUTÔT DES CHOIX. DITES :

Commence par prendre cinq leçons. On verra après ça si tu as envie ou non de continuer.

Fixez un objectif et une échéance précis à l'enfant. De cette manière, votre enfant ne se sentira ni pris au piège, ni impuissant à contrôler la situation. Cette approche permet à l'enfant de participer au processus décisionnel.

LES SÉANCES D'ENTRAÎNEMENT

Certains enfants d'âge préscolaire adorent l'entraînement relié à la pratique d'un sport, alors que d'autres détestent ça. Si votre enfant se rebiffe chaque fois qu'il doit aller à une séance d'entraînement, c'est peut-être qu'il n'aime pas son entraîneur ou le sport qu'il pratique. Par contre, si sa résistance n'est qu'occasionnelle, c'est peut-être qu'il éprouve des difficultés ponctuelles reliées à ses aptitudes sportives ou à sa capacité de travailler en équipe.

CONSEILS PRATIQUES

- Avant d'inscrire votre enfant à un sport donné, assurez-vous que ce sport l'intéresse et qu'il a les capacités physiques nécessaires pour le pratiquer. Évaluez ces capacités avec lui à la maison avant son inscription.
- Votre enfant est-il capable de comprendre les directives qu'il reçoit? Est-il capable de se concentrer sur une tâche précise? Peut-il fournir l'effort physique nécessaire à la pratique de ce sport?
- Assurez-vous que les adultes qui travailleront avec l'enfant partagent votre vision de l'éducation et de la discipline et qu'ils ont une bonne communication avec les enfants.
- Songez à vos propres attentes quant à l'implication de votre enfant dans un sport donné. Combien de temps espérez-vous

le voir persévérer? Que comptez-vous faire s'il veut abandonner la pratique de ce sport? Quelle sera l'étendue du soutien que vous lui accorderez?

Votre discours intérieur

NE VOUS DITES PAS :
Il sait que j'ai toujours voulu qu'il devienne un grand joueur de foot. Je suis vraiment déçu de lui.

Le fait que votre enfant pratique un sport n'a rien à voir avec vos aspirations. Il est très malsain d'exiger de l'enfant qu'il réalise vos propres rêves et ambitions. Sa résistance à s'entraîner signifie peut-être tout simplement qu'il est fatigué ou qu'un aspect de la séance d'entraînement ne lui convient pas.

DITES-VOUS PLUTÔT :
Je sais que devenir un grand joueur de foot est mon rêve à moi, et non le sien.

Vous vous concentrerez plus aisément sur les raisons qui font que votre enfant refuse d'aller à l'entraînement si vous faites la distinction entre vos désirs et les siens.

NE VOUS DITES PAS :
Que vont penser les autres parents si mon enfant ne se présente pas à l'entraînement?

Votre rôle en tant que parent est de vous occuper des besoins et motivations de votre enfant, et non de ce que les autres vont penser. Ne gaspillez pas vos énergies en vous préoccupant de choses que vous ne pouvez contrôler.

DITES-VOUS PLUTÔT :

Il est important que j'enseigne à mon enfant qu'il faut s'entraîner pour exceller.

Aidez votre enfant à comprendre que pour arriver à bien faire une chose, il faut travailler et s'exercer assidûment.

NE VOUS DITES PAS :

Mon enfant ne sera jamais populaire s'il n'est pas un bon sportif. Il faut qu'il continue de s'entraîner.

DITES-VOUS PLUTÔT :

Je dois aider mon enfant à comprendre que s'il travaille fort, il aura plus de chances de réussir.

Votre enfant comprendra plus facilement qu'il est important de s'entraîner si vous lui présentez l'excellence comme un objectif à long terme. Encouragez-le à coopérer afin qu'il puisse atteindre cet objectif s'il le désire, et non pour impressionner les autres.

NE VOUS DITES PAS :

Je ne peux supporter les enfants gros et paresseux. Or, mon enfant deviendra ainsi s'il continue de refuser de s'entraîner.

Ne jouez pas les prophètes de malheur en ce qui concerne le destin de votre enfant. En adoptant cette attitude irrationnelle, vous mettez un lourd fardeau sur ses épaules. Or, ce n'est pas comme ça que vous lui apprendrez à persévérer et à prendre ses responsabilités. Sans compter que si vous vous préoccupez trop de son poids ou de son apparence, votre enfant risque de développer des problèmes d'estime de soi.

DITES-VOUS PLUTÔT :
Mon but est d'aider mon enfant à acquérir des habitudes de vie saines.

Les comportements que nous manifestons à l'âge adulte sont généralement le fruit d'habitudes inculquées et renforcées au cours des premières années de notre vie.

Comment parler à votre enfant

NE LE DIMINUEZ PAS. NE DITES PAS :
Tu me déçois beaucoup, tu sais. Tu n'es vraiment bon à rien.

En dépréciant votre enfant de la sorte, vous lui transmettez une bien piètre image de lui-même. Il vous obéira peut-être, mais ce sera parce qu'il cherche désespérément à vous plaire, et non parce qu'il a compris qu'il doit donner le meilleur de lui-même dans la pratique d'un sport qu'il aime.

INVITEZ-LE PLUTÔT À SE CONFIER À VOUS. DITES :
Dis-moi ce qui ne te plaît pas dans tes séances d'entraînement.

Si vous apprenez que votre enfant n'aime pas la façon dont il est traité, il vous sera alors possible de prendre les mesures nécessaires pour rectifier la situation. Si c'est l'aspect fastidieux et répétitif de l'entraînement qui lui déplaît, enseignez-lui des manières de surmonter son ennui. Aidez-le à cultiver son amour du sport même si les rigueurs de l'entraînement lui déplaisent.

NE LE MENACEZ PAS. NE DITES PAS :
Si tu ne te prépares pas tout de suite pour ta séance d'entraînement, tu seras privé de télé pour le reste de la semaine.

Des menaces de ce genre n'inciteront pas l'enfant à aimer le sport qu'il pratique et ne lui apprendront pas à vous obéir. Dans le cas spécifique présenté ci-dessus, le parent peut s'attendre à ce que son enfant lui fasse une scène chaque fois qu'il voudra regarder la télé.

AGISSEZ PLUTÔT AVEC EMPATHIE. DITES :

Je sais que tu ne veux pas aller à l'entraînement mais, dans la vie, il faut parfois faire des choses qui nous déplaisent si on veut s'améliorer.

Aidez votre enfant à comprendre que s'il s'entraîne avec son équipe de baseball, par exemple, il aura plus de facilité à manier la balle et la batte et pourra éventuellement devenir un très bon lanceur ou frappeur. Travaillez de concert avec l'entraîneur de l'équipe pour motiver l'enfant et lui apprendre qu'il pourra atteindre ses objectifs s'il persévère.

NE MARCHANDEZ PAS AVEC L'ENFANT. NE DITES PAS :

Si tu vas à ta séance d'entraînement, je t'achèterai ce jouet que tu m'as demandé.

Si vous rétribuez l'enfant lorsque vous voulez qu'il vous obéisse, il s'attendra toujours à recevoir une récompense en échange de sa coopération. Apprenez-lui plutôt que l'on peut faire quelque chose simplement parce que cela nous apporte une satisfaction personnelle et que cela nous rend heureux.

CONCLUEZ PLUTÔT UNE ENTENTE AVEC LUI. DITES :

Si tu vas à l'entraînement et que tu travailles bien, après on travaillera ensemble au modèle réduit que tu voulais que je t'aide à assembler.

La règle de grand-mère montre à l'enfant qu'il doit s'acquitter d'une tâche obligatoire avant de pouvoir faire une chose qui lui plaît. Cette approche lui fait comprendre que vos besoins et vos désirs respectifs sont d'égale importance.

NE CATALOGUEZ PAS VOTRE ENFANT. NE DITES PAS :
Décidément, tu es aussi maladroit que ton cousin Philippe. Cet enfant ne peut pas faire un pas sans trébucher !

En qualifiant votre enfant de maladroit, vous lui faites perdre toute confiance en lui-même et en ses capacités.

ACCORDEZ-LUI PLUTÔT VOTRE SOUTIEN. DITES :
À partir de maintenant, on va tenir une fiche sur laquelle on va inscrire tes progrès.

Votre enfant sera plus motivé à s'entraîner si vous tenez avec lui une fiche de rendement qui fera état de ses progrès. Vous pouvez par exemple inscrire le nombre de fois où il a envoyé le ballon dans le but lors de sa séance de foot, ou encore le nombre de fois où il a frappé la balle durant l'entraînement avec son équipe de baseball.

LES SÉJOURS CHEZ PAPA OU MAMAN

Faire la navette entre deux foyers - celui de maman et celui de papa - peut s'avérer une expérience difficile tant pour vous que pour votre fillette ou votre garçonnet de quatre ans. L'ajustement demande temps et effort, aussi, vous devez faire preuve de patience. Sachez que la manière dont vous réagirez aux protestations de l'enfant dépendra de votre niveau d'empathie et de votre attitude face à la situation. Il est important que l'enfant dispose d'objets familiers et réconfortants aux deux endroits afin qu'il soit également à l'aise chez l'un et l'autre parent.

CONSEILS PRATIQUES

- Ayez un calendrier bien en vue afin que l'enfant sache quand il aura à aller chez son autre parent, ou rappelez-le lui à intervalles réguliers.
- Efforcez-vous de communiquer à l'enfant une image positive de son autre parent.
- Les deux parents doivent s'entendre sur la discipline à employer avec leur enfant. L'épanouissement de l'enfant sera favorisé si les parents choisissent des méthodes respectueuses qui renforcent l'amour qu'ils ressentent pour leur enfant.

Votre discours intérieur

NE VOUS DITES PAS :

Je suis content que mon enfant préfère demeurer chez moi.

Lorsque vous vous félicitez du fait que votre enfant préfère être chez vous, vous favorisez l'établissement d'une relation négative et compétitive avec l'autre parent. Tant que ce dernier fournira à l'enfant un environnement chaleureux et sécuritaire, vous devez aborder le temps que l'enfant passe chez cet autre parent de façon positive, et ce, indépendamment de vos sentiments pour cette personne.

DITES-VOUS PLUTÔT :

Même si j'ai l'esprit plus tranquille quand mon enfant est chez moi, je sais qu'il est important pour lui de passer du temps avec son père (ou sa mère).

Considérez toujours les besoins de votre enfant avec empathie et évitez de manifester de l'antagonisme envers l'autre parent ; cette attitude encouragera l'enfant à se sentir à l'aise lorsqu'il est chez ce parent.

NE VOUS DITES PAS :

Je dois m'arranger pour que mon enfant ait plus de plaisir chez moi que chez mon ex-conjoint.

Évitez toute rivalité avec l'autre parent. Réfléchissez un instant : est-il vraiment si important que vous gagniez le statut de « parent favori » aux yeux de votre enfant ? Votre rôle en tant que parent est de faire comprendre à l'enfant que ses *deux parents* l'aiment également, et d'un amour inconditionnel.

DITES-VOUS PLUTÔT :

Mon enfant regimbe quand vient le moment d'aller chez son père (ou sa mère), mais ça ne veut pas dire qu'elle n'aime pas y être.

N'interprétez pas les protestations de votre enfant comme un rejet de son autre foyer. Du moment que l'enfant dispose chez votre ex-conjoint d'un environnement favorable, encouragez-le à passer du temps chez cet autre parent.

Comment parler à votre enfant

NE LE DIMINUEZ PAS. NE DITES PAS :

Inutile de discuter, tu t'en vas chez ton père (ou ta mère). Alors tais-toi et monte dans la voiture !

Votre manque d'empathie ne fera que renforcer le désir qu'a votre enfant de rester avec vous. Cela peut sembler paradoxal, mais le fait est que votre attitude fait croire à l'enfant que vous ne l'aimez plus, aussi voudra-t-il demeurer auprès de vous pour tenter de gagner à nouveau votre amour.

FAITES PLUTÔT PREUVE D'EMPATHIE. DITES :

Je comprends que tu veuilles rester ici, mais la règle nous dit qu'aujourd'hui tu dois aller chez ton père (ou ta mère). Tu pourras m'appeler ce soir avant de te coucher.

En invoquant la règle, vous éviterez de créer un conflit entre vous et l'enfant. De plus, en lui suggérant de vous téléphoner, vous aidez votre enfant à comprendre que vous l'aimez toujours et que vous êtes de tout cœur avec lui.

NE CRITIQUEZ PAS L'AUTRE PARENT. NE DITES PAS :

Ton père (ou ta mère) essaie toujours d'éviter d'avoir à passer du temps avec toi.

Votre enfant ne se sentira pas à l'aise dans son second foyer si vous lui dites que son autre parent ne veut pas de lui. Pesez bien vos mots lorsque vous parlez à votre enfant ; ce sont vos paroles qui feront qu'il se sentira aimé ou rejeté.

SOULIGNEZ PLUTÔT L'ASPECT POSITIF DE LA CHOSE. DITES :
Oui, tu pourras rester ici mercredi, mais aujourd'hui nous sommes lundi. Et le lundi tu vas chez papa (ou maman). Tu sais, il (ou elle) a très hâte de passer du temps avec toi.

Rappelez à l'enfant toutes les bonnes choses qui l'attendent quand il sera chez son autre parent. En agissant ainsi, vous éviterez les conflits et contribuerez à créer une situation favorable où les besoins de chacun sont satisfaits et respectés.

NE CAPITULEZ PAS. NE DITES PAS :
Bon, bon ! reste ici si tu veux ! De toute manière, ça m'est égal.

Vous aurez peut-être l'impression de plaire à votre enfant en vous pliant à ses exigences, mais en fait vous lui montrez que vous serez prêt à capituler chaque fois qu'il vous résistera un peu. De plus, en disant à votre enfant que ce qu'il fait vous est égal, vous lui signifiez que vous vous souciez peu de lui.

ENCOURAGEZ PLUTÔT LE DIALOGUE. DITES :
Je sais que tu aimerais rester ici aujourd'hui, mais je sais aussi que tu vas avoir beaucoup de plaisir chez ton père (ou ta mère). Quel genre de choses fais-tu quand tu es chez lui ?

En ouvrant le dialogue avec l'enfant, vous serez à même de découvrir s'il y a un problème ou s'il y a lieu d'améliorer la situation. Votre volonté de communiquer montre en outre à l'enfant que vous êtes à l'aise avec le fait qu'il passe du temps chez son autre parent.

LES COURS DE NATATION

Pour l'enfant qui n'aime pas nager – et pour le parent qui craint l'eau – les cours de natation sont une véritable punition. Même si la natation n'est pas votre tasse de thé, veillez à ce que vos commentaires restent aussi positifs que possible. Faites comprendre à l'enfant combien il est important de savoir nager et expliquez-lui les règles de sécurité à suivre à la piscine ou près d'un cours d'eau. Il est essentiel que l'enfant comprenne bien ces règles, surtout si vous vivez à proximité d'un lac, d'une rivière ou d'un ruisseau.

CONSEILS PRATIQUES

- Un enfant qui a été en contact avec l'eau lorsqu'il était bébé sera plus enclin à vouloir apprendre à nager.
- Votre enfant sera plus à l'aise dans l'eau si vous l'encouragez à jouer quand il prend son bain.
- Assurez-vous que le professeur de natation, la température de l'eau et la piscine conviennent à votre enfant.
- Lorsque vous êtes en maillot de bain, évitez de vous plaindre de votre apparence. Si vous dites «Je suis trop gros» ou «Je suis trop maigre», votre enfant sentira qu'il n'est pas bien d'être fait ainsi.

Votre discours intérieur

NE VOUS DITES PAS :

C'est vraiment stupide qu'il ait peur de l'eau à ce point.

Le fait de vous dire que les craintes de votre enfant sont stupides et sans fondement est pour vous une façon de vous déresponsabiliser.

DITES-VOUS PLUTÔT :

Mon rôle en tant que parent est d'aider mon enfant à vaincre sa peur de l'eau.

La peur, quelle qu'elle soit, est reliée à l'instinct de survie. Votre enfant cessera d'avoir peur de l'eau quand il comprendra qu'il ne court aucun danger.

NE VOUS DITES PAS :

Je me sens coupable du fait que j'ai transmis ma peur de l'eau à mon enfant.

Vous rendre responsable des peurs de votre enfant implique que vous pouvez contrôler ses émotions. Or, ce n'est pas le cas. Au lieu de vous blâmer ainsi, prenez le temps de lui apprendre les règles de sécurité nautiques.

DITES-VOUS PLUTÔT :

Mon enfant n'aime pas l'eau, mais je suis sûr qu'avec le temps il apprendra à être plus à l'aise dans cet élément.

L'attitude de votre enfant sera beaucoup plus saine si vous imaginez une issue positive au problème.

NE VOUS DITES PAS :

Mon enfant me fait honte en refusant d'aller à la piscine. Tous les enfants de mes amis aiment nager.

N'ayez pas honte du fait que votre enfant a peur de l'eau. Il est irrationnel pour vous de penser que votre enfant n'est pas normal parce qu'il n'est pas prêt à apprendre à nager.

DITES-VOUS PLUTÔT :

J'ai pour objectif de montrer à mon enfant qu'on peut être à l'aise dans l'eau.

Vous aurez plus de facilité à écarter les pensées négatives que vous entretenez face à la résistance de votre enfant si vous vous concentrez sur un objectif à long terme. Oubliez son refus de coopérer et aidez-le plutôt à atteindre cet objectif.

NE VOUS DITES PAS :

Ça m'est égal qu'il apprenne ou non à nager.

Vous compromettez la sécurité de votre enfant en vous pliant à son refus d'apprendre à nager. Votre attitude lui apprend par ailleurs qu'il est préférable de capituler plutôt que d'avoir à confronter nos peurs.

DITES-VOUS PLUTÔT :

Je vais continuer d'aider mon enfant avec ses cours de natation. C'est pour sa propre sécurité qu'il doit apprendre à nager.

Tenez bon et votre enfant aura tôt fait d'apprendre les règles de sécurité à respecter quand on pratique un sport aquatique. Votre attitude lui apprendra aussi que l'on peut atteindre ses objectifs à force de persévérance.

Comment parler à votre enfant

NE LE FORCEZ PAS À FAIRE CE QUE VOUS DEMANDEZ. NE DITES PAS :

Tu vas prendre des cours de natation que ça te plaise ou non !

Face à votre manque d'empathie et à votre attitude tyrannique, votre enfant se dira que vous ne vous souciez pas de ce qu'il ressent et que vous n'êtes pas là pour l'épauler, mais pour le contraindre à faire des choses qui lui déplaisent. Imaginez comment vous vous sentiriez si quelqu'un vous obligeait à prendre des cours de natation contre votre gré.

INVITEZ-LE PLUTÔT À SE CONFIER. DITES :
Explique-moi pourquoi tu n'aimes pas la natation.

Vous comprendrez mieux la résistance de votre enfant si vous lui demandez de se confier à vous. Peut-être qu'il n'aime pas avoir de l'eau dans les oreilles ; ou peut-être a-t-il peur de se retrouver sous l'eau. Montrez-lui que vous le comprenez et que vous êtes de son côté.

NE CAPITULEZ PAS. NE DITES PAS :
Ça n'est pas grave, mon poussin. Tu n'es pas obligé d'apprendre à nager si tu n'en as pas envie.

Ne donnez pas à votre enfant un droit de veto sur une décision importante qui concerne sa sécurité. Songez aussi qu'en laissant votre enfant agir à sa guise, vous ne lui apprenez pas la persévérance.

USEZ PLUTÔT D'EMPATHIE. DITES :
Tu ne veux pas prendre de leçons, n'empêche que c'est très important d'apprendre à nager. Je sais que c'est difficile de faire des choses qu'on ne veut pas faire, c'est pourquoi je vais rester avec toi à la piscine.

Votre enfant sera moins anxieux si vous lui faites bien comprendre combien il est important d'apprendre à nager et si vous le rassurez en lui disant que vous allez rester près de lui. Faites-lui savoir que vous serez là pour l'encourager.

N'ACHETEZ PAS SA COOPÉRATION. NE DITES PAS :
Tu te souviens que tu voulais un petit chien ? Eh bien, je t'en achèterai un si tu vas à tes cours de natation.

Ne promettez pas de cadeau à l'enfant en échange de sa coopération, sinon il en viendra à penser qu'il doit être récompensé chaque fois qu'il fait ce que vous lui demandez.

CONCLUEZ PLUTÔT UNE ENTENTE AVEC LUI. DITES :
Quand tu reviendras de ton cours de natation, tu pourras jouer avec tes copains.

La règle de grand-mère apprend à l'enfant qu'il pourra faire ce qu'il *veut* faire après qu'il aura fait ce qu'il *doit* faire. Cette approche lui apprendra à se montrer plus flexible et à différer le moment de sa gratification.

N'HUMILIEZ PAS L'ENFANT. NE DITES PAS :
Vas-tu encore me faire honte à la piscine ? La dernière fois, tu as hurlé et pleurniché comme un vrai bébé !

En dénigrant ainsi votre enfant, vous lui signifiez que vous ne l'aimez que lorsqu'il obéit et vous lui enseignez qu'il est acceptable de rabaisser les autres quand ils ne répondent pas à nos attentes.

ESSAYEZ PLUTÔT DE L'ENCOURAGER. DITES :
C'est dommage que tu ne veuilles pas prendre de cours de natation, car je sais que tu es assez fort et assez brave pour apprendre à nager.

Montrez à l'enfant que vous êtes conscient de sa peur, mais tout en soulignant sa bravoure. Dites-lui que vous comprenez ce qu'il ressent, puis rappelez-lui qu'il a la force de surmonter sa peur. Grâce à cette approche, il aura plus confiance en lui-même et sera mieux équipé pour faire face aux autres difficultés que l'avenir lui réserve.

CHAPITRE 2

L'HABILLAGE

Notre dilemme est que le changement nous fait peur et nous attire tout à la fois. Au fond, ce que nous voulons vraiment, c'est que les choses changent pour le mieux.

SIDNEY J. HARRIS

LES VÊTEMENTS FAVORIS

Que l'on soit jeune ou vieux, nos vêtements favoris sont pour nous comme des amis fidèles que l'on prend plaisir à retrouver. Sachant cela, vous devez respecter cette envie qu'a votre tout-petit de porter jour après jour les mêmes vêtements. Cela dit, il faut également que vous lui fassiez comprendre la nécessité de porter des vêtements propres. Expliquez à votre bambin de quatre ans qu'il retrouvera promptement son habit favori une fois que vous l'aurez lavé. Quelle joie lorsqu'il lui reviendra!

CONSEILS PRATIQUES

- Établissez une règle en ce qui a trait aux vêtements propres et assurez-vous que votre enfant comprend ce que veut dire l'adjectif «sale». Vous pouvez par exemple lui dire: «On doit porter des vêtements qui ne sentent pas mauvais et qui ne sont pas tachés.»
- Soulignez l'importance de l'hygiène afin que l'enfant comprenne pourquoi vous devez laver ses vêtements régulièrement.
- Permettez à l'enfant de vous aider à faire la lessive afin qu'il puisse voir comment les vêtements sales vont dans la laveuse et la sécheuse pour en ressortir éclatants de propreté.

Votre discours intérieur

NE VOUS DITES PAS :

J'en ai assez de me battre avec mon enfant pour qu'il mette des vêtements propres. Qu'il s'habille donc comme il le veut, ça m'est égal.

Votre manque de persistance montre à l'enfant que vos paroles sont sans conséquence. Votre attitude lui apprend par ailleurs qu'il est acceptable de baisser les bras lorsqu'on est confronté à un problème.

DITES-VOUS PLUTÔT :

Ça me fait plaisir de lui apprendre qu'on se sent bien dans des vêtements propres.

Votre objectif à long terme est d'amener l'enfant à porter des vêtements propres. Or, il sera plus facile pour vous de conserver une attitude enthousiaste et positive face à cet objectif si vous percevez l'opposition de votre enfant non pas comme un problème, mais comme une opportunité de lui communiquer une importante leçon de vie.

NE VOUS DITES PAS :

Mon enfant devrait pourtant savoir qu'on ne doit pas porter des vêtements sales. Il y a sûrement quelque chose qui cloche chez lui.

Ne jugez pas votre enfant en vous basant sur les vêtements qu'il veut porter, sinon il comprendra que votre amour pour lui dépend des décisions qu'il prendra. Votre enfant aura alors tendance à vouloir être parfait pour gagner votre amour. Dites-vous que tout le monde fait des erreurs et que les erreurs de l'enfant sont pour lui une occasion d'apprentissage.

DITES-VOUS PLUTÔT :

Ce n'est pas grave si ma fille veut toujours porter la même robe.

Commencez par accepter le fait que les enfants d'âge préscolaire sont, par nature, réfractaires au changement. Cela vous mettra dans un état d'esprit plus propice à aider votre enfant à gérer les changements qui se présentent à lui.

NE VOUS DITES PAS :

Qu'est-ce que les professeurs de mon enfant vont penser de moi s'il porte toujours les mêmes vêtements pour aller à l'école ?

Chaque fois que vous vous inquiétez de ce que les autres pensent de vous, répétez-vous ce dicton : À vingt ans, on se préoccupe de ce que les autres pensent de nous ; à quarante ans, on se fiche de ce que les autres pensent de nous ; et à soixante ans, on se rend compte que personne ne s'est jamais soucié de ce que nous faisions.

DITES-VOUS PLUTÔT :

Je comprends que ma fille veuille toujours porter la même robe. Moi aussi j'ai des robes que j'aimerais porter tous les jours.

En adoptant cette attitude empathique, vous montrez à l'enfant que vous comprenez son hésitation à délaisser ses vêtements favoris.

Comment parler à votre enfant

NE LE MENACEZ PAS. NE DITES PAS :

Mets ton linge sale si ça te chante, mais tu vas voir que les gens n'aiment pas les personnes sales !

Vous n'inciterez pas votre enfant à enfiler des vêtements propres en lui disant qu'il sera rejeté. Les enfants d'âge préscolaire n'ont qu'une envie : faire ce qu'ils veulent. Or, ce genre de déclaration n'a aucun effet sur eux. De toute manière, vous voulez que votre enfant consente à porter des vêtements propres parce qu'il a compris les règles de l'hygiène, et non par peur du rejet.

PROPOSEZ PLUTÔT UNE SOLUTION ALTERNATIVE. DITES :
Désolé, mais la robe que tu veux mettre doit aller au lavage. Demain elle sera propre et tu pourras la porter, mais pour l'instant, choisissons-en une autre ensemble.

Votre enfant développera ses facultés d'adaptation et apprendra à différer la gratification si vous vous montrez ferme tout en lui proposant des solutions de rechange. De plus, en donnant à l'enfant la possibilité de choisir les vêtements qu'il portera, vous lui permettez d'exercer une mesure de contrôle sur son habillement.

NE RABAISSEZ PAS L'ENFANT. NE DITES PAS :
C'est vraiment stupide de ta part de toujours vouloir porter cette vieille robe sale.

En dénigrant votre enfant de la sorte, vous lui faites comprendre qu'elle risque de perdre votre soutien et votre amour, simplement parce qu'elle veut porter sa robe favorite. Ne forcez pas votre enfant à choisir entre votre amour et un vêtement.

CONCLUEZ PLUTÔT UNE ENTENTE AVEC LUI. DITES :
Je comprends que tu veuilles porter la même robe qu'hier, mais tu ne peux pas parce qu'elle est sale. Choisissons-en une autre ensemble. Quand tu seras habillée bien proprement, tu pourras regarder ton émission préférée à la télé.

Vous pouvez motiver l'enfant à choisir d'autres vêtements en employant la règle de grand-mère, laquelle lui dit qu'il pourra faire ce qu'il veut après avoir fait ce que vous lui demandez. Cette approche aidera l'enfant à apprendre que la vie de tous les jours est faite de transitions et de compromis.

NE LE SUPPLIEZ PAS. NE DITES PAS :

Je t'en prie, chérie, mets ta belle robe propre pour maman.

Vos suppliques n'inciteront pas l'enfant à adopter le comportement désiré. De plus, un enfant que l'on implore constamment en viendra éventuellement à se demander si son parent l'aimera encore s'il n'obéit pas.

AGISSEZ PLUTÔT AVEC EMPATHIE. DITES :

Je sais combien tu aimes ta robe. J'ai moi aussi une robe préférée. Ça te plairait qu'on lave ensemble nos plus belles robes ? Quand elles seront propres, on pourra les porter.

Montrez à l'enfant que vous comprenez son désir de porter ses vêtements préférés le plus souvent possible. Lorsque parent et enfant travaillent ensemble et avec empathie, il y a de fortes chances que les besoins de chacun soient comblés.

L'HEURE DE S'HABILLER

Il peut y avoir plusieurs raisons qui expliquent pourquoi votre enfant de trois ans refuse de s'habiller après que vous lui ayez demandé de le faire à plusieurs reprises. L'enfant veut peut-être décider lui-même quand il va s'habiller et ce qu'il va porter. Peut-être veut-il poursuivre l'activité qui l'occupait au moment où vous lui avez demandé de s'habiller. Quelle que soit la raison qui motive son refus, le parent doit rester calme tout en se concentrant sur son objectif, qui est d'amener l'enfant à s'habiller sans piquer une crise.

CONSEILS PRATIQUES

- Avant de demander à l'enfant de s'habiller, discutez avec lui des vêtements qu'il portera ce jour-là. Cela l'aidera à assimiler le processus d'habillage et l'habituera à choisir des vêtements appropriés.
- Assurez-vous que votre enfant est capable d'exécuter les gestes relatifs à l'habillage. Encouragez-le à demander votre aide s'il y a des gestes qu'il ne peut compléter de lui-même.
- Pour que votre enfant apprenne à coopérer, il ne faut pas qu'il se sente bousculé. Accordez-lui toujours suffisamment de temps pour s'habiller.
- Établissez une règle qui dicte à quel moment de la matinée votre enfant doit s'habiller.

Votre discours intérieur

NE VOUS DITES PAS :
Il me met en retard à tous les jours parce qu'il ne veut pas s'habiller.

Vous n'apprendrez pas la coopération à votre enfant en le rendant responsable de vos retards.

DITES-VOUS PLUTÔT :
Ce n'est pas grave si mon enfant refuse de s'habiller. Je suis capable de gérer ça.

Vous serez plus apte à régler le problème si vous vous dites que vous avez la situation bien en main.

NE VOUS DITES PAS :
Je ne peux pas l'envoyer au jardin d'enfants en pyjama. Son professeur va penser que je suis un mauvais parent.

Ce n'est pas en vous préoccupant de ce que les autres pensent de vous que vous réglerez le problème. Cette attitude vous poussera à choisir des solutions qui n'auront d'autre but que de plaire aux autres.

DITES-VOUS PLUTÔT :
Cela m'arrive à moi aussi de vouloir passer la journée en pyjama.

Il est normal qu'un enfant d'âge préscolaire qui est tout confortable dans son pyjama n'ait aucune envie de se changer. Conservez une attitude positive et empathique ; cela vous aidera à trouver des façons imaginatives de motiver l'enfant à s'habiller.

NE VOUS DITES PAS :
Je sais qu'il est capable de s'habiller tout seul. Son problème, c'est qu'il est aussi têtu que son père !

Traitez votre enfant de «têtu» et vous l'inciterez à le devenir. Votre enfant aura par ailleurs tendance à s'éloigner de son autre parent si vous blâmez celui-ci pour le comportement de l'enfant.

DITES-VOUS PLUTÔT :
Je dois éviter de faire de l'habillage une source de conflit.

Soyez l'allié de votre enfant plutôt que son adversaire. Cela vous permettra de compléter la tâche à accomplir dans une atmosphère positive et enthousiaste.

Comment parler à votre enfant

NE LE MENACEZ PAS. NE DITES PAS :
Je vais revenir dans une minute et si tu n'es pas habillé, je te donne la fessée.

En menaçant votre enfant d'une punition corporelle, vous lui faites comprendre que ses parents sont plus grands et plus forts que lui et qu'ils sont prêts à lui faire du mal pour le contraindre à obéir. Vos menaces motiveront peut-être l'enfant à coopérer dans l'immédiat, cependant, vous obtiendrez de meilleurs résultats à long terme si vous choisissez une approche positive au lieu de punir votre enfant parce qu'il vous résiste.

FAITES PLUTÔT DE L'HABILLAGE UN JEU. DITES :
C'est l'heure de s'habiller, mon poussin. Je vais mettre le minuteur et on va voir si tu es capable de mettre ton pantalon avant qu'il ne sonne.

Ce genre de jeu est très excitant pour l'enfant parce qu'il stimule son esprit de compétition et lui fait oublier qu'il est en train de s'habiller.

NE VOUS METTEZ PAS EN COLÈRE. NE DITES PAS :
Je t'avertis que je suis en train de me fâcher. Tu ferais mieux de t'habiller avant que je pète les plombs pour de bon.

En utilisant la colère pour inciter votre enfant à s'habiller, vous lui montrez qu'il a le pouvoir de contrôler vos émotions. En plus de diminuer sa capacité d'agir avec empathie, cela ne lui apprend aucunement à faire ce que vous lui demandez.

DONNEZ-LUI PLUTÔT DES CHOIX. DITES :
Il faut que tu t'habilles tout de suite, alors à toi de décider : soit tu t'habilles tout seul, soit je t'aide à t'habiller.

Ce genre de discours fait comprendre à l'enfant que votre requête est non négociable, mais qu'il a tout de même son mot à dire quant à la façon dont il s'y prendra pour s'habiller. Cette approche répond à la fois à vos besoins et à ceux de l'enfant.

NE DÉNIGREZ PAS L'ENFANT. NE DITES PAS :
Mais qu'est-ce que j'ai fait au bon Dieu pour qu'il me donne un enfant si paresseux ! Va dans ta chambre et habille-toi tout de suite !

Quand on fait croire à un enfant qu'il a des défauts innés, on l'amène à penser qu'il est incapable d'atteindre ses objectifs, qu'il ne mérite pas l'amour de ses parents et qu'il est impuissant à changer son comportement.

PROPOSEZ PLUTÔT DE L'AIDER. DITES :
Une fois que tu auras enfilé ton pantalon et ta chemise, je t'aiderai à mettre tes bas et tes souliers.

Votre enfant sera plus motivé à faire ce que vous lui demandez si vous offrez de l'aider à faire une partie du travail.

NE MARCHANDEZ PAS AVEC LUI. NE DITES PAS :
Si tu t'habilles tout de suite, je t'achèterai des bonbons avant de te déposer à l'école.

Cette approche encourage l'enfant à attendre que vous lui promettiez une récompense avant de coopérer. De plus, le fait que vous disiez « si » fait de votre requête une hypothèse. L'enfant se demandera ce qui pourrait bien lui arriver s'il n'obéit pas, ce qui l'incitera à continuer de vous résister pour voir ce que vous allez faire.

FAITES-LUI PLUTÔT UNE PROPOSITION INTÉRESSANTE. DITES :
Quand tu te seras habillé, on pourra déjeuner ensemble.

Votre rôle de parent est d'enseigner à l'enfant qu'il doit s'acquitter de ses tâches obligatoires avant de pouvoir faire ce qui lui plaît. Les demandes formulées selon la règle de grand-mère offrent toujours à l'enfant une bonne raison de coopérer.

ÉVITEZ DE HARCELER L'ENFANT. NE DITES PAS :
Ça fait cinq fois que je te dis de t'habiller ! Va-t-il encore falloir que je te le répète ?

Un enfant qui se fait constamment harceler ainsi apprend qu'il n'a pas à obéir puisque vos requêtes sont sans conséquences.

INVOQUEZ PLUTÔT LA RÈGLE. DITES :
La règle dit qu'on ne peut pas aller jouer tant qu'on n'est pas habillé.

L'enfant comprend ici que c'est la *règle* qui lui demande d'obéir, et non pas vous directement. Cette approche montre à l'enfant que vous êtes son allié et non son tortionnaire, ce qui l'encourage à obéir plus volontiers.

LE PORT DES CHAUSSURES

La plupart des enfants d'âge préscolaire adorent se promener pieds nus. C'est pourquoi votre petit bout de deux ans se montre récalcitrant quand vous lui demandez de mettre ses chaussures. Vous remédierez à la situation en expliquant à votre enfant qu'il peut être dangereux de marcher nu-pieds parce qu'on peut se blesser sur des éclats de verre ou sur des cailloux pointus, qu'on peut se brûler sur l'asphalte chaud, se rentrer des échardes dans le pied, etc. L'enfant doit comprendre qu'il doit mettre ses chaussures afin de ne pas se blesser – ce qui ne veut pas dire que vous ne pouvez pas le laisser se promener pieds nus si les conditions s'avèrent sécuritaires.

CONSEILS PRATIQUES

- Établissez des règles qui, pour des raisons de civisme ou de sécurité, diront à votre enfant où et quand il est nécessaire de porter des chaussures.
- Donnez-lui l'exemple en lui expliquant comment vous choisissez ce que vous portez aux pieds selon les circonstances. Vous pouvez par exemple dire : « Aujourd'hui je vais mettre mes bottes parce qu'il fait froid et humide dehors. »
- Avant de demander à votre enfant de mettre ses chaussures, assurez-vous qu'il a la dextérité nécessaire pour le faire.

Votre discours intérieur

NE VOUS DITES PAS :

Mon enfant ne sera jamais capable d'apprendre à mettre ses chaussures.

Vous exagérez le problème en affirmant que votre enfant ne sera jamais capable d'apprendre une tâche donnée. Le sentiment d'impuissance que vous ressentez et votre attitude désespérée ne vous aideront pas à trouver une solution imaginative au problème.

DITES-VOUS PLUTÔT :

Mon enfant finira bien par apprendre à mettre ses chaussures. D'ici là, je vais faire de mon mieux pour l'aider.

Évitez d'entretenir des attentes trop ambitieuses quant aux aptitudes de votre enfant et conservez une attitude positive face à son développement. Sachez qu'il vous sera plus facile de trouver des solutions imaginatives à un problème donné si vous maintenez une certaine ouverture d'esprit. Admettant que votre enfant ait du mal à nouer ses lacets, la bonne approche à adopter serait de lui acheter des chaussures dotées d'attaches en velcro.

NE VOUS DITES PAS :

Les voisins vont penser que je suis un mauvais parent si mon enfant se promène dehors nu-pieds. Non, décidément, il faut absolument qu'il mette ses souliers !

Ne prenez pas de décisions en vous basant sur ce que les autres penseront. *Vous* êtes la personne la mieux qualifiée pour prendre les décisions qui concernent la sécurité et le bien-être de votre enfant.

DITES-VOUS PLUTÔT :

Je veux que mon enfant porte des chaussures parce que c'est plus sécuritaire pour lui de le faire.

Lorsque votre enfant s'oppose à l'une de vos règles, rappelez-vous pourquoi vous avez créé cette règle et concentrez-vous sur l'objectif à atteindre.

Comment parler à votre enfant

NE LE MENACEZ PAS. NE DITES PAS :

Mets tes chaussures et plus vite que ça, sinon tu vas le regretter !

Au lieu de motiver votre enfant, les menaces de ce genre lui apprennent qu'il est acceptable de dominer les autres par la peur.

INVOQUEZ PLUTÔT LA RÈGLE. DITES :

Tu te souviens que la règle dit qu'il faut mettre ses chaussures quand il fait froid ? Eh bien, regarde à la télé ce que dit la météo.

En rappelant la règle à votre enfant, vous l'aidez à apprendre à choisir son habillement en fonction des conditions météorologiques. L'autre avantage de cette approche est que si l'enfant refuse toujours de s'habiller adéquatement, il s'en prendra à la règle, et non à vous.

NE VOUS FÂCHEZ PAS. NE DITES PAS :

Je sens que je vais me fâcher. Je te conseille de mettre tes souliers avant que je me mette en colère pour de bon !

N'employez pas la colère pour inciter votre enfant à coopérer. En adoptant cette attitude vous faites peur à l'enfant, vous l'empêchez d'agir avec empathie et vous gâchez une belle opportunité de lui inculquer les joies de la coopération et du travail en équipe.

INVITEZ-LE PLUTÔT À RÉPÉTER LE GESTE. DITES :
Si tu veux, on va s'exercer à mettre tes chaussures. Je vais t'aider à les enfiler, ensuite tu t'exerceras à les attacher.

Il est normal que votre enfant ait à répéter un geste ou un comportement plusieurs fois avant de le maîtriser. Allez-y étape par étape en l'épaulant du mieux que vous pouvez et en le félicitant régulièrement de ses progrès.

NE MARCHANDEZ PAS AVEC L'ENFANT. NE DITES PAS :
Si tu mets tes chaussures, je t'achèterai des bonbons.

En usant de ce genre de tractations, vous incitez l'enfant à attendre que vous lui promettiez une récompense avant de coopérer. Cette approche est à éviter absolument.

PROPOSEZ-LUI PLUTÔT UN MARCHÉ. DITES :
Tu veux aller au parc ? Eh bien, quand tu auras mis tes chaussures, on pourra aller au parc. Tu te rappelles ce que dit la règle : il faut mettre ses chaussures quand on va au parc parce qu'il y a par terre toutes sortes d'objets sur lesquels on peut se blesser.

La règle de grand-mère rappelle à l'enfant qu'il doit coopérer avant de pouvoir faire une chose qui lui plaît. L'enfant sera plus enclin à respecter une règle donnée si vous lui rappelez le pourquoi de son existence.

LE CHOIX DES VÊTEMENTS

Comment vous sentiriez-vous si, à tous les jours, quelqu'un vous disait quels vêtements porter? Le but ultime d'un enfant de trois ans étant d'avoir le contrôle de son environnement, il est normal que ses propres vues vis-à-vis son habillement lui importent davantage que le code vestimentaire que vous cherchez à lui imposer. Pour éviter les conflits et apprendre à l'enfant comment choisir une tenue adéquate, établissez des règles qui dictent quel type de vêtement il doit porter dans telle ou telle situation – en tenant compte bien sûr des conditions météorologiques.

CONSEILS PRATIQUES

- Choisissez à l'avance avec votre enfant les vêtements qu'il va porter; ainsi, il se sentira moins bousculé quand vous voudrez qu'il s'habille en vitesse. Si l'enfant change d'idée le moment venu de se vêtir, expliquez-lui qu'il se doit de respecter les choix vestimentaires que vous avez faits ensemble auparavant. Soyez ferme, sinon l'enfant apprendra qu'il peut remettre en question toutes vos décisions.
- Votre enfant apprendra plus vite à agencer son habillement si vous rangez dans un même tiroir des vêtements qui sont assortis.
- Accoutumez l'enfant à délaisser graduellement un vêtement favori qu'il désire porter tous les jours en lui interdisant de le

porter pendant toute une journée durant la première semaine, pendant deux jours la deuxième semaine, et ainsi de suite, jusqu'à ce qu'il en vienne à ne le porter qu'une journée ou moins par semaine.

Votre discours intérieur

NE VOUS DITES PAS :
Mon enfant n'est pas normal parce qu'il est trop pointilleux quand vient le temps de choisir ses vêtements.

Évitez de donner une tournure négative à des événements qui sont en réalité tout à fait neutres et anodins. Il n'y a rien d'anormal dans le fait que votre enfant veuille porter des vêtements qui lui plaisent.

DITES-VOUS PLUTÔT :
Je suis content que mon enfant ait des opinions qui lui sont propres et qu'il soit capable de les exprimer.

Il vous sera plus facile d'apprendre à travailler en harmonie avec votre enfant si vous respectez ses opinions.

NE VOUS DITES PAS :
Ses caprices vestimentaires m'impatientent au plus haut point !

Vous ne devez pas laisser le comportement de votre enfant dicter vos émotions. Une telle réaction est à la fois irrationnelle et contre-productive.

DITES-VOUS PLUTÔT :
Je ne dois pas me fâcher simplement parce que mon enfant à un tempérament volontaire. Je devrais au contraire l'encourager et le guider sur la voie de l'indépendance.

Montrez à votre enfant que ses opinions sont valables en lui permettant de prendre ses propres décisions – dans la mesure du raisonnable, bien entendu. Voyant qu'on lui permet d'exercer une certaine mesure de contrôle sur son existence, l'enfant s'emploiera à développer ses aptitudes décisionnelles et apprendra plus aisément à collaborer avec les autres.

NE VOUS DITES PAS :
Mon enfant est aussi têtu que son père (ou sa mère). Je ne suis pas capable de vivre avec deux têtes de mule pareilles !

Même si l'entêtement est un trait de caractère courant dans votre famille ou celle de votre ex-conjoint, évitez de voir la chose négativement. Une telle attitude vous empêche de trouver une solution adéquate au problème et nourrit la colère et le ressentiment que vous éprouvez à l'égard de l'autre parent de l'enfant.

DITES-VOUS PLUTÔT :
Mon enfant se montre parfois inflexible, mais ça ne veut pas dire qu'il a un problème.

S'il y a conflit au moment de s'habiller, prenez un peu de recul face à la situation. Au lieu de vous préoccuper du caractère de l'enfant, concentrez-vous sur votre objectif qui est de lui apprendre à choisir des vêtements appropriés.

Comment parler à votre enfant

NE LE DÉPRÉCIEZ PAS. NE DITES PAS :
Mais qu'est-ce que tu as encore ? Pourquoi ne veux-tu jamais porter les vêtements que j'ai choisis pour toi ?

Votre enfant aura l'impression de ne pas avoir le droit de s'exprimer librement si vous lui dites qu'il a un problème parce qu'il veut choisir lui-même son habillement. De plus, en demandant à l'enfant « pourquoi » il ne fait pas ce que vous lui demandez, vous l'obligez à se mettre sur la défensive et à justifier sa position.

RAPPELEZ-LUI PLUTÔT LA RÈGLE. DITES :
Je sais que tu aimerais aller à l'école en maillot de bain, mais la règle nous dit qu'à l'école il faut porter un pantalon et une chemise. Tu pourras porter ton maillot à la maison, quand tu reviendras de l'école.

Une règle est une chose objective, distincte du parent, à laquelle l'enfant sait qu'il doit se soumettre. Cette stratégie montre à l'enfant qu'il peut faire certains choix comportementaux tout en respectant le règlement.

NE VOUS FÂCHEZ PAS. NE DITES PAS :
Tu veux toujours t'habiller bizarrement, mais là, j'en ai assez ! Tu vas mettre ce que je t'ai dit de mettre, et plus vite que ça !

Il est tentant pour un parent d'exprimer sa frustration en se mettant en colère contre son enfant. Avant de vous laisser aller à ce type de réaction, demandez-vous si vous désirez vraiment que votre enfant devienne la cible de votre exaspération. Comment pensez-vous que votre enfant se sentira face à cet accès de violence verbale ?

AGISSEZ PLUTÔT AVEC EMPATHIE. DITES :
Je sais que tu aimerais porter des culottes courtes aujourd'hui. Moi aussi ça me plairait, mais la règle nous dit qu'il faut s'habiller chaudement quand il fait froid dehors.

En montrant à votre enfant que vous comprenez son désir de s'habiller à sa guise, vous lui signifiez que vous respectez son opinion. À partir de là, il vous faut invoquer la règle pour faire comprendre à l'enfant qu'il est libre de prendre certaines décisions, mais à l'intérieur d'une consigne stricte. Cette approche lui apprend que, dans la vie, il y a des règles qui nous disent comment nous devons nous comporter dans une situation donnée.

NE SUPPLIEZ PAS L'ENFANT. NE DITES PAS :
Je t'en prie, mon trésor, mets les vêtements que j'ai choisis pour toi.

En suppliant votre enfant pour qu'il vous obéisse, vous lui signifiez que c'est lui qui a le contrôle de la situation. Paradoxalement, il s'agit là d'une perspective affolante pour l'enfant. De plus, en agissant ainsi, vous culpabilisez votre enfant, ce qui lui apprend à obéir simplement parce qu'il a peur que vous ne l'aimiez plus.

RAPPELEZ-LUI PLUTÔT LA RÈGLE. DITES :
Je sais que tu veux porter des culottes courtes aujourd'hui, mais va voir un peu ce que dit le thermomètre. Est-ce qu'il dit qu'il fait assez chaud pour mettre un short ?

Ce genre de stratégie désamorce tout conflit potentiel entre vous et l'enfant puisqu'elle fait du thermomètre l'élément auquel l'enfant doit obéir. Cette approche apprend par ailleurs à l'enfant à choisir son habillement en fonction de la température.

LES CHANGEMENTS DE VÊTEMENTS

Votre enfant de cinq ans refuse de mettre son habit du dimanche ou d'enfiler son uniforme de foot parce qu'il estime que c'est lui qui devrait prendre toutes les décisions relatives à son habillement. De fait, un enfant de cet âge veut généralement qu'on le laisse décider de tout. En tant que parent, c'est à vous de voir si les circonstances – température extérieure, sécurité, hygiène, confort, etc. – dictent que vous pouvez laisser l'enfant s'habiller quand et comme il l'entend, ou si vous devez appliquer certaines règles d'habillement.

CONSEILS PRATIQUES

- Lorsque vous vous changez, expliquez à l'enfant pourquoi vous faites cela; cela lui permettra d'apprendre à choisir des vêtements adaptés aux circonstances.
- Afin d'éviter les conflits et la confusion, offrez à l'enfant des choix limités quant à son habillement. Dites par exemple: «Tu peux mettre ton jean ou ta salopette pour aller jouer dehors.»

Votre discours intérieur

NE VOUS DITES PAS :

Pourquoi mon enfant ne veut-il pas comprendre qu'il doit se changer avant d'aller jouer dehors ?

Choisir et porter des vêtements appropriés n'est pas une priorité pour un enfant d'âge préscolaire.

DITES-VOUS PLUTÔT :

Mon rôle est d'aider mon enfant à respecter les règles.

En montrant à votre enfant quand et pourquoi il doit se changer, vous l'aidez à comprendre que la vie est faite de règles qui nous disent comment on doit se comporter dans une situation donnée. L'enfant qui a bien compris les règles qu'on lui impose est moins anxieux parce qu'il sait ce qu'il doit faire.

NE VOUS DITES PAS :

Ma mère m'avait dit que j'aurais un enfant difficile, et elle avait raison.

On ne peut pas dire qu'un enfant est «difficile» simplement parce qu'il refuse de se changer. De plus, en permettant qu'une vague prédiction de votre mère explique le manque de coopération de votre enfant, vous ne ferez qu'augmenter votre niveau de frustration, ce qui ne vous aidera en rien à résoudre le problème qui vous occupe.

DITES-VOUS PLUTÔT :

C'est normal que mon enfant n'ait pas envie de se changer. Je suis capable de tolérer sa résistance et de gérer la situation.

Vous aurez moins de difficulté à composer avec le comportement de votre enfant si vous acceptez le fait que, tout comme les adultes, les enfants ont tendance à résister au changement.

NE VOUS DITES PAS :
Mon enfant ne m'écoute jamais. Pourquoi faut-il toujours qu'il me désobéisse ?

Lorsque vous employez des termes absolus comme «toujours» ou «jamais», vous exagérez la situation. Une telle attitude ne vous aidera pas à comprendre le comportement de l'enfant ni à résoudre le problème.

DITES-VOUS PLUTÔT :
Mon enfant me résiste actuellement, mais ça ne veut pas dire qu'il n'apprendra jamais à m'écouter.

En montrant à l'enfant que vous comprenez et respectez ce besoin qu'il a de contrôler certains aspects de son existence, vous l'aidez à développer ses aptitudes décisionnelles.

Comment parler à votre enfant

NE LE DÉNIGREZ PAS. NE DITES PAS :
Non mais, tu es malade ou quoi ? Tu ne vas tout de même pas porter ça !

Vous n'encouragez pas l'enfant à vous obéir en lui disant qu'il a un problème d'ordre mental. Ce genre de réponse l'incitera plutôt à développer une piètre image de lui-même. Votre réaction lui montre en outre qu'il est acceptable de juger et de dénigrer ses semblables.

RAPPELEZ-LUI PLUTÔT LA RÈGLE. DITES :
Qu'est-ce que la règle dit que tu dois porter quand tu vas jouer au foot ?

Votre enfant assimilera mieux une règle donnée si vous la lui rappelez régulièrement. Le fait que la règle dicte maintenant le comportement de l'enfant vous libère de votre rôle autoritaire et vous permet de l'aider à accomplir la tâche désirée.

NE LE SUPPLIEZ PAS. NE DITES PAS :
S'il te plaît, soit un bon garçon et change-toi comme je te l'ai demandé.

Lorsque vous suppliez votre enfant d'être un « bon garçon » ou une « bonne fille », vous commettez deux erreurs : vous lui faites comprendre qu'il n'est pas normal pour lui de refuser de se changer ; et vous l'habituez à se définir à travers son comportement. En vérité, le comportement de l'enfant ne définit pas ce qu'il ou elle est vraiment. C'est pourquoi vous devez éviter d'employer des expressions comme « bon garçon » ou « mauvais garçon ».

CONCLUEZ PLUTÔT UN MARCHÉ AVEC LUI. DITES :
Quand tu auras mis ta salopette, tu pourras aller jouer dehors avec tes camarades.

La règle de grand-mère dit à l'enfant qu'il peut décider de lui-même, mais que sa décision aura une conséquence directe sur l'issue de la situation. Dans ce cas-ci, l'enfant peut choisir de ne pas se changer, alors la conséquence pourrait être de ne pas aller rejoindre ses copains et ses copines dehors ; ou il peut choisir de vous obéir, ce qui lui permettra de faire ensuite ce qu'il veut.

NE LE MENACEZ PAS. NE DITES PAS :
Je sens que je vais me fâcher si tu ne te changes pas tout de suite. Tu veux que je me fâche, c'est ça ?

En adoptant cette attitude de défi, vous ne laissez plus que deux choix à l'enfant : celui de ne pas coopérer et de vous faire exploser de rage (ce qui peut être pour lui une perspective excitante) ; et celui de vous obéir parce qu'il a peur de vous. D'une façon comme d'une autre, ce n'est définitivement pas là une approche constructive.

PRÉSENTEZ-LUI PLUTÔT LA CHOSE SOUS UN AUTRE ANGLE. DITES :

Demain on sera samedi et tu n'auras pas à mettre tes vêtements d'école, mais aujourd'hui c'est jour de classe et tu dois t'habiller en conséquence.

Vous pouvez distraire votre enfant de son désir immédiat en lui exposant la possibilité d'une gratification future.

NE HARCELEZ PAS L'ENFANT. NE DITES PAS :

Combien de fois va-t-il falloir que je te dise de te changer ?

Cette stratégie fondée sur des remontrances répétées ne motivera pas votre enfant à obéir et ne lui apprendra pas à coopérer.

FAITES PLUTÔT UN JEU DE LA SITUATION. DITES :

On va voir si tu peux te changer avant que le minuteur ne sonne.

Cette approche stimule l'esprit de compétition de l'enfant, ce qui le détourne de l'aspect conflictuel de la situation et lui apprend qu'il est possible d'obéir tout en s'amusant.

CHAPITRE 3

LES REPAS

Je crois que pour résoudre un problème, il faut être capable de l'aborder avec humour.

FRANK CLARK

L'HEURE DES REPAS

Voici une autre réaction courante chez les enfants en bas âge : dès que votre petit trésor de quatre ans se sent rassasié, il veut immédiatement sortir de table pour aller s'amuser. Il est normal pour un parent de souhaiter que son enfant reste à table pour bien prendre le temps de manger et passer un peu de temps en famille, cependant soyez réaliste face à vos attentes. Songez qu'un enfant a une durée d'attention plus courte qu'un adulte et que, par conséquent, votre bambin trouvera le temps long une fois qu'il aura fini de manger.

CONSEILS PRATIQUES

- La télévision et l'ordinateur risquent de distraire votre enfant durant les repas. Éteignez ces appareils pendant qu'il mange.
- Utilisez un minuteur pour habituer l'enfant à rester à table pendant un certain laps de temps.
- Efforcez-vous de manger à table le plus souvent possible afin que l'enfant puisse s'habituer au rituel des repas. Évitez autant que possible les repas pris sur le pouce, que ce soit en voiture ou ailleurs.

Votre discours intérieur

NE VOUS DITES PAS :

Je suis divorcé, aussi mon enfant ne saura jamais ce que c'est que de prendre de vrais repas en famille.

Des mots comme «toujours» ou «jamais» vous donnent l'impression que vous êtes impuissant à changer quoi que ce soit à votre situation ou à votre état d'esprit. Le fait que vous soyez un parent divorcé ne veut pas dire que votre enfant et vous ne pouvez pas manger en famille.

DITES-VOUS PLUTÔT :

Quand mon enfant et moi prenons nos repas ensemble, c'est tout de même une expérience familiale.

Il est important que vous preniez vos repas avec votre enfant, même si son autre parent n'est pas là. Par votre présence à l'heure des repas, vous apprenez à l'enfant ce que c'est que l'esprit de famille. Pour rendre l'expérience aussi agréable que possible, évitez de forcer l'enfant à rester trop longtemps à table.

NE VOUS DITES PAS :

Mon enfant n'aime pas être à table avec moi.

Ne prenez pas ce désir qu'a votre enfant de quitter la table comme une attaque personnelle. À son âge, il est normal qu'il veuille descendre de sa chaise pour aller jouer plutôt que de rester sagement assis avec les adultes.

DITES-VOUS PLUTÔT :

L'important, c'est que j'aie l'opportunité de parler un peu à mon enfant durant les repas, même si ce n'est que pendant quelques minutes.

Mesurez le temps passé à table en termes de qualité et non de quantité. L'important est que vous preniez du plaisir à partager vos repas, si brefs soient-ils.

NE VOUS DITES PAS :
Mon enfant est en train de gâcher le repas de tout le monde en criant parce qu'il veut sortir de table.

Ce n'est pas en vous disant que vous êtes incapable de gérer le comportement de votre enfant que vous parviendrez à le faire. De plus, votre attitude négative n'aide pas l'enfant à apprendre à apprécier les repas pris en famille. N'oubliez pas qu'à la base, tout événement est neutre et qu'un repas n'est «gâché» que si vous choisissez de le considérer comme tel.

DITES-VOUS PLUTÔT :
Même si j'ai travaillé toute la journée et que je ressens une grande fatigue, il est important que nous dînions à table ensemble.

N'oubliez pas que ces repas en famille sont très importants pour le développement de votre enfant. Même si vous préférez un petit souper tranquille en solitaire à un repas bruyant et chaotique avec votre enfant, songez que ce sont là d'excellentes occasions de renforcer les liens familiaux.

Comment parler à votre enfant

NE LE MENACEZ PAS. NE DITES PAS :
Si tu ne restes pas à table, tu vas aller te coucher tout de suite, tu m'entends ?

Votre enfant n'apprendra pas à apprécier les repas en famille si vous menacez de l'isoler parce qu'il veut se lever de table pour aller jouer. Sans compter qu'en lui disant cela, vous associez lit et punition dans son esprit, ce qui est à éviter. Votre stratégie peut également inciter l'enfant à vous mettre au défi ; il se dira : « Qu'est-ce qui va arriver si je ne reste pas à table ? Maman va-t-elle me punir pour de vrai ? »

FÉLICITEZ-LE PLUTÔT DE SON OBÉISSANCE. DITES :
C'est gentil à toi de rester à table avec nous. Papa et maman aiment ça prendre leur repas avec toi.

Tout le monde a besoin de se sentir apprécié. En félicitant votre enfant de sa patience, fût-elle passagère, vous l'encouragez à se montrer encore plus patient au prochain repas.

NE LE CONTRAIGNEZ PAS. NE DITES PAS :
Tu vas rester à table jusqu'à ce que tu aies fini ton assiette.

En forçant votre enfant à finir son assiette, vous lui apprenez à continuer de manger même s'il n'a plus faim. Ce genre de stratégie peut mener l'enfant à développer des problèmes de comportement alimentaire, voire d'obésité infantile. Pour qu'un enfant apprenne à reconnaître quand il est rassasié, il ne faut pas l'obliger à manger.

PROPOSEZ-LUI PLUTÔT UN JEU. DITES :
J'ai un jeu amusant pour toi : on va raconter à tour de rôle ce qui nous est arrivé de bien durant la journée.

Encouragez votre enfant à rester à table en l'invitant à vous relater sa journée. Non seulement sera-t-il très heureux de vous raconter ses histoires, mais il prendra plaisir à écouter les vôtres.

N'ACHETEZ PAS SON OBÉISSANCE. NE DITES PAS :

Si tu restes à table encore un peu, tu auras de la crème glacée.

En promettant une récompense à l'enfant pour l'amener à faire ce que vous voulez, vous lui apprenez à monnayer sa coopération.

RAPPELEZ-LUI PLUTÔT LA RÈGLE. DITES :

Je sais que tu veux sortir de table, mais la règle dit que tu pourras descendre de ta chaise quand le minuteur sonnera.

Invoquer la règle est une façon positive et empathique d'accroître le niveau de tolérance de l'enfant et de lui faire comprendre que le monde est rempli de règles que l'on doit respecter.

L'UTILISATION DES USTENSILES

Tandis que vous cherchez à inculquer à votre enfant de trois ans les bonnes manières à table, il se dit probablement : « Pourquoi manger avec une fourchette quand je peux utiliser mes doigts ? » ou « Pourquoi m'essuyer avec une serviette alors que je peux le faire sur mon chandail ? ». Encouragez l'enfant à imiter votre comportement à table. Vous verrez qu'il aura tôt fait d'apprendre les règles de l'étiquette.

CONSEILS PRATIQUES

- Instaurez des règles en ce qui concerne les bonnes manières à table et félicitez l'enfant lorsqu'il respecte celles-ci.
- Donnez l'exemple et expliquez à l'enfant les gestes que vous faites. Dites par exemple : « Je dépose ma serviette de table sur mes genoux, ensuite je prends ma fourchette. »
- Ne servez pas trop souvent des aliments qui se mangent avec les doigts – frites, hamburger, pizza, etc. – afin que votre enfant puisse s'exercer régulièrement à manier cuillère et fourchette.
- Demandez parfois à votre enfant de vous aider à mettre la table. Profitez de l'occasion pour lui parler de la façon dont on doit utiliser sa serviette de table et ses ustensiles.

Votre discours intérieur

NE VOUS DITES PAS :

Mon enfant ne sera jamais capable d'apprendre à utiliser une fourchette.

Votre attitude défaitiste n'aidera pas l'enfant à apprendre les bonnes manières. Conservez cet état d'esprit et vous serez contrarié chaque fois que vous essaierez d'inculquer les règles de la table à votre enfant.

DITES-VOUS PLUTÔT :

Je dois rester calme et continuer de lui montrer comment on doit se comporter à table.

Même si vous trouvez que votre enfant met du temps à apprendre comment se tenir à table, ce n'est pas une raison pour en faire tout un plat. Prenez du recul face à la situation et ne perdez pas patience ; vous verrez que votre attitude positive et votre persévérance finiront par porter ses fruits. L'enfant sera plus motivé à appliquer les règles que vous lui montrez s'il sent que vous le respectez même quand son comportement à table n'est pas exemplaire.

NE VOUS DITES PAS :

Mon enfant refuse de se tenir correctement à table quand il revient de chez son père parce que celui-ci le laisse faire ce qu'il veut. Ça me rend folle !

Votre enfant et son autre parent ne sont pas responsables de votre frustration ni de toute autre émotion que vous pourriez ressentir. Dites-vous que c'est en choisissant mieux vos réactions que vous arriverez à contrôler vos émotions.

DITES-VOUS PLUTÔT :

Je peux continuer d'encourager mon enfant à respecter les règles de la bienséance quand il est chez moi, mais je ne peux pas contrôler ce qui se passe ailleurs.

Concentrez-vous sur ce que fait l'enfant quand il est chez vous; cela vous aidera à sentir que vous avez le contrôle de la situation.

NE VOUS DITES PAS :
À chaque repas, mon enfant mange gloutonnement et fait tout un dégât. Je déteste ça !

Ne vous apitoyez pas sur vous-même parce que vous devez nettoyer les dégâts que fait votre enfant quand il est à table. Les enfants en bas âge ne sont pas toujours propres, or, votre rôle de parent consiste en partie à les nettoyer. Vous serez moins stressé et plus à même d'aider l'enfant à apprendre les comportements appropriés à table si vous acceptez le fait qu'il fera parfois des dégâts en mangeant.

DITES-VOUS PLUTÔT :
Je ne dois pas me sentir coupable du fait que mon enfant refuse de se tenir correctement à table.

Les bonnes manières ne sont pas innées chez l'enfant, aussi se doit-il de les apprendre. Il est normal que le processus d'apprentissage prenne un certain temps, aussi devez-vous faire preuve de patience.

Comment parler à votre enfant

NE LE MENACEZ PAS. NE DITES PAS :
Si tu manges encore avec tes doigts, je te fous une bonne paire de claques. Maintenant, mange avec ta fourchette !

Ne menacez jamais votre enfant de violence physique. En agissant ainsi vous lui faites comprendre que vous êtes plus grand et plus fort que lui et que vous êtes prêt à lui faire du mal pour l'obliger à obéir. Il n'est pas nécessaire d'user de violence pour enseigner à un enfant les bonnes manières à table.

RAPPELEZ-LUI PLUTÔT LA RÈGLE. DITES :

Est-ce que la règle dit qu'on doit utiliser sa fourchette ou ses doigts pour manger ? Je sais que tu veux obéir à la règle.

Montrez à l'enfant qu'il doit respecter le règlement, mais tout en lui assurant que vous êtes de son côté. Soyez son mentor, et non son tortionnaire.

NE LE HARCELEZ PAS. NE DITES PAS :

Combien de fois vais-je devoir te répéter de ne pas manger avec tes doigts ?

Vos constantes remontrances font croire à l'enfant qu'il n'est pas suffisamment intelligent pour comprendre vos directives. Cette approche négative informe l'enfant de ce qu'il ne doit pas faire, mais pas de ce qu'il doit faire. L'enfant aura plus de facilité à assimiler le comportement désiré si vous choisissez plutôt une approche positive.

ENCOURAGEZ PLUTÔT L'ENFANT. DITES :

Je sais que c'est difficile d'apprendre à tenir une fourchette. Tu te souviens que je t'ai montré comment on tient un crayon ? Eh bien, la fourchette, c'est pareil. On va essayer encore une fois, d'accord ?

Votre enfant aura moins de difficulté à acquérir des aptitudes complexes si vous le traitez avec patience et douceur.

NE LE DÉNIGREZ PAS. NE DITES PAS :

Tu as le menton tout barbouillé de nourriture. Je ne peux même pas te regarder tellement je trouve ça dégoûtant !

Ne suggérez pas à l'enfant que vous ne l'acceptez que lorsqu'il fait exactement ce que vous lui demandez. Confronté à un tel discours, l'enfant comprendra que vous cesserez de l'aimer s'il ne se comporte pas comme vous le voulez.

FÉLICITEZ-LE PLUTÔT DE SA COOPÉRATION. DITES :
Bravo ! tu n'as pas oublié d'utiliser ta serviette de table pour t'essuyer !

En félicitant l'enfant de ses bonnes manières, vous lui montrez qu'il est important de respecter les convenances et vous l'encouragez à continuer sur cette voie. Vos éloges ne peuvent que l'inciter davantage à la coopération.

N'ACHETEZ PAS SA COOPÉRATION. NE DITES PAS :
Si tu manges avec ta fourchette, tu auras de la crème glacée pour dessert.

De telles promesses de gratification peuvent motiver l'enfant à obéir dans l'espoir d'être récompensé, par contre, elles ne lui apprennent pas l'importance des bonnes manières.

CONCLUEZ PLUTÔT UN MARCHÉ AVEC LUI. DITES :
Tu peux rester à table, du moment que tu manges avec ta fourchette. Si tu ne veux pas utiliser ta fourchette, alors tu vas devoir sortir de table.

En plus de faire comprendre à l'enfant l'importance des bonnes manières, la règle de grand-mère lui donne ici le choix entre respecter les convenances et finir son repas ou sortir immédiatement de table.

UNE ALIMENTATION SAINE

Les repas sont bien souvent une source de conflits entre parents et enfants. Cela dit, il ne faut pas que les habitudes alimentaires de votre enfant donnent lieu à des luttes de pouvoir. N'oubliez pas qu'un enfant normal et en santé mange quand il a faim et arrête de manger lorsqu'il se sent rassasié. Si vous trouvez que votre enfant mange mal ou pas assez, tenez pendant quelques semaines un journal dans lequel vous inscrirez ce qu'il mange, mais aussi où et quand il mange. Ces renseignements vous permettront de déterminer s'il y a problème et de rectifier la situation le cas échéant.

CONSEILS PRATIQUES

- Ne forcez pas votre enfant à manger un gros repas s'il n'a pas faim.
- Il est normal pour un enfant de se montrer moins coopératif quand il a faim ou lorsqu'il est fatigué. Prenez la chose en considération si votre enfant semble irritable et ne veut pas manger ce que vous lui servez.
- Informez-vous des standards nutritionnels relatifs aux nourrissons et aux enfants d'âge préscolaire.[1]

1. Au Canada, contactez Santé Canada au 613 957 8329 ou, sur Internet, la section «Enfants en santé» du *Guide alimentaire canadien* à l'adresse suivante: http://www.hc-sc.gc.ca/hpfb-dgpsa/onpp-bppn/healthy_children_f.html; Pour la France, consulter le site suivant: www.sante.gouv.fr./htm/pointsur/nutrition/.

Votre discours intérieur

NE VOUS DITES PAS :

Mon enfant va mourir s'il ne mange pas.

Il est normal que votre enfant refuse parfois de manger ce que vous lui servez. Évitez d'exagérer inutilement les conséquences de son refus. Cela dit, n'hésitez pas à consulter un médecin si l'enfant cesse complètement de manger ou s'il change brusquement et de façon radicale ses habitudes alimentaires.

DITES-VOUS PLUTÔT :

Mon enfant ne mourra pas de faim s'il saute un repas de temps à autre ou s'il refuse parfois de manger ses légumes.

La santé de votre enfant ne sera pas affectée simplement parce qu'il refuse occasionnellement de manger. Ne paniquez pas, restez calme, et réfléchissez à des façons ingénieuses de motiver l'enfant à manger ses légumes.

NE VOUS DITES PAS :

Lorsque j'étais enfant, je devais toujours vider mon assiette. Je m'attends à ce que mon enfant fasse de même.

Un enfant que l'on force à manger alors qu'il n'a plus faim risque de développer des troubles du comportement alimentaire. L'obésité infantile est une conséquence potentielle de cette approche parentale peu judicieuse.

DITES-VOUS PLUTÔT :

L'important, c'est que mon enfant se sente à l'aise à l'heure des repas. Le fait qu'il finisse ou non son assiette n'a aucune importance.

Pour que votre enfant apprenne à bien manger, il est essentiel que ses repas se déroulent dans une atmosphère positive et détendue.

NE VOUS DITES PAS :
Mon enfant refuse de manger la nourriture que je prépare pour lui parce qu'il me rejette.

Vous n'arrangerez rien à la situation en prenant le refus de votre enfant comme une attaque personnelle. Dites-vous bien que ses protestations n'ont rien à voir avec la qualité de votre cuisine.

DITES-VOUS PLUTÔT :
Mon enfant refuse de manger, mais ça n'a rien à voir avec moi.

Ce n'est pas vous que votre enfant rejette, mais sa nourriture. Le parent qui veut inculquer à son enfant des habitudes alimentaires saines se doit de faire cette distinction.

Comment parler à votre enfant

NE L'OBLIGEZ PAS À MANGER. NE DITES PAS :
Tu vas rester à table jusqu'à ce que tu aies mangé tout ce qu'il y a dans ton assiette !

En forçant votre enfant à manger alors qu'il n'a plus faim, vous l'habituez à se suralimenter, ce qui peut l'amener à développer des problèmes d'obésité. Il est futile et contre-productif pour le parent de tenter de contrôler l'appétit de son enfant.

OFFREZ-LUI PLUTÔT UN CHOIX. DITES :
Comme tu n'as plus faim, tu as le choix : tu peux te lever de table et aller jouer, ou tu peux nous accompagner jusqu'à ce qu'on ait fini de manger.

Quand votre enfant se met à jouer avec sa nourriture, c'est probablement qu'il n'a plus faim. Pour éviter que la situation ne dégénère, vous pouvez lui retirer son plat et l'inviter à rester à table avec vous, ou vous pouvez lui permettre de se lever de table.

NE LE CULPABILISEZ PAS. NE DITES PAS :

Tu sais que maman a travaillé très fort pour préparer ton repas. Alors fais-moi plaisir et mange un peu.

L'enfant à qui l'on a appris à associer nourriture et amour sera plus susceptible de développer des troubles alimentaires. Il ne faut pas que votre enfant en vienne à se dire : « Maman va penser que je ne l'aime plus si je ne mange pas sa nourriture. »

FAVORISEZ PLUTÔT LA COMMUNICATION. DITES :

Quand tu n'auras plus faim, dis-moi "J'ai fini !", et tu pourras sortir de table si tu veux.

Votre enfant a besoin de sentir qu'il a un certain contrôle sur son environnement. En préconisant cette approche, vous offrez à l'enfant la possibilité de contrôler la situation.

NE METTEZ PAS L'ENFANT AU PIED DU MUR. NE DITES PAS :

Tant pis pour toi si tu n'aimes pas ce qu'il y a dans ton assiette. Soit tu manges, soit tu sors de table. Mais je t'avertis que si tu sors de table, tu n'auras rien d'autre à manger ce soir. Je ne veux pas t'entendre te plaindre parce que tu as faim.

Votre manque d'empathie montre à l'enfant que vous vous souciez peu de ses sentiments. Sachez que cette attitude ne fera qu'attiser sa colère et son désir de vous désobéir.

FAITES PLUTÔT PREUVE D'EMPATHIE. DITES :

Je sais qu'habituellement tu n'aimes pas ce plat, mais il arrive parfois que nos goûts changent. Prends-en un peu pour voir si tu aimes mieux ça que la dernière fois.

Votre empathie encouragera l'enfant à goûter un mets qu'il n'aimait pas par le passé ou à essayer de nouveaux plats qu'il aurait normalement tendance à rejeter.

CHAPITRE 4

LES BONNES MANIÈRES

Gardez en vous ce trésor qu'est la bonté. Apprenez à donner sans hésitation, à perdre sans regret et à acquérir sans méchanceté.

George Sand

LE CHOIX DES ÉMISSIONS DE TÉLÉ

Les enfants apprennent très tôt à reconnaître ce mystérieux pouvoir que leur confère la télécommande du téléviseur. Il est important que le parent impose à ses enfants certaines règles en ce qui concerne la télévision. Fixez des périodes au cours desquelles ils pourront regarder la télévision et décidez des émissions qu'ils peuvent ou ne peuvent pas regarder.

CONSEILS PRATIQUES

- Faites attention à votre comportement quand vient le temps de partager la télécommande ou tout autre instrument de divertissement. Songez que vos enfants auront tendance à imiter votre exemple.
- Limitez le temps passé devant le petit écran afin d'éviter que l'enfant n'en vienne à penser qu'il est acceptable de regarder la télé pendant des heures.

Votre discours intérieur

NE VOUS DITES PAS :

Je ne suis plus capable de tolérer que mes enfants se battent à cause de la télé.

Vous aurez plus de mal à gérer les conflits et les rivalités entre vos enfants si vous vous dites que vous êtes au bout du rouleau.

DITES-VOUS PLUTÔT :

Je dois profiter de l'occasion pour leur apprendre à mieux s'entendre.

Efforcez-vous de percevoir les conflits comme une occasion d'apprentissage pour vos enfants. Vous aurez plus de facilité à vous concentrer sur votre rôle d'éducateur si vous abordez la situation sous cet angle.

NE VOUS DITES PAS :

Pourquoi ne sont-ils jamais capables de partager ? Je n'aurais jamais dû avoir deux enfants.

Ne vous blâmez pas du fait que vos enfants se chamaillent au sujet de leurs jouets, de la télécommande, etc.

DITES-VOUS PLUTÔT :

C'est impossible que mes enfants s'entendent tout le temps.

La rivalité fraternelle fait partie de la vie de famille. Si vous acceptez le fait que ces conflits sont sains et normaux, vous ne prendrez plus la chose comme une attaque personnelle et vous réagirez beaucoup plus posément au comportement de vos enfants. Apprenez-leur à résoudre leurs différends calmement et dans le respect de l'autre.

NE VOUS DITES PAS :
Mon enfant est vraiment égoïste. Je déteste les enfants égoïstes !

Lorsque vous traitez votre enfant d'égoïste, vous faites de ce trait de caractère une partie intégrante de sa personnalité. Cette attitude vous découragera d'apprendre la coopération à l'enfant.

DITES-VOUS PLUTÔT :
Mon rôle est d'apprendre à mon enfant à travailler en harmonie avec les autres.

Chaque fois que vous incitez votre enfant à coopérer, à collaborer et à faire des compromis, vous l'aidez à développer son sens du partage et de l'empathie.

Comment parler à votre enfant

NE CAPITULEZ PAS. NE DITES PAS :
D'accord, prend donc la télécommande. Change de chaîne si tu veux.

Ce n'est pas en capitulant que vous enseignerez à l'enfant les bienfaits du partage et de la coopération. Votre attitude défaitiste lui apprend au contraire qu'il peut obtenir tout ce qu'il veut à force d'insister. Songez aussi que si vous capitulez lorsqu'un de vos enfants fait une crise pour obtenir le contrôle de la télé, ses frères et sœurs risquent de se sentir lésés.

CONCLUEZ PLUTÔT UN MARCHÉ. DITES :
Vous pouvez continuer de regarder la télé à condition que chacun laisse l'autre regarder une émission dont il a envie. Allez-y à tour de rôle. Si vous n'êtes pas capable de vous entendre, j'éteins la télé.

La règle de grand-mère montre à vos enfants que le devoir passe avant le plaisir. Cette approche encourage frères et sœurs à partager et à faire des compromis.

NE DÉVALORISEZ PAS L'ENFANT. NE DITES PAS :
Pourquoi n'es-tu jamais capable de partager? Un égoïste, voilà ce que tu es!

En traitant votre enfant d'égoïste, vous lui suggérez que l'égoïsme fait partie de sa personnalité. Comprenant qu'il ne peut rien changer à cet état de choses, l'enfant aura tendance à continuer de se comporter de façon égoïste.

RAPPELEZ-LUI PLUTÔT LA RÈGLE. DITES :
Tu te souviens que la règle nous dit qu'il faut partager la télécommande ?

Il est important que vous rappeliez la règle à l'enfant afin qu'il puisse bien l'assimiler et sache qu'il doit la respecter. Une fois que vous aurez identifié la règle comme symbole d'autorité, vous pourrez travailler avec l'enfant pour l'encourager à s'y plier.

NE NÉGOCIEZ PAS SON OBÉISSANCE. NE DITES PAS :
Si tu prêtes la télécommande à ta sœur, je te donnerai des bonbons.

Les tractations de ce genre montrent à l'enfant qu'il peut s'attendre à recevoir une récompense en échange de sa coopération. Une fois qu'il aura compris cela, l'enfant aura tendance à vous résister jusqu'à ce que vous lui proposiez une gratification.

DONNEZ-LUI PLUTÔT L'EXEMPLE. DITES :
Tu vois comment maman et papa se partagent la télé ? À tour de rôle, on laisse l'autre regarder une émission qui lui plaît. J'espère que tu partages aussi comme ça quand tu es chez tes camarades.

Si vous donnez vous-même l'exemple, l'enfant n'aura aucun mal à apprendre à partager. Encouragez-le à adopter le comportement approprié en utilisant des mots et des gestes associés au partage – souriez à l'autre ; dites-lui « s'il te plaît » et « merci ».

NE SERMONNEZ PAS L'ENFANT. NE DITES PAS :
Je vais t'expliquer une fois pour toutes pourquoi il faut partager la télé. Et je te conseille de m'écouter !

Un enfant à qui on fait des remontrances ne portera attention à notre discours que pendant un très court laps de temps. L'enfant connaît probablement la règle que vous tentez de lui inculquer mais, en le sermonnant, vous ne lui faites pas comprendre que sa désobéissance entraîne certaines conséquences et il ne vous prendra pas au sérieux.

EXPLIQUEZ-LUI PLUTÔT LA CONSÉQUENCE DE SA DÉSOBÉISSANCE. DITES :
C'est malheureux mais, comme tu ne veux pas partager la télécommande, je vais devoir éteindre la télé.

Lorsque votre enfant enfreint une règle, faites preuve de fermeté et appliquez, toujours avec empathie, les conséquences qui s'imposent. Dites à l'enfant que cela vous attriste qu'il ait choisi un comportement inapproprié, mais que vous devez donner suite à vos paroles. Cette approche vous donnera plus de crédibilité aux yeux de l'enfant, ce qui l'incitera davantage à coopérer la prochaine fois que la situation se présentera.

LA POLITESSE

Quelle consternation pour un parent de voir que son enfant de quatre ans refuse de remercier un ami ou une amie qui lui donne un cadeau d'anniversaire ou son grand-père qui lui offre une gâterie ! En tant que parent, votre rôle est d'enseigner à votre enfant les bonnes manières ; quant à l'enfant, sa tâche est de répéter les comportements appropriés jusqu'à ce qu'il les ait complètement assimilés. Mais il ne suffit pas de montrer à l'enfant comment s'adresser aux gens avec respect et courtoisie : il faut aussi que vous donniez l'exemple en adoptant vous-même le comportement que vous cherchez à lui inculquer. Pour encourager l'enfant à se comporter avec civilité dans un monde qui en est trop souvent dénué, demandez-lui régulièrement de vous énumérer les règles de politesse que vous lui avez apprises et félicitez-le quand il les applique.

CONSEILS PRATIQUES

- En instaurant une série de règles relatives aux bonnes manières, vous fournissez à l'enfant des lignes de conduite précises auxquelles il pourra se référer dans ses rapports avec les autres.
- Donnez l'exemple afin de montrer à l'enfant comment appliquer les règles de courtoisie que vous lui avez enseignées, mais aussi pour confirmer de façon concrète l'importance de ces règles.

Votre discours intérieur

NE VOUS DITES PAS :

Mon enfant est si impoli que personne ne pourra jamais l'aimer.

Ne traitez pas votre enfant d'impoli simplement parce qu'il n'a pas encore assimilé les règles de politesse que vous lui avez enseignées. Continuez de lui donner l'exemple et encouragez-le à se comporter avec civilité.

DITES-VOUS PLUTÔT :

Pour le moment, mon enfant ne pense pas à dire s'il vous plaît et merci, mais ça ne veut pas dire qu'il va être impoli quand il sera grand.

N'oubliez pas que votre enfant est tout jeune et que son apprentissage de la vie ne fait que commencer. Conservez une attitude positive face à l'avenir, et ne prenez pas pour acquis que votre enfant aura à vingt-trois ans le même comportement qu'à trois ans.

NE VOUS DITES PAS :

Mon enfant n'apprendra jamais à dire s'il vous plaît et merci comme les autres enfants.

Évitez de comparer votre enfant aux autres. Évitez également d'aggraver la situation en vous disant que votre enfant n'apprendra *jamais* les bonnes manières. Une telle attitude ne vous aidera pas à améliorer la situation.

DITES-VOUS PLUTÔT :

Si mon enfant manque de savoir-vivre, c'est que je dois continuer de travailler là-dessus avec lui.

Votre rôle en tant que parent est d'aider l'enfant à apprendre les bonnes manières. Lorsqu'il ne se comporte pas correctement, demandez-lui ce qu'il pense ou ce qu'il ressent ; cela vous permettra de déterminer quels facteurs influencent son comportement.

NE VOUS DITES PAS :

Mon enfant me fait honte quand il est impoli. Combien de fois vais-je devoir lui répéter de saluer les voisins ?

Évitez de vous culpabiliser en vous disant que le manque de savoir-vivre de votre enfant vous fait honte. Comprenez que votre honte vient du fait que vous craignez que les autres pensent que vous êtes un mauvais parent ; cette attitude vous empêchera de trouver des moyens efficaces d'inculquer à votre enfant les comportements désirés. Dites-vous que la seule chose que vous pouvez faire est de lui enseigner les règles de la politesse, mais qu'au bout du compte c'est lui qui choisit d'ignorer ces règles ou de les respecter.

DITES-VOUS PLUTÔT :

Les autres parents savent qu'un enfant d'âge préscolaire ne se souvient pas toujours qu'il doit dire « s'il vous plaît » et « merci ».

Votre situation n'a rien d'unique, ne l'oubliez pas. Rassurez-vous en vous disant que tous les parents du monde savent qu'enseigner les bonnes manières à un enfant en bas âge n'est pas chose facile. Répétez fréquemment à l'enfant que son savoir-vivre sera apprécié de tous.

Comment parler à votre enfant

NE LE CATALOGUEZ PAS. NE DITES PAS :

Pourquoi faut-il toujours que tu sois si impoli ?

Premièrement, il est possible que votre enfant ne sache même pas ce que le mot « impoli » signifie. S'il connaît le sens de ce mot, alors votre intervention risque de l'amener à croire que son impolitesse est un trait de caractère inné qu'il ne pourra jamais changer.

EFFORCEZ-VOUS PLUTÔT DE LE FÉLICITER. DITES :
C'était très gentil de ta part de remercier ton ami. Je suis sûr qu'il a apprécié ta politesse.

Votre enfant sera plus enclin à répéter le comportement désiré si vous le félicitez quand il se comporte bien. N'oubliez pas de souligner le fait que les gens l'apprécient davantage quand il fait preuve de savoir-vivre.

NE LE CULPABILISEZ PAS. NE DITES PAS :
Tu m'as vraiment fait honte en refusant de saluer madame Girard. Mais qu'est-ce que je vais faire d'un enfant pareil ?

Ne dites pas à votre enfant qu'il vous fait honte. Ce genre de discours lui fait comprendre qu'il est responsable de vos sentiments.

INVITEZ-LE PLUTÔT À RÉPÉTER LE COMPORTEMENT. DITES :
Qu'est-ce qu'on dit quand quelqu'un nous donne quelque chose ? On va s'exercer avant d'aller chez grand-mère, tu veux ? Elle te donne toujours des petits gâteaux, et tu sais combien elle aime ça quand tu la remercies.

Assurez-vous que l'enfant connaît bien la règle puis faites-lui répéter à l'avance le comportement désiré. Votre enfant se rappellera mieux ce qu'il doit faire au moment critique si vous procédez ainsi.

NE LE MENACEZ PAS. NE DITES PAS :
Je te préviens que si tu ne dis pas « merci » à grand-mère, je vais te donner une tape et te punir.

Vous n'apprendrez pas les bonnes manières à votre enfant en le punissant ou en menaçant de le frapper. Tout ce que votre attitude lui apprendra, c'est que, dans la vie, on peut intimider plus petits et plus faibles que soi afin de les plier à notre volonté.

ENTENDEZ-VOUS PLUTÔT AVEC LUI. DITES :

Quand tu diras « merci », tu pourras avoir un biscuit.

En utilisant la règle de grand-mère, vous signifiez à l'enfant qu'il peut obtenir ce qu'il veut s'il respecte les règles de la politesse.

UN TON DE VOIX ÉLEVÉ

Un enfant de deux ans à qui on demande de baisser le ton ou de se taire aura généralement tendance à vouloir braver l'autorité parentale. Même que certains bambins particulièrement audacieux en profiteront pour parler encore plus fort! Avant d'amener votre enfant dans un endroit où l'on doit garder silence, apprenez-lui d'abord les règles à respecter dans ces lieux de tranquillité, puis faites-lui répéter à la maison le comportement désiré. Faites comprendre à l'enfant que dans certains endroits, il faut parler tout bas par respect pour les autres. Vous verrez que votre empathie motivera votre enfant à coopérer.

CONSEILS PRATIQUES

- Pour que votre enfant saisisse bien quel ton employer dans une situation donnée, proposez-lui des images qu'il saura retenir. Les comparaisons qui mettent en scène des animaux sont particulièrement efficaces. Vous pouvez dire par exemple: «À l'église, il ne faut pas faire plus de bruit qu'une petite souris.» Ou encore: «Quand tu joues au foot, tu peux rugir aussi fort qu'un lion.»
- Un enfant qui parle toujours trop fort souffre peut-être d'un trouble de l'audition. En cas de doute, consultez un spécialiste.
- Avant d'emmener votre enfant dans un endroit où le silence est de rigueur, assurez-vous qu'il est capable de respecter cette consigne.

Votre discours intérieur

NE VOUS DITES PAS :

Je dois obliger mon enfant à rester silencieux quand c'est nécessaire

Comprenez bien que vous ne pouvez pas *obliger* votre enfant à faire quoi que ce soit. En vérité, votre rôle de parent se limite à enseigner à l'enfant les comportements adéquats dans une situation donnée, puis à l'aider à assimiler ces comportements.

DITES-VOUS PLUTÔT :

Ce n'est pas grave si mon enfant oublie parfois qu'il faut parler doucement quand on va à la messe. Je vais continuer de travailler là-dessus avec lui.

Il est normal qu'un enfant en bas âge mette du temps à assimiler un comportement donné. Persévérez et continuez de l'aider aussi longtemps qu'il le faudra.

NE VOUS DITES PAS :

Je n'emmènerai plus mon enfant nulle part parce qu'il parle toujours trop fort.

Voici un bel exemple d'une réaction excessive de la part d'un parent. Au lieu de vous concentrer sur le fait que votre enfant parle trop fort, essayez de trouver une façon de lui apprendre à parler tout bas.

DITES-VOUS PLUTÔT :

Mon enfant parle toujours trop fort, mais ça ne veut pas dire qu'il n'apprendra jamais à parler doucement.

Comme vous ne pouvez pas contrôler le comportement de l'enfant, il est inutile de vous sentir coupable ou d'avoir honte quand il commet une erreur ou oublie les règles que vous tentez de lui inculquer. Ne vous laissez pas démonter par ce contretemps et rappelez à l'enfant quel est le comportement approprié.

NE VOUS DITES PAS :
Si les gens sont mécontents parce que mon enfant parle trop fort au cinéma, eh bien, ils n'ont qu'à aller s'asseoir ailleurs !

C'est vous, et non les autres, qui devez gérer le fait que votre enfant parle trop fort au cinéma ou au restaurant. Plutôt que d'aider l'enfant à apprendre à parler tout bas, cette façon de faire lui montre qu'il est acceptable de manquer de respect envers les autres.

DITES-VOUS PLUTÔT :
Mon enfant ne comprend pas la règle parce qu'il n'a pas eu suffisamment l'occasion de la mettre en pratique.

Pour que l'enfant puisse bien comprendre et assimiler la règle, il est important que vous l'emmeniez dans des endroits tranquilles – à l'église, à la bibliothèque, etc. Ces expériences lui permettront d'apprendre quand il faut parler tout bas.

Comment parler à votre enfant

NE LE CULPABILISEZ PAS. NE DITES PAS :
Ton problème, c'est que tu ne respectes personne.

Dire à son enfant qu'il est insensible et égoïste n'est pas un bon moyen de lui apprendre les bonnes manières. En fait, l'enfant aura bien du mal à apprendre à respecter les autres si vous ne le traitez pas vous-même avec respect. Votre attitude lui donne en quelque sorte la permission de continuer d'agir de façon égocentrique.

RAPPELEZ-LUI PLUTÔT LA RÈGLE. DITES :
C'est triste que tu aies oublié qu'il faut parler tout bas à la bibliothèque. Je suis sûr que tu te souviendras de la règle la prochaine fois.

Cette attitude empathique signifie à l'enfant que vous comprenez ce qu'il ressent tout en lui faisant comprendre qu'il se doit de respecter le règlement. Rappeler la règle à l'enfant est une bonne façon de l'aider à apprendre le comportement désiré sans le dénigrer ou le réprimander.

NE LE MENACEZ PAS. NE DITES PAS :
Si tu ne baisses pas le ton tout de suite tu auras droit à une bonne paire de claques ! Maintenant ferme-la !

Ne maltraitez jamais votre enfant verbalement ou physiquement. En plus d'enseigner des comportements indésirables à l'enfant, vos paroles et vos actions lui montrent qu'il est acceptable de menacer quelqu'un pour arriver à nos fins.

FAITES-LUI PLUTÔT RÉPÉTER LE COMPORTEMENT. DITES :
Exerçons-nous à parler tout bas avant d'aller à la bibliothèque. Tu te souviens que le règlement de la bibliothèque nous dit qu'il ne faut pas parler fort ou faire de bruit.

Faites répéter à votre enfant le comportement que vous désirez qu'il adopte afin de vous assurer qu'il comprend bien ce que vous lui demandez. Faites de vos répétitions une expérience amusante en souriant à l'enfant quand il parle tout bas et en lui disant combien vous aimez sa petite voix douce quand il chuchote.

NE MARCHANDEZ PAS AVEC L'ENFANT. NE DITES PAS :
Je te donnerai des bonbons si tu cesses de parler fort.

En achetant ainsi l'obéissance de votre enfant, vous lui apprenez à se comporter correctement dans le seul but d'obtenir une récompense, et non par respect envers les autres.

CONCLUEZ PLUTÔT UN MARCHÉ AVEC LUI. DITES :
Si tu parles tout bas comme le règlement l'exige, on va pouvoir rester et s'amuser. Sinon il va falloir qu'on rentre tout de suite à la maison.

La règle de grand-mère enseigne à l'enfant qu'il a des choix et que ces choix peuvent entraîner des conséquences positives ou négatives. Cette approche aide l'enfant à développer ses capacités décisionnelles et lui permet de sentir qu'il a un certain contrôle sur la situation. L'enfant apprendra en outre qu'il peut obtenir ce qu'il désire en coopérant avec vous.

NE LE DIMINUEZ PAS. NE DITES PAS :
Tu ferais bien de la fermer. Personne n'aime les grandes gueules.

Ne dites pas à votre enfant que personne ne l'aime parce qu'il parle trop fort. Il se sentira rejeté, ce qui ne l'incitera pas à apprendre les bonnes manières.

FÉLICITEZ-LE PLUTÔT DE SA COOPÉRATION. DITES :
Merci de parler tout bas quand on va à la bibliothèque. Je constate que tu as très bien compris le règlement ? Bravo !

En plus de rappeler le règlement à l'enfant, cette approche l'encourage à continuer d'afficher le comportement désiré. Un enfant sera plus porté à coopérer avec un parent qui le respecte et en qui il a confiance.

NE LE HARCELEZ PAS. NE DITES PAS :
Ça fait trois fois que je te demande de ne pas parler si fort. Combien de fois encore va-t-il falloir que je te le répète ?

Asticoter ainsi votre enfant ne lui fera pas comprendre qu'il doit parler moins fort par respect pour les autres. Vous n'accomplirez rien de constructif en adoptant cette attitude hostile et désespérée.

RAPPELEZ-LUI PLUTÔT LA RÈGLE. DITES :
On va à la messe ce matin. Sur quel ton doit-on parler quand on est à l'église ?

Votre enfant aura moins de chances de s'oublier si vous lui demandez au préalable de vous répéter la règle. Cette façon de faire donne à l'enfant l'impression qu'il a le contrôle de la situation, ce qui le motivera davantage à respecter le règlement.

UNE PLACE ASSIGNÉE

Lorsque votre enfant de cinq ans refuse de s'asseoir là où vous le voulez au cinéma, au restaurant ou en voiture, c'est tout simplement qu'il tient à exercer un certain contrôle sur la situation et sur son environnement. C'est là un comportement sain et normal pour un enfant en bas âge. Voyez-y une manifestation positive de son désir de prendre ses propres décisions et permettez-lui, dans la mesure du raisonnable, d'exercer ses aptitudes décisionnelles.

CONSEILS PRATIQUES

- Si votre enfant fait des chichis et dispute sa place à table, en voiture ou ailleurs, composez un diagramme qui lui indiquera précisément où il doit s'asseoir.
- Afin d'éviter les conflits, discutez à l'avance de la disposition et de l'attribution des sièges.

Votre discours intérieur

NE VOUS DITES PAS :

C'est stupide de sa part de toujours insister pour s'asseoir là où il veut.

Ne ridiculisez pas ce désir qu'a votre enfant de prendre ses propres décisions. Au contraire, encouragez-le puisque c'est sa façon à lui d'affirmer son identité.

DITES-VOUS PLUTÔT :

Ça m'est égal de m'asseoir là ou ailleurs. Mon enfant, par contre, tient à choisir sa place. Je dois respecter cela.

En agissant avec empathie, vous éviterez que cette situation somme toute banale ne dégénère. Conservez une attitude respectueuse ; cela vous aidera à gagner calmement et patiemment la coopération de l'enfant.

NE VOUS DITES PAS :

Ça me choque que mon enfant ergote toujours sur des vétilles.

Votre enfant ne fait probablement que suivre votre exemple. Avant de blâmer l'enfant, commencez par éviter vous-même de vous monter la tête pour des riens.

DITES-VOUS PLUTÔT :

Je ne dois pas m'emporter chaque fois que mon enfant cherche à prendre le contrôle de la situation. C'est normal pour un enfant de son âge d'agir ainsi.

L'enfant d'âge préscolaire a besoin de s'exercer à partager ses désirs et ses opinions. Tenez compte de son niveau de développement et encouragez-le sur la voie de l'indépendance.

NE VOUS DITES PAS :

Il ferait bien de m'écouter et de s'asseoir là où je lui dis de s'asseoir.

Ne jouez pas les dictateurs avec votre enfant. Cette approche montre à l'enfant comment donner des ordres, mais elle ne lui apprend pas à coopérer et à faire des compromis.

DITES-VOUS PLUTÔT :

Je dois profiter de l'occasion pour apprendre à mon enfant à faire des compromis.

Faites de la requête de votre enfant une opportunité d'apprentissage. Vous pouvez amener l'enfant à coopérer et à s'asseoir là où vous le voulez tout en approuvant son besoin de s'affirmer et de s'exprimer.

Comment parler à votre enfant

NE CRIEZ PAS. NE DITES PAS :
Mais qu'est-ce que tu fais ? Je t'ai dit que tu ne pouvais pas t'asseoir là. Allez, enlève-toi de là !

Il n'y a pas de mal à ce que votre enfant affirme son indépendance. L'approche autoritaire ci-dessus risque de causer deux problèmes : elle incite l'enfant à vous imiter et à adopter un comportement dominateur ; et elle le dissuade d'exprimer ce qu'il ressent de peur que vous ne le réprimandiez.

RAPPELEZ-LUI PLUTÔT LA RÈGLE. DITES :
Te souviens-tu de la règle qui te dit où t'asseoir quand on est en voiture ? Tu dois obéir à cette règle pour ta propre sécurité.

Votre réitération de la règle aidera l'enfant à se rappeler qu'il doit la respecter. Ne vous pliez pas aux caprices de votre enfant quand vous êtes en voiture ; vous devez songer avant tout à sa sécurité.

NE LUI PROMETTEZ PAS DE RÉCOMPENSE. NE DITES PAS :
Si tu t'assois à l'arrière sur ton siège comme tu es censé le faire, on arrêtera en chemin pour t'acheter des bonbons.

Si vous adoptez cette stratégie, votre enfant s'attendra toujours à recevoir une récompense en échange de son obéissance. Or, votre objectif est de lui faire comprendre qu'il doit respecter la règle pour sa propre sécurité.

SOYEZ COMPRÉHENSIF. DITES :

Je sais que tu aimerais t'asseoir à l'avant avec moi, mais il est plus sécuritaire que ton siège soit à l'arrière.

Votre empathie montre à l'enfant que vous respectez son désir de choisir lui-même où il va s'asseoir. Cette approche l'encourage à faire preuve d'empathie envers les autres et l'aide à comprendre pourquoi il doit obéir à la règle.

NE LE MENACEZ PAS. NE DITES PAS :

Si tu ne t'assois pas où je dis, je vais devoir te donner la fessée !

Menacer un enfant n'est pas une bonne manière de lui apprendre à faire ce que vous lui demandez. Votre attitude lui fait comprendre qu'on peut obtenir ce que l'on veut en intimidant plus faibles et plus petits que soi.

UTILISEZ PLUTÔT UN DIAGRAMME. DITES :

Consultons le diagramme qui nous dit où tu dois t'asseoir. Aujourd'hui nous sommes lundi, ce qui veut dire que tu dois t'asseoir juste derrière maman.

Créez un diagramme qui dicte, à table comme en voiture, où doit s'asseoir l'enfant. Cette approche vous évitera des conflits et amènera l'enfant à développer son sens du partage et de la collaboration, tout en lui permettant de changer de place régulièrement. L'enfant apprendra qu'on peut faire le bonheur de tous en coopérant.

LE REFUS DE PARLER AU TÉLÉPHONE

Cette réaction de l'enfant est particulièrement blessante pour le parent. Pour comprendre pourquoi votre enfant refuse de parler au téléphone, il faut que vous vous mettiez à sa place. Peut-être est-il inquiet ou contrarié parce que papa et maman ne vivent plus dans la même maison. Se sentant abandonné, peut-être ne sait-il pas quoi dire quand son père ou sa mère lui téléphone. Il est probablement plus facile pour lui de gérer sa frustration ou son insécurité en évitant les conversations téléphoniques avec un parent absent. Continuez d'aider votre enfant à développer son empathie naturelle et il en viendra éventuellement à mieux comprendre votre situation.

CONSEILS PRATIQUES

- Avant de demander à votre enfant de prendre le récepteur, montrez-lui comment fonctionne le téléphone.
- Si c'est vous qui faites l'appel, attendez le moment propice. Songez par exemple que l'enfant sera plus réceptif le matin au réveil, ou encore après la sieste et les repas.
- Enseignez la bonté et l'empathie à votre enfant afin qu'il puisse comprendre comment son comportement affecte les autres.

- L'enfant sera plus apte à développer son empathie si vous l'encouragez à exprimer ce qu'il ressent. Par exemple, quand vous jouez à la poupée avec votre fillette, faites en sorte que les poupées «parlent» entre elles de leurs sentiments. Écoutez bien, car c'est votre enfant qui s'exprime par la bouche de sa poupée.

Votre discours intérieur

NE VOUS DITES PAS :

Je déteste le fait que mon enfant cause des problèmes entre mon ex-conjoint et moi.

Ne rendez pas votre enfant responsable des conflits qu'il y a entre votre ex-conjoint et vous. Songez que l'enfant ne veut peut-être pas parler à son autre parent au téléphone parce que la séparation de ses parents l'a perturbé d'une façon ou d'une autre. Au lieu de blâmer l'enfant, aidez-le à s'adapter à la situation en faisant en sorte qu'il soit à l'aise tant chez son père que chez sa mère.

DITES-VOUS PLUTÔT :

Je dois aider mon enfant à comprendre ce que je ressens quand il refuse de me parler au téléphone.

Plutôt que de chercher à juguler le comportement indésirable, employez-vous à cultiver le potentiel empathique de votre enfant. Celui-ci doit apprendre à tenir compte de ce que ressentent les autres avant de prendre une décision.

NE VOUS DITES PAS :

J'ai sûrement dû faire quelque chose de travers pour que mon enfant agisse ainsi.

Vous ne pouvez pas vous blâmer du comportement de votre enfant pour la simple raison que vous ne contrôlez pas ce qu'il fait. La vérité est que votre enfant est une personne indépendante qui veut prendre ses propres décisions.

DITES-VOUS PLUTÔT :
Ce n'est pas ma faute si mon enfant ne veut pas parler à son autre parent au téléphone.

Vous ne pouvez pas contrôler le comportement de votre enfant, par contre, vous pouvez l'influencer. Cultivez sa compassion et son sens de l'empathie en lui enseignant à traiter les autres avec respect.

NE VOUS DITES PAS :
J'en ai assez de me battre avec mon enfant pour qu'il parle au téléphone. Tant pis s'il ne veut parler à personne. J'abandonne.

Votre attitude défaitiste montre deux choses à l'enfant : de un, vous n'êtes pas intéressé à trouver un compromis ; de deux, il est acceptable de baisser les bras au moindre obstacle. Si vous agissez ainsi, l'enfant n'apprendra pas à tolérer la frustration et à agir avec empathie.

DITES-VOUS PLUTÔT :
Je veux que mon enfant puisse entretenir de bons rapports avec les autres et je veux qu'il comprenne l'importance de parler à ses parents au téléphone.

Quand votre enfant refuse de coopérer, efforcez-vous de réagir de façon objective. N'oubliez pas que votre but à long terme est d'amener l'enfant à se comporter avec bonté et empathie envers son prochain.

Comment parler à votre enfant

NE LE DIMINUEZ PAS. NE DITES PAS :
Mais qu'est-ce qui te prend ? Tu sais que c'est très impoli de refuser de parler à papa au téléphone !

Ne dites pas à votre enfant qu'il est anormal pour lui de refuser de parler au téléphone. Par son refus, l'enfant cherche peut-être à vous signifier qu'il a besoin que vous l'aidiez à gérer ses émotions. Ou peut-être n'était-il tout simplement pas prêt à parler à son autre parent au moment de l'appel. Quoi qu'il en soit, votre réaction négative ne l'encouragera pas à exprimer ce qu'il ressent.

FAITES PLUTÔT PREUVE D'EMPATHIE. DITES :
Je comprends que tu ne veuilles pas parler à papa, mais papa aimerait beaucoup te parler. Il est triste parce que tu ne veux pas lui parler, mais il accepte ta décision et il veut que tu saches qu'il sera là quand tu seras prêt à lui parler.

Cette approche encourage l'enfant à réfléchir sur ce que ressent son père (ou sa mère) et lui apprend à tenir compte des autres quand il prend une décision.

NE FAITES PAS DE CHANTAGE. NE DITES PAS :
Papa ne t'aimera plus si tu refuses de lui parler au téléphone.

C'est terrible pour un enfant de penser que ses parents ne l'aimeront plus s'il ne fait pas ce qu'ils lui demandent. Ce genre de chantage est dangereux et peut s'avérer très préjudiciable à l'enfant.

SOYEZ PLUTÔT COMPRÉHENSIF. DITES :
Dis-moi à quoi tu penses quand tu dis que tu ne veux pas parler à papa au téléphone. Aide-moi à comprendre ta décision.

Il vous sera plus facile de trouver une solution au problème si vous invitez l'enfant à se confier à vous. De plus, votre attitude montre à l'enfant que l'on peut interagir avec ses semblables avec humanité et empathie.

NE MENACEZ PAS L'ENFANT. NE DITES PAS :
Si tu ne viens pas tout de suite parler à papa au téléphone, tu vas passer le reste de la journée dans ta chambre.

Ce n'est pas en menaçant de punir et d'isoler l'enfant que vous lui apprendrez à agir avec empathie et à tenir compte de ce que les autres ressentent.

CONCLUEZ PLUTÔT UNE ENTENTE AVEC LUI. DITES :
Quand tu auras parlé à ton père au téléphone, tu pourras aller jouer dehors.

Employez la règle de grand-mère pour motiver l'enfant à prendre la bonne décision, mais aussi pour lui apprendre qu'il doit faire ce que vous lui demandez avant de pouvoir faire ce qui lui plaît.

NE CATALOGUEZ PAS L'ENFANT. NE DITES PAS :
Je sais que tu es timide, mais il faudrait vraiment que tu fasses un effort pour parler à papa quand il téléphone.

En disant à l'enfant qu'il est timide, vous lui faites comprendre que la timidité fait partie intégrante de sa personnalité, ce qui ne l'encouragera pas à modifier son comportement.

AIDEZ-LE PLUTÔT À SE PRÉPARER. DITES :
Papa va t'appeler aujourd'hui. Comme il aimerait beaucoup te parler au téléphone, on va réfléchir ensemble aux choses que tu pourrais lui raconter.

Trouvez des moyens d'aider l'enfant à surmonter sa crainte pour l'amener à parler à son père (ou à sa mère) au téléphone. L'expérience sera plus agréable pour l'enfant si vous répétez à l'avance avec lui ce qu'il dira lors de la conversation.

CHAPITRE 5

LES JEUX

Aucune symphonie n'égale en beauté le rire d'une fillette de deux ans jouant avec son petit chien.

BERN WILLIAMS

LE REFUS D'ÉTEINDRE LA TÉLÉ

Pour un enfant de trois ans, un téléviseur est une sorte de boîte à merveilles qui produit des sons et des images envoûtantes. L'enfant ne sait pas que ce passe-temps peut aisément devenir comme une drogue pour lui, aussi, il revient au parent de le protéger du danger que représente la télévision. Initiez votre enfant à la lecture et à différents jeux ; montrez-lui à dessiner et à faire du bricolage. Mais surtout, établissez des règles qui limitent le temps que l'enfant passe devant la télé.

CONSEILS PRATIQUES

- Instaurez des règles qui dicteront combien de temps l'enfant peut passer devant la télé pendant la journée, mais aussi quelles émissions il peut regarder. L'American Academy of Pediatrics recommande aux parents de limiter le temps de télé à une ou deux heures par jour pour les enfants de deux ans et plus[1].
- Donnez l'exemple à l'enfant en limitant le temps que vous-même passez devant le petit écran.
- Encouragez votre enfant à demeurer actif lorsqu'il regarde la télé en lui posant des questions sur le contenu de l'émission. Si vous le jugez nécessaire, expliquez-lui que les publicités ont pour fonction de manipuler l'auditeur.

---

1. American Academy of Pediatrics. « Children, Adolescents, and Television », *Pediatrics*, vol. 107, n° 2 (février 2001), p. 423-426.

Votre discours intérieur

NE VOUS DITES PAS :

Mon enfant va devenir gros et paresseux à force de passer ses journées devant la télé.

Il faut absolument que vous évitiez de cataloguer ainsi votre enfant. En plus de blesser son amour-propre, votre attitude risque de l'inciter à devenir tel que vous le décrivez.

DITES-VOUS PLUTÔT :

Je comprends que mon enfant veuille regarder la télé, mais mon rôle en tant que parent est de l'intéresser à d'autres activités.

Il est normal que votre enfant soit attiré par la télé. En adoptant une attitude empathique, vous pourrez faire face au problème avec patience et respect.

NE VOUS DITES PAS :

Je ne sais pas quoi faire quand mon enfant refuse d'éteindre la télé.

Cette attitude défaitiste ne vous aidera pas à régler le problème. Au contraire, plus vous vous direz dépourvu et dépassé par la situation, plus le problème vous paraîtra insurmontable.

DITES-VOUS PLUTÔT :

Mon enfant me résiste, mais je suis capable de gérer ça.

Vous serez plus apte à agir avec fermeté et à limiter le temps de télé de l'enfant si vous avez confiance en vos aptitudes parentales. Une attitude positive vous permettra de trouver des solutions imaginatives et adéquates au problème.

NE VOUS DITES PAS :
Ça m'est égal que mon enfant regarde tout le temps la télé. Au fond, ça ne peut pas lui faire de mal.

Il est prouvé qu'un enfant qui regarde trop la télé peut développer des problèmes d'attention, d'obésité, d'agressivité et d'estime de soi[1]. Quoi que vous fassiez, ne capitulez pas !

DITES-VOUS PLUTÔT :
Il faut que j'applique les règles que j'ai formulées, sinon mon enfant risque de devenir accro à la télé.

Un enfant qui regarde trop la télé risque de développer toutes sortes de problèmes psychologiques et comportementaux. Sachant que la télévision crée une forte dépendance, le parent doit limiter le temps que son enfant passe devant le petit écran et il doit proposer d'autres activités.

Comment parler à votre enfant

NE LE DÉPRÉCIEZ PAS. NE DITES PAS :
Je t'ai dit d'éteindre la télé ! Tu es sourd ou quoi ?

Si votre enfant n'a pas de problèmes auditifs, ne le rabaissez pas en lui posant cette question humiliante. Vous savez fort bien que l'enfant a tout simplement choisi d'ignorer votre requête. Concentrez-vous sur votre objectif qui est de lui apprendre à suivre vos directives.

1. *Ibid.*

PROPOSEZ-LUI PLUTÔT D'AUTRES ACTIVITÉS. DITES :

Je comprends que tu veuilles continuer de regarder tes émissions, mais tu as écoulé ton temps de télé pour la journée. Viens, on va discuter des choses amusantes que tu pourras faire une fois que tu auras éteint la télévision.

Réitérez la règle avec empathie et compréhension ; vous aiderez ainsi l'enfant à comprendre qu'il est important d'obéir aux règles. Le fait que vous vous montriez sensible aux désirs et aux besoins de votre enfant encouragera celui-ci à coopérer et renforcera le lien qui vous unit.

NE LE MENACEZ PAS. NE DITES PAS :

Tu ferais bien de m'écouter et d'éteindre tout de suite la télé, sinon tu vas le regretter. Allez, plus vite que ça !

En menaçant de punir l'enfant, vous l'encouragez à vous défier en refusant de coopérer.

CONCLUEZ PLUTÔT UN MARCHÉ AVEC LUI. DITES :

Si tu éteins tout de suite la télé, tu pourras regarder une de tes émissions préférées plus tard dans la journée. Mais si tu refuses de m'écouter, il n'y aura plus de télé pour aujourd'hui.

La règle de grand-mère montre à l'enfant que les privilèges sont des choses que l'on doit mériter et lui apprend à tolérer que sa gratification soit différée. Cette stratégie lui fait comprendre que s'il fait ce que vous lui demandez, il sera libre ensuite de faire ce qui lui plaît.

NE JOUEZ PAS LES DÉLATEURS. NE DITES PAS :

Attends que ton père revienne de travailler ! Je vais lui dire que tu as refusé d'éteindre la télé quand je te l'ai demandé !

Cette approche nuit à votre crédibilité en tant que parent puisqu'elle montre à l'enfant que vous avez besoin de l'autre parent pour faire appliquer le règlement. Sachez par ailleurs que vous n'aiderez pas l'enfant à développer son sens de l'empathie si vous l'incitez à obéir simplement pour éviter de mettre son autre parent en colère.

RAPPELEZ-LUI PLUTÔT LA RÈGLE. DITES :
Tu peux écouter ton émission jusqu'à la fin, mais la règle nous dit qu'après ça, ton temps de télé sera terminé pour la journée.

En rappelant la règle à l'enfant, vous lui donnez le temps de se préparer au fait que son activité est sur le point de se terminer, ce qui l'incitera à collaborer.

L'ENFANT QUI NE JOUE PAS SEUL

Tout enfant d'âge préscolaire est confronté à un dilemme : d'un côté, il aimerait être tout le temps avec vous ; de l'autre, il veut se distancier de vous et établir sa propre identité. Votre rôle est de rassurer et de soutenir l'enfant dans sa quête d'indépendance afin que, tout comme vous, il puisse apprendre à naviguer avec aisance entre les écueils de l'existence.

CONSEILS PRATIQUES

- N'oubliez pas qu'à ce stade de son développement, votre enfant a besoin de sentir votre présence. Il a besoin de sentir que vous êtes là pour lui, comme un port d'attache auquel il peut revenir quand il a besoin de réconfort. (*Voir p. 355.*)
- Permettez à votre enfant de jouer près de vous quand vous êtes occupé à faire autre chose – cuisiner, parler au téléphone, etc. De cette façon, il pourra vous voir et vous entendre tandis qu'il joue.
- Les jouets interactifs encouragent l'enfant à jouer de manière indépendante.
- Planifiez une période de jeu quotidienne avec votre enfant. Il est important qu'il sache que vous lui consacrerez chaque jour un peu de temps.
- Assurez-vous que l'aire de jeu de l'enfant est confortable, invitante et sécuritaire.

Votre discours intérieur

NE VOUS DITES PAS :

Mon enfant ne voit donc pas que je suis trop occupé pour jouer avec lui ?

Votre enfant n'est pas conscient du fait que vous avez d'autres responsabilités. Tout ce qu'il sait, c'est qu'il veut sa maman ou son papa. Accueillez ce désir qu'a votre enfant d'être avec vous avec patience et empathie, et non avec exaspération.

DITES-VOUS PLUTÔT :

Comme j'ai été absent toute la journée, je comprends que mon enfant veuille être avec moi.

Un parent occupé a parfois tendance à oublier qu'il a lui aussi besoin de passer du temps avec son enfant. Il vous sera plus facile de vous souvenir de cela si vous accueillez avec empathie ce besoin qu'a l'enfant de renouer avec vous après une période d'absence. Mettez de côté vos autres occupations pendant quelques minutes, ou encore permettez à l'enfant de vous aider à faire ce que vous avez à faire.

NE VOUS DITES PAS :

Je me sens coupable quand j'arrive à la maison et que je ne peux pas jouer avec mon enfant parce qu'il faut que je fasse le ménage et la vaisselle.

Vous vous sentez coupable parce que vous avez l'impression d'avoir fait quelque chose de mal. Évitez de vous mettre dans cet état, car cela pourrait vous mener à surcompenser en gâtant l'enfant pour essayer de vous faire pardonner et de gagner son amour.

DITES-VOUS PLUTÔT :

Je suis capable de gérer le fait que je doive laisser mon enfant jouer seul pour un temps, même si ça le fait pleurer parce qu'il voudrait être avec moi.

Les circonstances de la vie font parfois que vous devez faire passer certaines choses avant les demandes de l'enfant. Soyez ferme avec lui quand cela s'avère nécessaire ; vous éviterez ainsi de vous sentir coupable ou en colère contre vous-même. N'oubliez pas que c'est vous-même qui suscitez en vous ce sentiment de culpabilité.

NE VOUS DITES PAS :
Contrairement à moi, les autres parents sont capables de convaincre leur enfant de jouer seul.

Ce n'est pas en vous disant que vous êtes un mauvais parent que vous parviendrez à résoudre le problème qui vous occupe. Chaque fois que vous vous comparez à d'autres parents, vous vous détournez de vos propres objectifs parentaux. La relation que vous entretenez avec votre enfant est unique, c'est pourquoi vous ne devez pas la gérer en vous basant sur ce que vivent les autres.

DITES-VOUS PLUTÔT :
Mon enfant me résiste, mais ça ne veut pas dire que je suis un mauvais parent.

Bon nombre d'enfants en bas âge agissent de façon autonome et volontaire, et ce, indépendamment de l'approche parentale favorisée par le parent. Afin d'éviter les conflits inutiles, votre enfant et vous devez apprendre à faire des compromis et à travailler en harmonie.

Comment parler à votre enfant

NE LE CULPABILISEZ PAS. NE DITES PAS :
Arrête de me talonner pour que je joue avec toi ! Combien de fois vais-je devoir te répéter que j'ai trop à faire pour le moment ?

La formule classique: «Combien de fois vais-je devoir te répéter...» culpabilise l'enfant. Ce n'est pas en lui disant cela que vous lui apprendrez à s'amuser tout seul. Suivant votre exemple, l'enfant apprendra par contre qu'il est acceptable d'employer ce genre de langage abusif dans ses rapports avec les autres.

UTILISEZ PLUTÔT UN MINUTEUR. DITES:
Je sais que tu voudrais que je joue avec toi, mais je suis en train de parler au téléphone en ce moment. Je vais mettre le minuteur à dix minutes. Amuse-toi tout seul jusqu'à ce qu'il sonne et après on pourra jouer ensemble.

L'usage du minuteur est une bonne façon d'aider l'enfant à s'habituer à jouer seul. Habituez votre enfant à respecter le minuteur en l'employant à des moments où il n'est pas absolument nécessaire.

NE CAPITULEZ PAS. NE DITES PAS:
Bon, bon, arrête de pleurnicher. Je vais interrompre ce que je suis en train de faire pour jouer avec toi.

Si vous capitulez, votre enfant saura qu'à l'avenir il pourra employer la même stratégie pour obtenir ce qu'il veut.

CONCLUEZ PLUTÔT UN MARCHÉ AVEC LUI. DITES:
Si tu joues seul jusqu'à ce que j'aie fini ce que j'ai à faire, après on pourra jouer ensemble jusqu'à l'heure du souper.

Grâce à la règle de grand-mère, votre enfant apprendra à faire des compromis et à différer le moment de sa gratification.

NE LE MENACEZ PAS. NE DITES PAS:
Si tu n'arrêtes pas de te plaindre, tu vas passer le reste de la journée dans ta chambre. Ça va peut-être t'apprendre à jouer tout seul.

Ne punissez pas votre enfant parce qu'il ne sait pas comment faire pour s'amuser par lui-même. Votre attitude ne l'aidera pas à atteindre cet objectif et ne l'encouragera pas à s'exprimer librement à l'avenir.

PERMETTEZ-LUI PLUTÔT DE CHOISIR. DITES :
Tu peux jouer à côté de moi jusqu'à ce que j'aie fini de faire la vaisselle, ou tu peux aller jouer dans ta chambre jusqu'à ce que je sois disponible. À toi de choisir.

Au lieu de punir l'enfant parce qu'il a besoin d'attention, offrez-lui l'option de rester près de vous tandis que vous vous acquittez de vos tâches ménagères. Ce genre de solution enseigne à l'enfant qu'il peut obtenir ce qu'il veut s'il accepte de faire un compromis.

NE VOUS FÂCHEZ PAS. NE DITES PAS :
J'en ai assez de tes caprices et de tes exigences. Penses-tu vraiment que je n'ai rien à faire à part jouer avec toi ?

N'essayez pas de motiver votre enfant à devenir plus indépendant en vous fâchant ; cette approche blessante et abusive ne l'aidera pas à développer son sens de l'empathie. En revanche, votre attitude lui donne l'impression que son besoin d'attention vous importe peu.

EXPRIMEZ PLUTÔT VOTRE GRATITUDE. DITES :
Je te remercie de vouloir jouer avec moi. Moi aussi, je veux jouer avec toi. Quand j'aurai fini ce que je suis en train de faire, on pourra s'amuser ensemble.

Montrez à l'enfant qu'il est une personne importante à vos yeux en lui disant combien vous appréciez passer du temps avec lui. Votre enfant sera plus motivé à jouer par lui-même s'il sait que vous lui accorderez bientôt un peu de votre temps et de votre attention.

LES JEUX VIDÉO

Pour l'enfant comme pour le parent, l'ordinateur est un outil fascinant. Il est normal que vous passiez des heures devant votre ordinateur si celui-ci est pour vous un instrument de travail ou un passe-temps, mais qu'en est-il de votre enfant? Les enfants d'âge préscolaire ont besoin de bouger, de jouer dehors avec les autres enfants et de stimuler leur esprit à travers des expériences issues du monde réel. Même si votre enfant ne comprend pas que vous cherchez à lui inculquer de bonnes habitudes de vie, efforcez-vous de limiter le temps qu'il passe à jouer à des jeux électroniques. Lorsque pratiquée à outrance, ce genre d'activité sédentaire peut entraîner des problèmes d'obésité infantile ainsi que divers troubles connexes – hypertension, diabète de type 2, maladies cardiaques, par exemple[1].

CONSEILS PRATIQUES

- Utilisez un minuteur pour signaler à l'enfant qu'il est l'heure d'éteindre sa console de jeu vidéo ou son ordinateur.
- Donnez à l'enfant des objets qui lui permettront de s'amuser tout en stimulant son imagination et sa créativité – livres d'images ou à colorier, costumes, crayons et papier, etc.

---

1. M. D. Becque et autres. «Coronary Risk Incidence of Obese Adolescents: Reduction by Exercice Plus Diet Intervention», *Pediatrics*, vol. 81, n° 5 (1988), p. 605-612.

- Avant de permettre à l'enfant d'utiliser un jeu vidéo ou un jeu sur ordinateur, prenez connaissance de son contenu. Assurez-vous que le jeu véhicule des messages positifs et ne dépeint pas des scènes de violence.
- Ne passez pas trop de temps à jouer à des jeux électroniques. N'oubliez pas que votre enfant cherche à suivre votre exemple.

Votre discours intérieur

NE VOUS DITES PAS :

Pourquoi mon enfant ne m'obéit-il pas ? Il ne m'écoute jamais !

Si votre enfant refuse d'arrêter de jouer au jeu vidéo quand vous le lui demandez, ne le prenez pas personnellement. Son refus signifie tout simplement qu'il veut continuer à s'amuser.

DITES-VOUS PLUTÔT :

Je vais rester calme même s'il refuse de m'obéir.

Donnez l'exemple en vous montrant capable de contrôler vos propres émotions. C'est en cherchant à imiter votre attitude pondérée et respectueuse que l'enfant apprendra à gérer sa frustration. Vous serez d'ailleurs plus apte à réagir positivement à son comportement si vous ne prenez pas son refus comme une attaque personnelle.

NE VOUS DITES PAS :

C'est fou ce que mon enfant peut être têtu ! Je ne sais vraiment pas ce que je vais faire de lui.

En traitant votre enfant de «têtu» vous l'incitez à devenir ainsi et vous lui faites comprendre qu'il vous déçoit, ce qui ne l'encouragera pas à s'améliorer, au contraire.

DITES-VOUS PLUTÔT :
Mon rôle est d'identifier les aptitudes et les centres d'intérêt de mon enfant et de l'aider à les exploiter de façon positive.

N'oubliez pas que votre priorité première en tant que parent est d'amener votre enfant à faire preuve d'autodiscipline. S'il semble focaliser toute son attention sur une activité en particulier, redirigez ses énergies vers autre chose.

NE VOUS DITES PAS :
Ça m'est égal que mon enfant passe tout son temps à jouer sur l'ordinateur. Comme ça, je peux le garder à l'œil sans l'avoir toujours dans les jambes.

Votre rôle en tant que parent est de guider votre enfant vers des activités constructives qui contribueront à son développement. L'enfant refuse peut-être de vous obéir, mais ce n'est pas une raison pour vous décourager.

DITES-VOUS PLUTÔT :
J'aime interagir avec mon enfant et je ne veux pas qu'il pense que l'ordinateur est son seul ami.

Votre enfant a besoin d'interactions quotidiennes avec vous et avec d'autres personnes pour développer ses aptitudes sociales. Songez à cela lorsqu'il vous supplie de lui laisser toujours plus de temps avec sa console de jeu ou son ordinateur.

Comment parler à votre enfant

NE LE HARCELEZ PAS. NE DITES PAS :
Je t'ai dit d'arrêter de jouer au jeu vidéo ! Je te préviens que si j'ai à te le répéter encore une fois, tu vas le regretter !

En répétant encore et encore de vagues menaces de ce genre, vous encouragez l'enfant à vous désobéir rien que pour voir ce qui arrivera s'il vous pousse à bout. Cette stratégie vous forcera éventuellement à mettre vos menaces à exécution, sans quoi vous risquez de perdre toute crédibilité aux yeux de l'enfant. Bref, vous vous retrouverez dans une situation sans issue.

UTILISEZ PLUTÔT UN MINUTEUR. DITES :
Quand le minuteur sonne, ça veut dire qu'il est l'heure de ranger ta console de jeu et de trouver autre chose à faire.

Le minuteur signale à l'enfant qu'il a atteint la limite que vous lui avez fixée. Dans la vie de tous les jours, on se doit de respecter les limites qui nous sont imposées ; c'est pourquoi il est important que l'enfant développe très tôt ses capacités d'autodiscipline.

NE CULPABILISEZ PAS L'ENFANT. NE DITES PAS :
Si tu continues de jouer à tes jeux vidéo et que tu ne fais aucun exercice, tu vas devenir gros et paresseux. C'est ça que tu veux ?

Il est inutile de dire à un enfant de cinq ans qu'il va devenir gros et paresseux : les enfants de cet âge sont incapables d'appréhender les perspectives d'avenir de ce genre. Votre intervention n'aura donc pas l'heur de motiver l'enfant à vous obéir. Par contre, si vous lui répétez souvent qu'il deviendra gros et paresseux, il en viendra à se voir comme tel et aura de fortes chances de le devenir.

MONTREZ-LUI PLUTÔT QUE VOUS APPRÉCIEZ SA COOPÉRATION. DITES :
Je te remercie d'avoir rangé ta console de jeu quand je te l'ai demandé.

En remerciant votre enfant de sa coopération, vous lui faites sentir qu'il a votre attention et votre approbation – deux choses dont il a grandement besoin.

NE LE COMPAREZ PAS À D'AUTRES. NE DITES PAS :

Pourquoi ne fais-tu jamais ce que je te demande de faire ? Tu es comme ton père ; il ne m'écoute jamais lui non plus.

Votre intervention renvoie à l'enfant une image négative de lui-même et de la personne à laquelle vous le comparez. Cette stratégie n'aidera pas l'enfant à apprendre à coopérer.

CONCLUEZ PLUTÔT UN MARCHÉ AVEC LUI. DITES :

Si tu éteins ta console de jeu dès que la minuterie sonnera, ce soir tu pourras jouer encore un peu au jeu vidéo.

La règle de grand-mère montre à l'enfant qu'il pourra éventuellement faire ce qu'il veut s'il vous obéit. Cette approche répond à la fois aux objectifs du parent et de l'enfant.

NE LE MENACEZ PAS. NE DITES PAS :

Si tu ne ranges pas tout de suite ta console de jeu, tu auras droit à la fessée !

Il est possible que vous obteniez des résultats à court terme en menaçant l'enfant d'une punition, par contre, cette approche ne répond pas à votre objectif à long terme qui est d'apprendre les bienfaits de la coopération à l'enfant. Si vous adoptez cette stratégie, votre enfant aura tendance à continuer de jouer jusqu'à ce que vous mettiez vos menaces à exécution, si bien qu'il n'acquerra pas les capacités d'autodiscipline qui lui permettront de limiter de lui-même le temps passé à une activité donnée.

CONFISQUEZ PLUTÔT LE JEU. DITES :

C'est dommage que tu n'aies pas arrêté de jouer quand je te l'ai demandé. Maintenant je vais devoir te confisquer le jeu pour le reste de la journée.

En exprimant respectueusement votre déception à l'enfant, vous lui signifiez que vous comprenez qu'il est difficile pour lui d'arrêter de jouer à ce jeu vidéo qu'il adore. Et en confisquant son jeu, vous lui montrez que son manque de coopération a des conséquences négatives.

LE BRUIT

Voici une autre belle occasion de solliciter l'empathie naturelle de l'enfant. Dites-lui que vous comprenez qu'il est difficile pour lui de jouer sans bruit, puis expliquez-lui que sa délicatesse envers une autre personne va lui procurer une satisfaction égale au plaisir qu'il prend à jouer. Votre but est d'amener l'enfant à comprendre que plus on est gentil avec les autres, plus les autres sont gentils avec nous.

CONSEILS PRATIQUES

- Établissez une règle qui dit à l'enfant de jouer sans faire de bruit tandis que son petit frère ou sa petite sœur dort. Avertissez l'enfant cinq minutes à l'avance pour qu'il ait le temps de se calmer avant la sieste de bébé.
- Utilisez un interphone portatif qui vous permettra d'entendre ce qui se passe dans la chambre du bébé. De cette façon, vous n'aurez pas à constamment rappeler votre autre enfant à l'ordre de peur qu'il ne dérange le bébé.
- Expliquez précisément à l'enfant ce que vous attendez de lui. Un enfant à qui on demande de ne pas faire de bruit pensera d'abord qu'il n'a pas le droit de parler ou de bouger. Montrez-lui comment parler et jouer doucement, en évitant les grands fracas et les éclats de voix.

- Les enfants d'âge préscolaire étant d'un naturel bruyant, il est normal que vous tolériez les petits écarts de conduite. Songez que les nourrissons ont tendance à avoir le sommeil profond.

Votre discours intérieur

NE VOUS DITES PAS :
Pourquoi mon enfant ne veut-il pas comprendre qu'il doit faire attention quand le bébé dort ? Il se fiche vraiment de tout !

N'allez pas croire que votre enfant est insensible parce qu'il oublie parfois de se tenir tranquille quand son petit frère ou sa petite sœur dort. L'arrivée d'un nouveau bébé change invariablement la dynamique familiale et il est normal que votre autre enfant mette un peu de temps à s'adapter à ce changement.

DITES-VOUS PLUTÔT :
Mon but est de faire comprendre à mon enfant pourquoi il ne faut pas faire trop de bruit quand le bébé dort.

Voyez cette situation comme une occasion d'enseigner l'empathie à votre enfant. Félicitez-le de sa coopération aussi souvent que possible afin de renforcer le comportement désiré.

NE VOUS DITES PAS :
Je ne suis plus capable d'endurer tout ce tapage ! J'ai besoin d'un peu de tranquillité ; le bébé aussi.

Vous serez moins apte à gérer la situation si vous vous dites que vous êtes incapable de le faire.

DITES-VOUS PLUTÔT :
Je n'aime pas quand mon enfant fait trop de bruit, mais je suis capable de gérer ça.

Dites-vous que vous aimeriez que votre enfant fasse moins de bruit, mais que ce n'est pas la fin de monde s'il oublie parfois la règle. Votre indulgence face à ses petits écarts de conduite sera pour lui une leçon d'empathie et de tolérance.

NE VOUS DITES PAS :
Il faut absolument que je trouve un moyen d'obliger mon enfant à se tenir tranquille.

En faisant de la coopération de l'enfant une question de vie ou de mort, vous exagérez le problème au point de le rendre insoluble. Vous ne pouvez pas contrôler le bruit que fait votre enfant, par contre, vous pouvez contrôler votre réaction face à son comportement.

DITES-VOUS PLUTÔT :
Je peux choisir d'être compréhensif quand mon enfant oublie la règle et fait trop de bruit.

Lorsque votre enfant déroge à la règle, n'en faites pas tout un plat. Dites-vous que la situation risque de dégénérer si vous réagissez négativement et de façon excessive. Et n'oubliez pas que tout événement est neutre en soi ; c'est vous qui donnez une connotation positive ou négative à la situation.

Comment parler à votre enfant

NE LE DIMINUEZ PAS. NE DITES PAS :
Mais qu'est-ce qui cloche chez toi ? Je t'ai dit de ne pas faire de bruit !

Ne faites pas croire à votre enfant qu'il est anormal parce qu'il veut parler, chanter, danser ou jouer bruyamment. Ces comportements dynamiques sont parfaitement normaux chez les enfants d'âge préscolaire. Votre objectif en tant que parent est de lui enseigner à respecter les autres en se mettant à leur place. Mais pour ce faire, vous devez commencer par donner vous-même l'exemple.

FAITES PLUTÔT UN JEU DE LA SITUATION. EN CHUCHOTANT, DITES :
Chut ! maintenant il ne faut plus faire de bruit. Voyons un peu ce qui se passe quand on reste bien tranquille. Oh, tu entends le tic-tac de l'horloge ? On est bien comme ça dans le silence, tu ne trouves pas ? Profitons-en pendant que le bébé dort.

Montrez à l'enfant comme il est agréable de s'accorder un peu de tranquillité. Votre attitude positive encouragera l'enfant à jouer le jeu et à suivre vos directives.

NE VOUS FÂCHEZ PAS. NE DITES PAS :
Pourquoi ne peux-tu pas rester tranquille comme je te l'ai demandé ? Je t'avertis que je suis sur le point de me fâcher !

Demandez à un enfant pourquoi il n'obéit pas et il se mettra automatiquement sur la défensive, ce qui ne l'encouragera pas à faire ce qu'on lui demande. Vous ne motiverez pas l'enfant à coopérer en le réprimandant simplement parce qu'il veut s'amuser comme il l'entend.

UTILISEZ PLUTÔT LA MINUTERIE. DITES :

Dans cinq minutes, ça va être l'heure de la sieste du bébé. Je vais mettre le minuteur et quand il va sonner il faudra faire bien attention pour ne pas faire trop de bruit.

Laissez à votre enfant le temps de se préparer à un événement en lui expliquant à l'avance ce qui va se passer. En laissant au minuteur le soin de contrôler la situation, vous évitez les conflits et encouragez l'enfant à respecter la règle.

NE MARCHANDEZ PAS AVEC L'ENFANT. NE DITES PAS :

Si tu restes bien tranquille pendant la sieste du bébé, quand il se réveillera, je te donnerai de la crème glacée.

En promettant une récompense à l'enfant, vous lui enseignez que sa coopération a un prix. Cette approche ne lui fait pas comprendre que l'on peut retirer une certaine satisfaction du simple fait de respecter les autres.

FÉLICITEZ-LE PLUTÔT DE SA COOPÉRATION. DITES :

Bravo ! Tu ne fais pas beaucoup de bruit en jouant. Tu respectes bien la règle et je t'en remercie. Comme ça bébé peut dormir, et tu sais que les bébés ont besoin de beaucoup de sommeil.

Félicitez votre enfant de son obéissance en soulignant son comportement empathique et respectueux. Vos éloges encourageront l'enfant à continuer de coopérer et l'aideront à développer davantage son sens de l'empathie.

LE PARTAGE

Il est remarquable de constater que chaque enfant se développe à un rythme qui lui est propre. Il y a des enfants qui comprennent le principe du partage à l'âge de deux ans, alors que d'autres ne développeront cette aptitude qu'à l'âge de quatre ou cinq ans. Quel que soit l'âge de vos enfants, employez-vous à leur inculquer le sens du partage ; c'est une aptitude qui se doit d'être renforcée continuellement. Même les adultes ont besoin qu'on leur rappelle de temps à autre combien il est important de partager !

CONSEILS PRATIQUES

- Établissez des règles en ce qui concerne le partage. Dites par exemple : « Si le jouet est dans ta main, alors tu peux le garder ; mais si tu le déposes par terre, alors tout le monde a le droit de le prendre. »
- Donnez à l'enfant des exemples de partage pour bien lui faire comprendre en quoi consiste partager. Expliquez-lui par exemple que lorsque vous lui donnez la moitié de votre sandwich ou que vous lui prêtez vos chaussures pour qu'il puisse se déguiser, c'est là un geste de partage.
- Permettez à l'enfant de ranger certains de ses jouets favoris avant l'arrivée de ses camarades de jeu.
- Donnez l'exemple en offrant à des organismes de charité les vêtements et les jouets que votre famille n'utilise plus.

Votre discours intérieur

NE VOUS DITES PAS :

S'il n'est pas capable de prêter ses jouets à ses amis, je ne lui en achèterai plus.

Votre enfant n'apprendra pas à partager simplement parce que vous avez décidé de ne plus lui acheter de jouets. Cette stratégie est malsaine du fait qu'elle fait comprendre à l'enfant qu'il n'est capable d'apprendre que par la punition. Au lieu d'appliquer des règles qui ne laissent à l'enfant aucune chance d'apprendre et de se développer, agissez avec souplesse et efforcez-vous de trouver un compromis.

DITES-VOUS PLUTÔT :

Je comprends que mon enfant a de la difficulté à renoncer aux objets qu'il aime, ne serait-ce que pour un bref instant.

L'enfant a besoin de savoir que vous comprenez sa réticence à partager.

NE VOUS DITES PAS :

Ce n'est pas grave que mon enfant ne veuille pas partager. De toute manière, s'il prêtait ses jouets, ses camarades les abîmeraient probablement.

N'appuyez pas l'égoïsme de votre enfant sous prétexte qu'il pourrait être victime du comportement destructeur des autres enfants. Cette façon de faire ne lui apprendra pas à collaborer et à partager avec ses pairs.

DITES-VOUS PLUTÔT :

Il est important que je lui explique comment les autres se sentent quand il refuse de partager avec eux.

Votre objectif en tant que parent est d'aider l'enfant à apprendre à se soucier de ce que ressentent les autres au lieu de ne penser qu'à ses propres besoins.

NE VOUS DITES PAS :

Mon enfant est un sale petit égoïste qui ne veut rien partager.

Ne blâmez pas l'enfant pour un comportement somme toute normal à ce stade de son développement. Songez par ailleurs que si vous le traitez d'égoïste, il risque de le devenir.

DITES-VOUS PLUTÔT :

Mon enfant agit tout simplement comme les autres enfants de son âge.

Il est important que vous compreniez que tous les enfants d'âge préscolaire ont un penchant égoïste et qu'il est donc normal pour eux de ne pas vouloir partager. Le comportement de votre enfant cessera de vous contrarier si vous acceptez cet état de choses.

Comment parler à votre enfant

NE LE DÉVALORISEZ PAS. NE DITES PAS :

Tu es tellement égoïste que plus personne ne voudra jouer avec toi.

Vous n'apprendrez pas le sens du partage à l'enfant en lui faisant croire qu'il sera rejeté de tous à cause de son comportement. Vos propos l'inciteront plutôt à se voir lui-même comme un paria.

RAPPELEZ-LUI PLUTÔT LA RÈGLE. DITES :

Tu te souviens que la règle dit que tu ne dois pas enlever un jouet des mains d'un ami, mais que tu dois attendre qu'il l'ait déposé avant de pouvoir le prendre.

Cette stratégie permet à l'enfant de se souvenir de la règle, puis de faire un lien entre cette règle et la situation dans laquelle il se trouve. Mettez l'accent sur l'aptitude que vous cherchez à inculquer à l'enfant, et non sur le comportement négatif de celui-ci.

NE POSEZ PAS DE QUESTIONS AUXQUELLES L'ENFANT NE PEUT RÉPONDRE. NE DITES PAS :

Pourquoi n'es-tu pas capable de prêter tes jouets aux autres ?

Demander à un enfant en bas âge de vous expliquer pourquoi il est incapable de partager équivaut à demander à un bébé pourquoi il n'est pas capable de marcher.

OFFREZ PLUTÔT VOTRE SOUTIEN. DITES :

Je sais que c'est parfois difficile de partager. Je vais rester avec tes amis et toi tandis que vous jouez, comme ça, je vais pouvoir vous montrer comment partager.

Votre enfant appréciera beaucoup d'avoir à ses côtés quelqu'un qui puisse l'aider à apprendre une chose aussi difficile que le partage ! Cette approche montre à l'enfant que vous désirez travailler avec lui. Superviser les enfants pendant qu'ils jouent est une bonne idée, car cela vous permet de les féliciter quand ils partagent et de les arrêter quand ils se chamaillent pour s'approprier un jouet.

NE PROFÉREZ PAS DE MENACES INUTILES. NE DITES PAS :

Si tu ne partages pas avec tes camarades, je vais jeter tous tes jouets à la poubelle !

Ce n'est pas en menaçant l'enfant de la sorte que vous lui apprendrez à partager. Si l'enfant obéit dans ces conditions, c'est parce qu'il a peur de perdre ses jouets et non parce qu'il se soucie de ce que ressentent ses camarades.

CONFISQUEZ-LUI PLUTÔT SON JOUET. DITES :

C'est dommage que ce jouet cause un problème entre vous. Je vais devoir vous le confisquer pour un temps.

Confisquer le jouet problématique est une bonne façon de désamorcer le conflit sans blesser l'amour-propre des enfants impliqués. Cette approche vous donne par ailleurs l'occasion de rappeler la règle à votre enfant.

NE SUPPLIEZ PAS L'ENFANT. NE DITES PAS :

Tu ne veux pas partager, dis ? Allez, fais-le pour maman, s'il te plaît !

Si vous suppliez l'enfant ainsi, il obéira par peur de perdre votre amour et votre approbation, et non parce qu'il veut interagir harmonieusement avec ses camarades.

UTILISEZ PLUTÔT UN MINUTEUR. DITES :

Je vais mettre le minuteur et, quand il va sonner, tu donneras le jouet à ton frère. Il te le redonnera quand le minuteur sonnera de nouveau. C'est une façon amusante de partager, non ?

Le fait que ce soit le minuteur qui contrôle la situation vous permet de vous dégager de votre rôle de parent autoritaire. Il vous sera alors plus facile d'aider l'enfant et de l'encourager à respecter la règle.

LE VOLUME DU LECTEUR CD

Les tout-petits aiment parfois écouter la musique à haut volume. Cela a certes quelque chose d'excitant, mais quand on vit avec d'autres personnes, il faut se respecter mutuellement. C'est là une leçon que vous devrez inculquer à votre mélomane en herbe - tout en encourageant bien sûr son intérêt naissant pour la musique.

CONSEILS PRATIQUES

- Établissez une règle concernant le volume. Par exemple, marquez le niveau approprié sur le bouton de volume. Si votre système est doté d'une commande numérique, indiquez à l'enfant le chiffre à ne pas dépasser.
- Donnez l'exemple. Baissez le volume si nécessaire.
- Quand vous écoutez de la musique, demandez aux autres s'ils trouvent le volume trop élevé. L'enfant aura tendance à vous imiter.
- Si votre enfant écoute la musique à haut volume, faites-le examiner. Peut-être souffre-t-il de troubles auditifs.
- Invitez-le à utiliser des écouteurs si son niveau d'écoute dérange l'entourage. Assurez-vous que son lecteur CD n'atteint pas des niveaux sonores pouvant lui occasionner des pertes auditives.

Votre discours intérieur

NE VOUS DITES PAS :

Mon enfant va devenir sourd s'il continue à hausser le volume.

Si vous vous concentrez sur la pire éventualité possible, vous aurez tendance à réagir de façon irrationnelle au comportement de l'enfant. Agissez de façon pondérée et prenez des mesures positives qui permettront à l'enfant d'apprendre à contrôler son niveau d'écoute musicale.

DITES-VOUS PLUTÔT :

Je suis capable de tolérer le vacarme que fait mon enfant.

Il est probable que vos parents vous ont appris à contrôler votre niveau d'écoute. Songez à cela lorsque vous parlez à votre enfant et n'oubliez pas qu'il est possible de résoudre ce problème harmonieusement.

NE VOUS DITES PAS :

Mon enfant manque totalement d'égards envers les autres. Son comportement est en train de me rendre fou.

Si vous cataloguez votre enfant de la sorte, vous en viendrez à croire que sa propension à écouter de la musique à haut volume est un problème insoluble et permanent. Votre attitude signifie par ailleurs à l'enfant que vous ne l'aimez que lorsqu'il vous obéit.

DITES-VOUS PLUTÔT :

Mon but est d'amener mon enfant à traiter les autres avec respect.

Concentrez-vous sur votre objectif qui est d'aider l'enfant à agir avec empathie en tenant compte des besoins de ceux qui l'entourent.

NE VOUS DITES PAS :

J'en ai assez de me battre avec mon enfant pour qu'il baisse le volume. À l'avenir, je vais le laisser écouter sa musique aussi fort qu'il le désire.

Votre attitude défaitiste montre à l'enfant qu'il est acceptable de capituler devant l'adversité. Songez aussi que votre enfant risque de développer des troubles auditifs en s'exposant à des niveaux sonores élevés.

DITES-VOUS PLUTÔT :

Si je capitule, mon enfant n'apprendra pas la coopération et le respect.

N'oubliez pas vos responsabilités parentales, et ce, même si vous êtes épuisé ou complètement stressé. Songez que les leçons que vous inculquez à votre enfant lui seront profitables tout au long de sa vie.

Comment parler à votre enfant

NE LE MENACEZ PAS. NE DITES PAS :

Si tu ne baisses pas tout de suite le volume, je vais te flanquer une bonne fessée !

Ne menacez jamais votre enfant pour l'inciter à obéir. Cette approche fonctionnera peut-être à court terme, mais elle n'aidera pas l'enfant à apprendre le respect des autres.

EXPLIQUEZ-LUI PLUTÔT LE PROBLÈME. DITES :

Je sais que tu aimes ça quand ta musique joue à plein régime, mais ça me fait mal aux oreilles. Il va falloir que tu baisses le volume.

Le fait que vous expliquiez à l'enfant le désagrément que son niveau d'écoute vous occasionne permet à celui-ci d'user de son empathie naturelle. Au lieu de crier pour vous faire obéir, exposez à l'enfant le raisonnement qui sous-tend votre requête. Vous verrez que votre bambin appréciera grandement votre franchise.

NE LE PUNISSEZ PAS. NE DITES PAS :
J'en ai jusque-là ! Donne-moi ton lecteur CD que je le mette à la poubelle !

Ne dites pas à l'enfant que vous êtes prêt à détruire son lecteur CD pour l'obliger à vous obéir. Même si cette solution draconienne et destructive résout le problème dans l'immédiat, elle n'aidera pas votre enfant à apprendre l'importance de la coopération. Votre réaction excessive lui suggère qu'il risque d'être rejeté lui aussi s'il désobéit à la règle.

CONFISQUEZ PLUTÔT SON APPAREIL AUDIO. DITES :
C'est dommage que tu aies oublié la règle qui dit qu'on doit écouter sa musique à un volume raisonnable. Maintenant je vais devoir confisquer ton lecteur CD jusqu'à demain.

Il est important que votre enfant comprenne que son manque de coopération entraîne des conséquences négatives. Confisquer l'appareil est une stratégie efficace qui montre à l'enfant qu'il doit obéir à la règle s'il veut continuer d'écouter sa musique.

N'ACHETEZ PAS SON OBÉISSANCE. NE DITES PAS :
Si tu écoutes ta musique à un volume raisonnable, je t'achèterai des nouveaux CD.

Cette approche est peu judicieuse du fait qu'elle habitue l'enfant à troquer son obéissance contre une récompense.

ARRIVEZ-EN PLUTÔT À UNE ENTENTE. DITES :
Si tu ne dépasses pas cette marque sur le bouton de volume, tu pourras continuer d'utiliser le lecteur CD.

La règle de grand-mère fait comprendre à l'enfant qu'il pourra faire ce qu'il veut tant qu'il respecte la règle.

CHAPITRE 6

L'HYGIÈNE

Contrairement à la routine qui crée l'ennui, l'inattendu engendre joie, extase et émerveillement.

LEO BUSCAGLIA

LE RANGEMENT

En refusant de ranger ses jouets comme vous le lui demandez, votre petit bout de quatre ans cherche tout simplement à vous faire savoir que ses objectifs ne concordent pas avec les vôtres : vous voulez que la maison soit en ordre, tandis que l'enfant, lui, veut continuer à s'amuser et à tout retourner sens dessus dessous. À deux ou trois ans, un enfant a besoin de l'aide d'un parent qui lui dira comment ranger ses jouets. À l'âge de quatre ou cinq ans, par contre, l'enfant est en mesure d'accomplir cette tâche par lui-même – du moment que ses parents la lui aient apprise et fait répéter à quelques reprises, bien entendu.

CONSEILS PRATIQUES

- Instaurez des règlements qui aideront l'enfant à devenir ordonné. Dites-lui par exemple : « Avant de sortir un nouveau jouet de ton coffre à jouets, tu dois ranger le jouet avec lequel tu es en train de t'amuser. »
- Faites le nécessaire pour que l'enfant ait le moins de difficulté possible à ranger ses affaires. Vous pouvez, par exemple, installer dans sa chambre ou dans la salle de jeu des étagères basses qui seront à sa portée ainsi que des boîtes dans lesquelles il pourra ranger ses jouets.
- Invitez l'enfant à se joindre à vous quand vous faites le ménage afin qu'il puisse apprendre en vous observant.

- Limitez le nombre de jouets que peut utiliser l'enfant en divisant ceux-ci en quatre groupes et en ne lui donnant accès qu'à un seul groupe à la fois. Au bout d'une semaine, rangez les jouets dont il s'est servi et mettez à sa disposition un autre groupe de jouets pour la semaine suivante.

Votre discours intérieur

NE VOUS DITES PAS :
Mon enfant est terriblement désordonné. Mais pourquoi n'est-il donc pas aussi ordonné que sa sœur ?

Certains enfants sont plus ordonnés que d'autres parce qu'ils ont une meilleure capacité innée à s'organiser. Et puis, ce ne sont pas tous les enfants qui font de l'ordre et de la propreté une priorité. Cela dit, tout enfant peut apprendre à devenir ordonné si vous lui accordez un peu de votre soutien et de votre encouragement. Considérez chaque enfant comme un cas individuel et évitez les comparaisons, car cela risquerait de créer des rivalités.

DITES-VOUS PLUTÔT :
Ce n'est pas parce que mon aîné est ordonné que mon plus jeune doit l'être aussi.

Il est important que vous compreniez que chaque enfant est différent. Ne vous attendez pas à ce que tous vos enfants se comportent de la même manière.

NE VOUS DITES PAS :
Mon enfant est aussi désordonné que son père.

Ne cataloguez pas votre enfant et ne rendez pas son autre parent responsable de ses traits de caractère. En adoptant cette approche, vous signifiez à l'enfant que vous êtes incapable de l'aider à modifier son comportement et vous ternissez l'image qu'il a de son autre parent.

DITES-VOUS PLUTÔT :
Je sais que c'est difficile de convaincre mon enfant de ranger ses affaires, mais je me sens toujours mieux quand la maison est en ordre.

Concentrez-vous sur le résultat que vous désirez atteindre, et non sur le manque d'ordre et de coopération de l'enfant. En conservant une attitude positive, vous serez plus apte à travailler avec lui de façon constructive pour atteindre l'objectif souhaité.

NE VOUS DITES PAS :
Mon enfant ne veut pas m'obéir quand je lui dis de ranger ses affaires.

Le problème n'est peut-être pas que l'enfant refuse de vous obéir. Peut-être ne sait-il pas par où commencer ; ou peut-être est-il dépassé par la tâche que vous lui demandez d'accomplir. Évaluez ses aptitudes en lui demandant de vous montrer comment il s'y prend pour ranger les éléments de son jeu de cubes, par exemple.

DITES-VOUS PLUTÔT :
Si je l'habitue maintenant à ranger ses choses, il sera plus ordonné quand il sera grand.

Mettez l'accent sur le travail en équipe et sur la coopération en exécutant les tâches désirées avec l'enfant, en le félicitant de ses efforts et en vous réjouissant avec lui du résultat final. Cette approche exige certes une somme appréciable d'efforts de la part du parent, mais ne laissez pas cela vous détourner de votre objectif à long terme, qui est d'inculquer de bonnes habitudes de vie à l'enfant.

Comment parler à votre enfant

NE LE HARCELEZ PAS. NE DITES PAS :

Combien de fois va-t-il falloir que je te dise de ramasser tes vêtements ?

Personne n'aime se faire asticoter continuellement. Si vous persistez sur cette voie, votre enfant aura tendance à faire la sourde oreille lorsque vous vous adresserez à lui. Il aura également tendance à harceler les autres pour obtenir ce qu'il veut. En revanche, cette approche ne lui montre pas comment ni pourquoi il doit ranger ses affaires.

RAPPELEZ-LUI PLUTÔT LA RÈGLE. DITES :

Tu te souviens que la règle dit que tu dois ranger le jouet que tu utilises avant d'aller en chercher un autre.

Le fait que vous rappeliez la règle à l'enfant l'aide à comprendre que l'ordre et l'organisation sont deux choses très importantes. Cette approche aide aussi un tout-petit à comprendre que le monde est fait de règles que l'on doit respecter, entre autres, qu'il faut obéir aux feux de signalisation lorsqu'on est en voiture et qu'il faut payer pour les choses que l'on veut acheter. Il n'est jamais trop tôt pour enseigner le respect des règles à un enfant.

NE LE MENACEZ PAS. NE DITES PAS :

Si tu ne ranges pas tes jouets, je les fous à la poubelle !

Vous seriez bien avancé, n'est-ce pas, si votre enfant vous prenait au mot et vous forçait à mettre votre menace à exécution ? Jeter tous ces jouets à la poubelle serait un geste coûteux pour vous et mortifiant pour l'enfant. Sans compter que cet acte excessif ne l'aiderait pas à apprendre à les ranger.

CHANGEZ PLUTÔT LA CORVÉE EN JEU. DITES :

Je vais mettre le minuteur et on va voir si on peut tout ranger avant qu'il ne sonne.

Le fait que le minuteur contrôle maintenant la situation vous dégage de votre rôle d'autorité. Cette stratégie permet au parent et à l'enfant de travailler en harmonie vers un objectif commun.

NE CATALOGUEZ PAS L'ENFANT. NE DITES PAS :
Ça ne m'étonne pas que tu sois si désordonné. Ta mère non plus ne sait pas tenir maison.

Évitez les paroles blessantes ; elles ne serviraient qu'à alimenter le conflit et ne valent jamais le tourment qu'elles occasionnent. Songez également que si vous dites constamment à votre enfant qu'il est désordonné, il finira tôt ou tard par le devenir réellement.

FAITES PLUTÔT PREUVE D'EMPATHIE. DITES :
Je comprends ce que tu ressens. Moi aussi je préfère m'amuser plutôt que de faire du ménage.

Montrez à votre enfant que vous comprenez ce qu'il ressent en admettant que vous n'êtes vous-même pas très porté sur le ménage. Votre empathie l'encouragera à ranger ses affaires.

NE MARCHANDEZ PAS AVEC L'ENFANT. NE DITES PAS :
Si tu ranges tes jouets, on ira t'en acheter d'autres.

Plutôt que d'aider l'enfant à assimiler les aptitudes relatives à l'ordre et à l'organisation, ce genre de tractation lui enseigne que sa coopération a un prix.

CONCLUEZ PLUTÔT UN MARCHÉ AVEC LUI. DITES :
Quand tu auras ramassé et rangé tous tes jouets, on pourra jouer ensemble.

La règle de grand-mère montre à l'enfant qu'il pourra faire ce qu'il veut après vous avoir obéi.

L'HEURE DU BAIN

Tout parent sait combien il peut être difficile d'amener un petit bout de trois ans à entrer dans le bain. Pour encourager l'enfant, le parent doit faire en sorte qu'il s'amuse en prenant son bain. Mais attention, car l'expérience peut s'avérer si amusante pour le bambin que celui-ci ne voudra plus sortir de la baignoire! Pour inciter l'enfant à coopérer, ménagez-lui une sortie agréable en l'enveloppant par exemple de serviettes chaudes et moelleuses et de câlins réconfortants.

CONSEILS PRATIQUES

- Utilisez un minuteur pour délimiter la période du bain.
- Ne précipitez pas les choses. Assurez-vous que l'enfant aura suffisamment de temps pour s'amuser dans son bain.
- Un tout-petit ne doit jamais être laissé dans la baignoire sans surveillance, même pendant quelques secondes.
- Assurez-vous que la température de l'eau ne dépasse jamais 48 °C, car l'enfant risquerait de se brûler.

Votre discours intérieur

NE VOUS DITES PAS :
J'en ai assez de me battre chaque soir avec mon enfant pour qu'il sorte de la baignoire.

Votre ressentiment à l'égard de l'enfant ne fera qu'accroître votre niveau d'anxiété. Voilà une attitude qui n'encouragera pas l'enfant à coopérer.

DITES-VOUS PLUTÔT :
Je suis capable de gérer le fait que mon enfant refuse de sortir de la baignoire. Je ne peux d'ailleurs pas lui en vouloir : il s'amuse tellement quand il prend son bain !

Considérez la situation sous un jour positif. Cela vous aidera à communiquer doucement et sur un ton amical avec l'enfant.

NE VOUS DITES PAS :
La réticence de mon enfant m'exaspère. Je n'ai plus la force de tolérer le rituel du bain.

Évitez coûte que coûte cette attitude défaitiste. Vous n'aurez évidemment pas la force ni la patience de faire face à la situation si votre niveau d'anxiété monte chaque fois que votre enfant doit prendre son bain. Pas étonnant que la situation dégénère si vous anticipez chaque fois un conflit.

DITES-VOUS PLUTÔT :
Je comprends que mon enfant veuille continuer de s'amuser dans l'eau.

Vous jouirez d'une bien meilleure relation parent-enfant si vous accueillez les besoins et les désirs de votre enfant avec empathie. Sans compter que votre attitude positive l'encouragera à coopérer.

NE VOUS DITES PAS :
Je ne peux pas passer mon temps à regarder mon enfant jouer dans la baignoire. J'ai d'autres choses à faire.

Une telle attitude égoïste vous empêchera de savourer tous ces précieux moments que vous passez en compagnie de votre enfant. Si vous agissez ainsi, il est probable que l'enfant vous résistera pour tenter de gagner votre attention.

DITES-VOUS PLUTÔT :
Mon but est de lui apprendre à faire des compromis et à coopérer.

Si votre enfant n'est pas prêt à sortir du bain, utilisez un minuteur pour lui donner quelques instants de plaisir supplémentaires. Dites-lui que, lorsqu'il sonnera, il sera temps pour lui de sortir de la baignoire. De cette façon, chacun obtiendra ce qu'il veut.

Comment parler à votre enfant

NE LE MENACEZ PAS. NE DITES PAS :
Si tu ne sors pas tout de suite du bain, je vais te flanquer une de ces raclées !

Ne dites pas à votre enfant que vous êtes prêt à lui faire du mal pour qu'il vous obéisse. Sa coopération forcée ne vaut pas la douleur physique et émotionnelle que vous lui infligeriez.

UTILISEZ PLUTÔT UN MINUTEUR. DITES :
Quand le minuteur va sonner, il te faudra sortir du bain. Je vais te sécher avec de belles serviettes et après je te raconterai une histoire pour t'aider à t'endormir.

En pareil cas, il est conseillé de gérer la situation à l'aide d'un minuteur. La promesse d'une belle histoire permettra ici à l'enfant d'anticiper un moment agréable qui lui fera oublier son désir de rester dans la baignoire.

NE MINIMISEZ PAS LES BESOINS DE L'ENFANT. NE DITES PAS :
Sors du bain et plus vite que ça ! J'ai d'autres choses à faire, moi !

Votre enfant se sentira rejeté et indigne de votre attention si vous lui dites que vous avez des choses plus importantes à faire que de vous occuper de lui. Au lieu de coopérer, l'enfant continuera de vous résister pour essayer de gagner votre attention.

RAPPELEZ-LUI PLUTÔT LA RÈGLE. DITES :

Tu te souviens de ce que dit la règle du bain ?

Évoquer la règle vous permet d'adopter envers l'enfant un rôle de soutien plutôt qu'un rôle d'autorité. Cette stratégie aide par ailleurs l'enfant à développer ses capacités d'autodiscipline.

NE VOUS FÂCHEZ PAS. NE DITES PAS :

Je commence à en avoir assez de tes simagrées. Sors du bain avant que je me fâche pour de bon.

Ce n'est pas en vous mettant en colère que vous apprendrez la coopération ou la maîtrise de soi à votre enfant. Au contraire, votre comportement montre à l'enfant que, dans la vie, il suffit de piquer une crise pour obtenir ce que l'on veut.

INFORMEZ PLUTÔT L'ENFANT DES CONSÉQUENCES DE SON REFUS. DITES :

C'est dommage que tu aies voulu passer tant de temps dans le bain. Maintenant on n'a plus de temps pour ta collation et ton histoire.

Il est normal que l'enfant subisse les conséquences de sa désobéissance ; cela lui apprend à composer avec les petites déceptions de l'existence. Cette stratégie permet en outre à l'enfant de comprendre que son comportement peut entraîner des conséquences soit positives, soit négatives.

NE MARCHANDEZ PAS. NE DITES PAS :

Si tu sors tout de suite du bain, je te donnerai des bonbons.

Voilà un bonbon qui laissera un goût amer dans la bouche du parent ! Sachez que l'enfant peut s'accoutumer très vite à ce genre de gratification. Il en viendra éventuellement à refuser de coopérer à moins que vous ne lui donniez sa récompense.

ARRIVEZ-EN PLUTÔT À UNE ENTENTE. DITES :
Quand tu seras sorti du bain, que tu te seras séché et que tu auras mis ton pyjama, je te lirai une belle histoire.

Grâce à la règle de grand-mère, l'enfant apprendra à se maîtriser et à accepter que sa gratification soit différée. Ce sont là des aptitudes dont il aura besoin plus tard pour faire face aux circonstances parfois déplaisantes de l'existence.

L'HYGIÈNE DENTAIRE

En y réfléchissant un peu, peut-être vous souviendrez-vous que vous n'aimiez pas vous brosser les dents quand vous étiez enfant. Même si l'enfant prétend le contraire, sa réticence n'est pas liée ici au goût de son dentifrice ou à la couleur de sa brosse à dents, mais au fait qu'il désire exercer une certaine emprise sur son environnement. En lui permettant de choisir son dentifrice et sa brosse à dents, vous lui donnerez l'impression qu'il contrôle la situation et vous lui ferez comprendre qu'on peut s'amuser tout en prenant soin de ses dents.

CONSEILS PRATIQUES

- Brossez-vous les dents en même temps que votre enfant afin qu'il puisse voir ce que vous faites. Votre exemple le motivera à vous imiter.
- Trouvez un dentiste qui sait s'y prendre avec les petits et qui aidera votre enfant à acquérir une bonne hygiène dentaire. Consultez plusieurs dentistes si nécessaire avant de fixer votre choix.

Votre discours intérieur

NE VOUS DITES PAS :

Mon enfant m'exaspère quand il refuse de faire ce qui est bon pour lui.

Ne vous dites pas que votre enfant a le pouvoir de contrôler ce que vous ressentez. Cette attitude diminue votre maîtrise de soi et vous déresponsabilise face à vos propres émotions.

DITES-VOUS PLUTÔT :

Je ne vais pas permettre à son entêtement de me contrarier. Ce n'est pas en me fâchant que je vais lui apprendre à coopérer.

Donnez le bon exemple à l'enfant en restant calme face à l'adversité. Cette attitude pondérée vous permettra de trouver des façons imaginatives de résoudre le problème. Le parent doit toujours aborder ce genre de conflit avec un brin d'humour, chose qu'il ne peut pas faire lorsqu'il se met en colère. Votre enfant sera d'autant plus enclin à coopérer si vous évitez de prendre la situation trop au sérieux et si vous conservez une attitude positive.

NE VOUS DITES PAS :

Pourquoi mon enfant refuse-t-il toujours de coopérer ? Tu parles d'une tête de mule !

Ne cataloguez pas votre enfant, car ainsi vous faites de son obstination un aspect fondamental de sa personnalité plutôt qu'un problème passager. Lorsque l'opposition de votre enfant vous exaspère, dites-vous : « Ça lui passera. » Tout parent devrait faire de cette phrase son mantra.

DITES-VOUS PLUTÔT :

Je ne vais pas me battre avec mon enfant pour qu'il se brosse les dents. Je ne veux pas que ça devienne pour lui une source de conflit ou d'anxiété.

Évitez de dramatiser les petits problèmes quotidiens. Si vous traitez le brossage de dents comme un geste simple et banal, l'enfant en viendra à voir la chose comme un événement normal de sa journée. L'enfant doit comprendre que se brosser les dents, c'est comme se laver les mains avant les repas ou se peigner avant d'aller à l'école.

NE VOUS DITES PAS :

Je ne suis plus capable de me battre chaque jour avec lui pour qu'il se brosse les dents. Tant pis s'il en vient à avoir la bouche pleine de caries !

En choisissant d'éviter le problème, vous n'apprenez pas la coopération à l'enfant et vous mettez sa santé en danger. Concentrez-vous sur votre objectif parental, et non sur l'attitude rebelle de l'enfant.

DITES-VOUS PLUTÔT :

Je dois me concentrer sur mon objectif.

Les petits conflits vous sembleront moins dramatiques si vous vous concentrez sur votre objectif à long terme qui est d'inculquer de bonnes habitudes à l'enfant. Restez positif... et votre enfant fera de même. Vous seul pouvez décider de vous détourner de vos responsabilités parentales ; la résistance de votre enfant n'a rien à voir là-dedans.

Comment parler à votre enfant

NE VOUS FÂCHEZ PAS. NE DITES PAS :

Cette fois, ça suffit ! Tu ne sortiras pas de la salle de bain tant que tu ne te seras pas brossé les dents !

En adoptant cette attitude tyrannique, vous ne faites que nourrir le conflit entre vous et l'enfant. Plutôt que de l'inviter à coopérer, cette stratégie l'incite à vous résister encore davantage. Comme le dit le proverbe : faites la paix, pas la guerre.

DONNEZ-LUI PLUTÔT DES CHOIX. DITES :
Je sais que tu n'aimes pas te brosser les dents, mais c'est très important de le faire pour garder ses dents propres et en santé. Veux-tu que je t'aide à les brosser ou veux-tu le faire par toi-même ?

Votre enfant sera moins porté à vous résister si vous lui accordez soutien et encouragement. Du moment que vous choisissez de travailler ensemble et dans l'harmonie, l'enfant atteindra son objectif (contrôler son environnement) et vous atteindrez le vôtre (amener l'enfant à se brosser les dents).

NE CATALOGUEZ PAS L'ENFANT. NE DITES PAS :
Tu es têtu comme une mule ! Je ne sais vraiment pas ce que je vais faire de toi.

Cette approche réduit l'enfant à son comportement et l'amène à se faire une image négative de lui-même. Si vous faites la distinction entre votre enfant en tant qu'individu et son comportement, celui-ci comprendra mieux qu'il lui est possible de modifier sa conduite. Faites-lui savoir que vous l'aimez et l'appréciez, même lorsque vous n'appréciez pas sa façon d'agir.

ENCOURAGEZ PLUTÔT LA COMMUNICATION. DITES :
Dis-moi pourquoi tu n'aimes pas te brosser les dents. Je pourrais peut-être faire quelque chose pour te rendre la chose plus agréable.

Invitez l'enfant à se confier à vous. Cela le valorisera et vous permettra de recueillir des informations susceptibles de vous aider à résoudre le problème.

N'ACHETEZ PAS SA COOPÉRATION. NE DITES PAS :
Si tu te brosses les dents, je te donnerai un verre de boisson gazeuse.

Plutôt que d'enseigner à l'enfant les bienfaits du travail en équipe, cette façon de faire lui montre que sa coopération est monnayable.

Songez également qu'il est bien inutile d'obliger un enfant à se brosser les dents si on le récompense ensuite en lui donnant une sucrerie ou une boisson gazeuse !

CONCLUEZ PLUTÔT UN MARCHÉ AVEC LUI. DITES :
Quand tes dents seront bien brossées, on ira se coucher et je te raconterai une histoire.

La règle de grand-mère montre à l'enfant qu'il doit faire ce que vous lui demandez avant de faire une chose qui lui plaît. Cette approche lui fait comprendre que lorsqu'il coopère, tout le monde y gagne.

LA VISITE CHEZ LE COIFFEUR

Une simple coupe de cheveux peut s'avérer une expérience terrifiante pour un gamin ou une gamine de deux ans. Mettez-vous à la place de l'enfant et vous comprendrez mieux pourquoi il proteste chaque fois que vous voulez l'emmener chez le coiffeur : il y a ces ciseaux pointus et tranchants, et puis cette grosse chaise rébarbative ; sans parler de la caresse glaciale du métal sur la nuque et les tempes. Que ce soit vous, un ami ou un coiffeur professionnel qui se charge de couper la tignasse de votre petit trésor, assurez-vous qu'il s'agit d'une personne qui saura apaiser les craintes de l'enfant et qui saura rendre la chose aussi amusante que possible.

CONSEILS PRATIQUES

- Jouez au coiffeur à la maison afin que l'enfant sache ce qui l'attend quand viendra le temps de se faire couper les cheveux.
- Soulignez les aspects agréables de la chose : la tondeuse qui vrombit et vous chatouille la nuque ; le gentil coiffeur qui vous masse le cuir chevelu ; etc.
- Assurez-vous que la personne qui coupe les cheveux de l'enfant est chaleureuse, patiente et expérimentée.
- Votre enfant se sentira plus en sécurité si vous restez auprès de lui pendant qu'il se fait couper les cheveux.

Votre discours intérieur

NE VOUS DITES PAS :
Pourquoi mon enfant n'est-il pas capable de rester tranquille quand il se fait couper les cheveux ? Il n'est sûrement pas normal.

N'allez pas croire que votre enfant est anormal parce qu'il a peur de certaines choses. Il est parfaitement normal qu'un enfant s'inquiète quand un étranger s'approche de lui avec une paire de ciseaux à la main.

DITES-VOUS PLUTÔT :
L'angoisse de mon enfant est parfaitement compréhensible. Mon rôle en tant que parent est de l'aider à surmonter ses craintes.

Une attitude empathique vous permettra ici de tenir compte de ce que ressent l'enfant. Ne perdez toutefois pas de vue votre objectif premier qui est d'amener l'enfant à ne plus craindre ses visites chez le coiffeur.

NE VOUS DITES PAS :
Pourquoi mon enfant me fait-il ça ? J'aimerais tant qu'il coopère pour une fois.

Ne prenez pas la résistance de votre enfant comme une attaque personnelle. Le parent qui se sent persécuté est incapable de se concentrer sur les besoins de son enfant et ne peut donc pas songer à des moyens de l'aider à vaincre sa peur.

DITES-VOUS PLUTÔT :
Mon enfant a peur de se faire couper les cheveux, mais je suis capable de gérer ça.

Vous serez plus apte à trouver une solution au problème si vous adoptez une attitude positive et affirmative. Pour être en mesure d'enseigner la coopération à l'enfant, vous devez d'abord vous dire que vous en êtes capable.

NE VOUS DITES PAS :
Qu'est-ce que les autres vont penser de moi si je force mon enfant à se faire couper les cheveux ?

Si vous vous préoccupez de ce que les autres peuvent penser, vous deviendrez anxieux et vous ne pourrez vous concentrer sur votre objectif, qui est d'aider l'enfant à surmonter sa peur. L'opinion des autres ne devrait pas influencer vos décisions et votre comportement vis-à-vis de l'enfant.

DITES-VOUS PLUTÔT :
Je ne dois pas être embarrassé du fait que mon enfant ne veut pas se faire couper les cheveux.

Vous serez plus apte à vous concentrer sur les besoins de l'enfant si vous refusez de vous sentir embarrassé par son comportement.

NE VOUS DITES PAS :
J'abandonne. Tant pis si mon enfant ne se fait pas couper les cheveux.

Si vous baissez les bras, qui apprendra à votre enfant à surmonter ses craintes ? Soyez patient, car il faudra sans doute plusieurs visites avant que votre enfant ne se sente à l'aise chez le coiffeur.

DITES-VOUS PLUTÔT :
Chaque fois que j'encourage mon enfant à coopérer, je développe mes aptitudes de leadership.

N'hésitez pas à définir votre rôle de parent en termes de leadership. Continuez d'assumer ce rôle même si votre enfant refuse de suivre vos directives. Avec un peu d'amour, de patience et une attitude positive de votre part, l'enfant apprendra éventuellement à coopérer quand il se fait couper les cheveux.

Comment parler à votre enfant

N'AGISSEZ PAS EN DICTATEUR. NE DITES PAS :

Comment ça, tu ne veux pas te faire couper les cheveux ? Assieds-toi immédiatement sur la chaise de monsieur le coiffeur et ferme-la, sinon...

Dû à votre manque total d'empathie, votre enfant aura du mal à identifier et à gérer ses émotions. Si vous persistez sur cette voie, l'enfant finira par ne plus vous respecter, ce qui l'incitera à se rebeller encore davantage.

INVITEZ-LE PLUTÔT À SE CONFIER À VOUS. DITES :

Dis-moi ce que tu penses quand tu te fais couper les cheveux.

En demandant à l'enfant de vous décrire ce qu'il ressent, vous lui signifiez que vous vous souciez de lui et vous lui permettez de s'affirmer. Faites-lui savoir que ses émotions sont importantes au lieu de conclure, parfois hâtivement, que ses craintes sont « étranges » ou « anormales ». Il est probable que sa peur vous contrarie et que vous préféreriez faire abstraction de ses émotions pour que les choses se fassent plus vite, n'empêche que l'enfant aura moins tendance à se rebeller si vous le traitez avec empathie.

NE CULPABILISEZ PAS L'ENFANT. NE DITES PAS :

Tu n'as pas idée à quel point tu me fais honte quand tu fais une scène chez le coiffeur.

Ne dites jamais à votre enfant qu'il vous embarrasse. Cela ne ferait qu'attiser ses craintes et sa peur.

ADOPTEZ PLUTÔT UNE ATTITUDE POSITIVE. DITES :

Je suis désolé que tu n'aimes pas te faire couper les cheveux. Réfléchissons un peu : qu'est-ce qu'on pourrait faire d'amusant pendant que tu te fais couper les cheveux ?

Amenez l'enfant à voir que tout problème a sa solution. Proposez-lui un jeu pendant qu'il se fait couper les cheveux. Vous pouvez dire par exemple: «Il y a dans cette pièce quelque chose qui commence par la lettre 'A'. Essaie de deviner ce que c'est.»

NE L'INSULTEZ PAS. NE DITES PAS :
Comment ça, tu as peur de te faire couper les cheveux ? Tu es une vraie mauviette !

Comment vous sentiriez-vous si quelqu'un vous disait cela ? En humiliant ainsi votre enfant, vous ne ferez qu'attiser ses craintes. Votre attitude lui montre également qu'il est acceptable de se moquer de quelqu'un parce qu'il a peur. Cette approche est à éviter absolument.

SOULIGNEZ PLUTÔT SON COURAGE. DITES :
Je comprends que tu aies peur de te faire couper les cheveux, mais je sais que tu es un enfant fort et courageux et que tu es capable de passer à travers cette épreuve.

Votre enfant aura davantage d'assurance et deviendra plus résilient si vous lui dites combien il est brave de faire ainsi face à l'adversité.

LE CHANGEMENT DE COUCHE

Y a-t-il dans le monde un enfant de deux ans qui ne renâcle pas quand on lui demande d'arrêter de jouer parce qu'il est temps de changer sa couche? L'enfant ne voit pas l'utilité de la chose, aussi est-ce à vous de faire de cette expérience un exercice de coopération. Certaines activités relèvent du divertissement, par contre, celle-ci est absolument nécessaire. Le rôle du parent est donc ici d'amener l'enfant à faire la différence entre ce qui est indispensable et ce qui ne l'est pas.

CONSEILS PRATIQUES

- Assurez-vous que votre enfant n'a pas de problèmes physiques – irritation, érythème fessier, etc. – qui feraient du changement de couche une expérience douloureuse. Les problèmes de ce genre doivent être traités immédiatement; consultez un médecin au besoin.
- Distrayez l'enfant en lui chantant des chansons ou des comptines pendant que vous le changez. Ou encore, donnez-lui un jouet avec lequel il pourra s'amuser.

Votre discours intérieur

NE VOUS DITES PAS :

Déjà que je n'aime pas changer sa couche, en plus il me donne du fil à retordre !

Ne jouez pas les victimes. Votre attitude négative fera sentir à l'enfant qu'il est responsable de votre malheur. Votre enfant cherchera à vous éviter et sera moins porté à coopérer s'il sent que vous éprouvez du ressentiment à son égard.

DITES-VOUS PLUTÔT :

J'en ai encore pour quelques mois à changer ses couches. Je trouve parfois cela difficile, mais je suis capable de gérer cela.

Vous serez moins stressé et plus apte à gérer l'opposition de votre enfant si vous adoptez une attitude positive. Même si l'enfant n'arrête pas de gigoter quand vous changez sa couche, restez calme et patient. N'en faites pas un drame.

NE VOUS DITES PAS :

Je vais lui laisser sa couche souillée. Quand il aura les fesses bien irritées, je parie que c'est lui qui va me demander de le changer.

Sachez que vous mettez en péril la santé de votre enfant en adoptant cette ligne de conduite. Un enfant ne devrait jamais avoir à endurer des blessures ou une souffrance physique simplement parce qu'il résiste à ses parents.

DITES-VOUS PLUTÔT :

Je comprends que mon enfant ne veuille pas que je change sa couche. Je ne vais pas me fâcher pour si peu.

Quand votre enfant ne veut pas coopérer, dites-vous que son comportement est son problème, et non le vôtre. Cette attitude vous aidera à faire abstraction de vos sentiments pour vous concentrer sur ceux de l'enfant. Il vous sera d'ailleurs plus facile de lui enseigner la coopération si vous ne vous fâchez pas ; il est en effet très difficile de trouver une solution adéquate à un problème lorsqu'on est en colère.

NE VOUS DITES PAS :
Je dois changer mon enfant avant que ma belle-mère n'arrive, sinon elle va penser que je suis un mauvais parent.

Vous devez changer votre enfant parce qu'il a besoin d'être changé, et non parce que vous avez peur de ce que l'on pensera de vous si vous ne le faites pas. Oubliez l'opinion des autres et concentrez-vous sur les besoins de l'enfant.

DITES-VOUS PLUTÔT :
Je prends mes propres décisions en ce qui concerne mon enfant et je me fiche de ce que ma belle-mère peut en penser.

Ne laissez pas le jugement d'autrui vous influencer dans votre rôle de parent. Préoccupez-vous des besoins de votre enfant, et non de ceux des autres.

Comment parler à votre enfant

NE LE MENACEZ PAS. NE DITES PAS :
Si tu ne cesses pas immédiatement de crier et de gigoter, je vais te donner la fessée !

Pour le parent frustré et contrarié, la menace peut sembler un bon moyen d'inciter un enfant à coopérer. Cette façon de faire ne fera cependant qu'intensifier la crainte de l'enfant, ce qui le poussera à crier et à se démener encore plus. Certains enfants plus délicats seront pétrifiés à l'idée de vous mettre en colère. Quoi qu'il en soit, cette stratégie n'apprend pas à l'enfant à faire ce que vous lui demandez.

FAITES PLUTÔT PREUVE DE COMPRÉHENSION. DITES :
Je sais que tu ne veux pas que je change ta couche, mais je dois le faire maintenant. Si tu m'aides, ça va aller très vite et tu pourras retourner à tes jouets.

Votre enfant sera plus disposé à coopérer si vous évoquez le plaisir qu'il aura une fois l'épreuve traversée. Songez également que l'enfant vous résistera moins si vous faites du changement de couche une expérience aussi agréable que possible – n'hésitez pas à le chatouiller, à le cajoler et à le caresser pendant ce temps.

NE VOUS FÂCHEZ PAS. NE DITES PAS :
Arrête de gigoter, sinon je sens que je vais me fâcher pour de bon !

Votre enfant n'est pas responsable de votre mauvaise humeur. En vérité, c'est vous et vous seul qui avez choisi de vous mettre en colère. Votre attitude agressive attisera la réticence de l'enfant au lieu de l'inciter à coopérer.

AGISSEZ PLUTÔT AVEC EMPATHIE. DITES :
Je suis vraiment désolé que tu ne veuilles pas que je te change de couche, mais il faut que je le fasse parce que c'est important que tu restes au sec.

Montrez à l'enfant que vous comprenez ce qu'il ressent sans vous détourner pour autant de la tâche à accomplir. En agissant ainsi, vous permettez à l'enfant de développer son sens de la compassion et des responsabilités. Dites à l'enfant comme on se sent bien quand on est propre et au sec ; lorsqu'il constatera que c'est effectivement le cas, il comprendra que vous lui dites la vérité et vous fera davantage confiance à l'avenir.

NE NÉGOCIEZ PAS AVEC L'ENFANT. NE DITES PAS :
Si tu me laisses te changer, tu auras droit à un petit gâteau.

Les promesses de ce genre habituent l'enfant à recevoir une récompense en échange de sa coopération.

ARRIVEZ-EN PLUTÔT À UNE ENTENTE. DITES :
Quand j'aurai fini de changer ta couche, on ira se balader dans le parc.

Avec la règle de grand-mère, tout le monde est gagnant. En plus de permettre à parent et enfant d'atteindre leurs objectifs respectifs, cette façon de faire fait comprendre à l'enfant que, dans la vie, les obligations passent avant le plaisir.

NE CAPITULEZ PAS. NE DITES PAS :
J'ai fini de me battre avec toi. Garde ta couche souillée puisque c'est ce que tu veux, mais ne viens pas te plaindre si tu as les fesses à vif !

Ne tentez pas de gagner la coopération de l'enfant en lui disant que son comportement risque d'avoir des conséquences néfastes sur sa santé. Votre manque de persévérance montre à l'enfant qu'il est préférable d'abdiquer devant l'adversité et lui signale que vous ne vous souciez pas suffisamment de son bien-être pour lui éviter une douleur terrible.

EXPLIQUEZ-LUI PLUTÔT LA SITUATION. DITES :
Quand ta couche est souillée, il faut la changer aussitôt pour éviter que tu aies les fesses irritées.

Faites comprendre à l'enfant qu'un changement de couche entraîne des conséquences positives. Expliquez-lui les bienfaits de la chose, dites-lui qu'il se sentira bien quand il sera propre et au sec. Votre intervention lui fera comprendre que vous ne l'obligez pas à délaisser ses jeux de façon arbitraire, mais que vous agissez pour son bien.

LE LAVAGE DES MAINS

Le lavage des mains peut s'avérer une tâche difficile à maîtriser pour un enfant en bas âge. Il faut dire que les obstacles sont nombreux, entre autres, l'enfant a du mal à atteindre les robinets ; le débit et la température de l'eau sont difficiles à régler ; le savon glisse entre les mains. Pas étonnant en ce cas que votre petit ange vous résiste chaque fois que vous lui demandez de savonner ses petites menottes ! Bien que votre salle de bain n'ait pas été spécialement conçue pour accommoder les bambins d'âge préscolaire, il est important que votre enfant apprenne à se laver les mains seul. Faites-lui bien comprendre qu'il s'agit là d'une mesure d'hygiène essentielle dont il doit prendre l'habitude, et donc, non négociable.

CONSEILS PRATIQUES

- Établissez des règles qui indiquent à l'enfant quand et comment il doit se laver les mains.
- Conservez un marchepied dans chaque salle de bain de votre domicile afin que l'enfant puisse atteindre les robinets sans votre aide.
- Assurez-vous que la température de l'eau ne dépasse 48 °C, sans quoi l'enfant risquerait de se brûler.
- Donnez l'exemple en vous lavant régulièrement les mains. Soulignez le lien entre hygiène et santé.

- Supervisez votre enfant quand il se lave les mains afin que vous puissiez voir s'il s'y prend correctement. N'oubliez pas de le féliciter lorsqu'il fait du bon travail.
- N'essayez pas d'inciter l'enfant à se laver les mains en lui disant qu'il y a toutes sortes de bactéries et de microbes qui vivent sur sa peau. Ce genre d'histoire risque de l'effrayer inutilement.

Votre discours intérieur

NE VOUS DITES PAS :

Mon enfant va-t-il finir par apprendre à se laver les mains sans que j'aie à le lui rappeler tout le temps ?

Restez positif même si cela vous contrarie d'avoir à rappeler régulièrement à l'enfant qu'il doit se laver les mains. Il est tout à fait normal qu'il mette un certain temps à acquérir cette habitude.

DITES-VOUS PLUTÔT :

Il me faut rappeler souvent à mon enfant qu'il doit se laver les mains, mais je suis capable de gérer ça.

Ne faites pas de tous ces petits rappels une expérience négative. Acquittez-vous plutôt de cette tâche parentale avec bonne humeur et empathie. Le fait que vous vous disiez capable de gérer les oublis et les refus de votre enfant vous donnera la force de rester calme face à l'adversité.

NE VOUS DITES PAS :

Je suis fatigué d'essayer d'habituer mon enfant à se laver les mains avant le souper. Tant pis ! je les lui laverai en lui donnant son bain.

Ne jetez pas l'éponge ! Dites-vous que votre enfant doit apprendre à se laver les mains parce que c'est une mesure d'hygiène essentielle qui peut avoir une incidence sur son état de santé.

DITES-VOUS PLUTÔT :

Je comprends que mon enfant ne veuille pas se laver les mains. C'est difficile pour lui d'ouvrir le robinet et il a toujours du mal à bien se rincer les mains ensuite.

Votre enfant sera plus enclin à coopérer si vous agissez avec empathie et si vous reconnaissez que la tâche que vous lui demandez présente certaines difficultés. Expliquez-lui que, tout comme lui, vous avez parfois du mal à vous rincer les mains, mais que vous persévérez jusqu'à ce que vous arriviez au résultat souhaité.

NE VOUS DITES PAS :

Mon enfant va être malade tout le temps si je ne l'oblige pas à se laver les mains.

N'exagérez pas les conséquences du refus de l'enfant. Si vous craignez toujours le pire, votre anxiété augmentera et vous aurez tendance à insister trop pour qu'il se lave les mains. Évitez d'inculquer par la peur une tâche que vous pouvez enseigner d'une manière positive.

DITES-VOUS PLUTÔT :

Mon objectif est d'inculquer des habitudes de propreté à mon enfant.

Vous aurez moins de mal à gérer la réticence de l'enfant si vous vous concentrez sur l'objectif à long terme que vous visez. Ne perdez pas de vue cet objectif et dites-vous que l'hygiène s'enseigne par la douceur, et non par la force.

Comment parler à votre enfant

NE PERDEZ PAS PATIENCE. NE DITES PAS :
Voilà six fois que je te demande gentiment de te laver les mains. Maintenant, ça suffit ! Va dans la salle de bain et fais ce que je te dis !

Il est normal que vous ayez à répéter votre requête plusieurs fois avant que votre enfant ne s'exécute. Or, sachez qu'il sera d'autant plus porté à faire la sourde oreille si vous perdez patience.

RAPPELEZ-LUI PLUTÔT LA RÈGLE. DITES :
Selon la règle, quand doit-on se laver les mains ?

Demandez à l'enfant de vous expliquer la règle. Cela lui permettra de se rappeler ce qu'il doit faire et cela l'aidera à assimiler l'habitude que vous cherchez à lui inculquer. Éventuellement, le comportement désiré deviendra automatique et vous n'aurez plus à rappeler la règle à l'enfant.

NE LE MENACEZ PAS. NE DITES PAS :
Si tu ne te laves pas les mains, je vais devoir te punir.

Si vous punissez votre enfant parce qu'il refuse de se laver les mains, cette tâche lui paraîtra encore plus rebutante à l'avenir. Il s'agit d'une stratégie qui n'aidera pas l'enfant à acquérir cette habitude essentielle.

FÉLICITEZ-LE PLUTÔT DE SA COOPÉRATION. DITES :
Je te félicite d'être venu dans la salle de bain pour te laver les mains. Tu veux que je t'aide à ouvrir le robinet ?

Féliciter l'enfant de ses progrès vous donne l'occasion de lui rappeler l'objectif à atteindre. Cette intervention positive de votre part l'encourage à persévérer et à compléter la tâche souhaitée.

NE CAPITULEZ PAS. NE DITES PAS :
Garde tes mains sales si c'est ce que tu veux, mais ne viens pas te plaindre si tu tombes malade.

En tenant de tels propos à l'enfant, vous lui signifiez que vous ne l'aimez que lorsqu'il obéit et que vous ne vous souciez pas de sa santé. Cette approche dénuée de compassion incitera peut-être l'enfant à vous obéir dans l'immédiat, par contre, elle ne lui enseignera pas la coopération et ne l'aidera pas à faire le lien entre hygiène et santé.

RAPPELEZ-LUI PLUTÔT LA RÈGLE. DITES :
Je sais que tu as très faim et que tu voudrais passer à table tout de suite, mais la règle dit qu'il faut se laver les mains avant de manger.

Faites comprendre à l'enfant qu'il doit obéir à la règle. Agissez avec fermeté et empathie et vous aiderez l'enfant à assimiler une importante leçon de vie.

LA COUPE DES ONGLES

Un petit accident ou un geste maladroit de votre part suffit à convaincre l'enfant que se faire couper les ongles est une expérience douloureuse, déplaisante et terrifiante. Pour apaiser les craintes de l'enfant et lui montrer qu'il s'agit là d'une opération sans danger, invitez-le à vous observer tandis que vous vous taillez les ongles. Ou proposez-lui un jeu où chacun doit manucurer les ongles de l'autre. Et surtout, coupez les ongles de l'enfant chaque fois que vous faites sa toilette ; cela l'aidera à comprendre qu'il s'agit là d'une habitude de propreté essentielle et non négociable.

CONSEILS PRATIQUES

- N'interrompez pas l'enfant pendant l'une de ses activités préférées pour lui couper les ongles. Choisissez un moment plus opportun – après le bain ou avant le coucher, par exemple.
- Évitez de tailler les ongles de votre enfant lorsqu'il a faim ou quand il est fatigué. Dans cet état, l'enfant aura plus de mal à rester assis sans bouger pendant que vous vous exécutez, ce qui augmente les risques d'accident.

Votre discours intérieur

NE VOUS DITES PAS :

Il faut que mon enfant fasse ce que je lui dis sans discuter.

Il est probable que la situation dégénérera en conflit si vous exigez de l'enfant qu'il vous obéisse au doigt et à l'œil. Au lieu de vous dire que votre enfant *doit* faire une chose, dites-vous que vous *aimeriez* qu'il fasse cette chose. Cette approche plus douce et plus empathique l'incitera davantage à coopérer.

DITES-VOUS PLUTÔT :

Je n'aurai pas la tâche plus facile si j'oblige mon enfant à coopérer.

Une stratégie par trop autoritaire produit généralement l'inverse du comportement désiré. Au lieu d'essayer de dominer l'enfant, trouvez des moyens de le faire participer activement au processus. Vous pouvez par exemple lui demander de tenir le coupe-ongles tandis que vous vous préparez à lui tailler les ongles des pieds.

NE VOUS DITES PAS :

Mon enfant est si têtu que j'ai parfois du mal à continuer de l'aimer.

Il est important que vous fassiez la distinction entre l'enfant lui-même et son comportement. Dites-vous que vous aimez votre enfant de façon inconditionnelle même si vous n'aimez pas le fait qu'il refuse de coopérer. Et lorsqu'il vous donne du fil à retordre, faites-lui savoir que vous continuez malgré tout de l'aimer.

DITES-VOUS PLUTÔT :

J'adore mon enfant même s'il me résiste quand j'essaie de lui couper les ongles.

Répétez-vous cette phrase chaque fois que vous vous sentirez contrarié par l'opposition de votre enfant. Cela vous rappellera qu'il n'y a rien de plus important au monde que l'amour que vous éprouvez pour votre enfant.

NE VOUS DITES PAS :

Qu'il se ronge les ongles si ça lui chante, moi, je ne m'en occupe plus.

Votre attitude défaitiste montre à l'enfant que l'on peut se détourner de ses responsabilités au moindre obstacle. De plus, cette stratégie l'encouragera à se ronger les ongles, ce qui est une mauvaise habitude à éviter.

DITES-VOUS PLUTÔT :

Je dois faire preuve de patience et d'empathie quand je montre à mon enfant à soigner son apparence et sa personne.

L'empathie et la patience sont deux qualités essentielles au parent. Cela dit, faites preuve de fermeté lorsque les desseins de votre enfant ne concordent pas avec les vôtres.

NE VOUS DITES PAS :

Si ma mère voit que mon enfant a les ongles trop longs, elle va penser que je le néglige.

Oubliez ce que pensent les autres. Les décisions que vous prenez doivent toujours être basées sur ce qui, selon vous, est bon pour l'enfant. Répétez-vous cela quand vous doutez de vous-même ou quand vous craignez la critique ; cela vous aidera à avoir confiance en vos aptitudes parentales.

DITES-VOUS PLUTÔT :

Ça m'est égal que ma mère pense que les ongles de mon enfant sont trop longs.

Ne permettez pas que des pressions sociales orientent vos choix, sinon vous aurez tendance à forcer l'enfant à vous obéir au lieu d'adopter des stratégies positives qui lui permettront de développer son sens de la coopération. Dans les décisions qui concernent son enfant, le parent doit apprendre à se fier à son instinct et à son expérience.

Comment parler à votre enfant

NE SOYEZ PAS AGRESSIF. NE DITES PAS :
Je vais te couper les ongles que ça te plaise ou non. Maintenant, arrête de bouger !

Vous n'obtiendrez aucun résultat positif en adoptant ce genre d'approche tyrannique. L'enfant vous résistera probablement encore plus si vous tentez de le contraindre à obéir.

INVITEZ PLUTÔT L'ENFANT À SE CONFIER À VOUS. DITES :
Dis-moi pourquoi tu n'aimes pas te faire couper les ongles.

Demandez à l'enfant de vous expliquer pourquoi il refuse de se faire couper les ongles. En plus de valoriser l'enfant, cette approche vous aidera à mieux comprendre la nature du problème. Bref, il s'agit d'une façon de faire qui encourage la coopération.

NE LE MENACEZ PAS. NE DITES PAS :
Je t'avertis que tu vas passer le reste de la journée dans ta chambre si tu ne me laisses pas te couper les ongles !

Ce n'est pas en menaçant d'isoler l'enfant que vous lui apprendrez le comportement désiré. En plus de compromettre la relation parent-enfant, cette stratégie fait comprendre à l'enfant qu'il risque d'être puni chaque fois qu'il ne fait pas ce qu'on lui demande. Ce n'est définitivement pas un bon moyen de le motiver à vous obéir.

FAITES PLUTÔT UN JEU DE LA SITUATION. DITES :
Faisons comme si on était à l'institut de beauté. Moi je suis la manucure et toi tu es le client.

Votre enfant finira par prendre plaisir à se faire couper les ongles si vous tournez la chose en jeu. De façon générale, l'enfant craindra moins une nouvelle expérience si vous y allez avec humour et amour.

N'EFFRAYEZ PAS L'ENFANT. NE DITES PAS :
Si tu ne me laisses pas te couper les ongles, ils vont devenir si longs que tu risquerait de blesser quelqu'un. Tu sauras alors ce que c'est que d'avoir de vrais ennuis.

Votre enfant consentira peut-être à obéir si vous lui faites croire que son refus aura des conséquences terribles, mais sachez que cette approche cruelle l'incite à coopérer uniquement parce qu'il a peur. Enseignez-lui plutôt les véritables raisons pour lesquelles il se doit de coopérer, entre autres, le respect de l'hygiène et l'apparence soignée.

FAITES PLUTÔT PREUVE D'EMPATHIE. DITES :
Quand on a les ongles trop longs, on risque de griffer quelqu'un. C'est une des raisons pour lesquelles on doit se couper les ongles régulièrement.

Expliquez à l'enfant qu'il doit se couper les ongles pour sa propre sécurité, mais aussi pour celle des autres. Son sens inné de l'empathie l'incitera à adopter le comportement désiré.

LE LAVAGE DES CHEVEUX

Pour un enfant de trois ans, le lavage des cheveux n'a rien de bien amusant. On a du shampoing dans les yeux, dans les oreilles, dans la bouche... Oh là là ! Au vu de tant de tourments, le résultat final – avoir les cheveux propres – n'est pas une motivation suffisante aux yeux de l'enfant. Si votre enfant vous résiste à l'heure du shampoing, essayez de savoir quel aspect de la chose lui déplaît. Vous serez ensuite plus apte à résoudre le problème sans déroger de votre objectif.

CONSEILS PRATIQUES

- Si vous lavez les cheveux de votre enfant en soirée, faites-le avant qu'il ne soit trop fatigué. Et quand vous lui donnez son bain, lavez-les-lui en premier ; vous verrez que cela facilitera énormément les choses.
- Laissez l'enfant choisir son propre shampoing – dans la mesure du raisonnable, bien entendu. De cette façon, il aura l'impression de contrôler la situation.
- Encouragez l'enfant à se couvrir les yeux et les oreilles d'une serviette ou d'une débarbouillette tandis que vous lui lavez les cheveux. Cela lui évitera d'avoir de l'eau et du savon dans ces parties fort sensibles de son anatomie.
- Amenez l'enfant à participer activement à sa toilette en l'invitant à se rincer lui-même les cheveux.

Votre discours intérieur

NE VOUS DITES PAS :

Je ne peux pas laver les cheveux de mon enfant sans qu'il pique une crise. Il m'énerve avec ses caprices !

Vous n'arriverez pas à maîtriser vos émotions si vous rendez votre enfant responsable de vos états d'âme.

DITES-VOUS PLUTÔT :

Ça ne sert à rien que je m'énerve. Ce n'est pas une attitude constructive, ni pour moi ni pour mon enfant.

Vous voulez que votre enfant apprenne à se maîtriser ? Alors donnez-lui l'exemple en restant calme. Faites du shampoing une expérience amusante – montrez à l'enfant à faire des bulles, à faire tenir ses cheveux pleins de mousse dans toutes sortes de positions rigolotes, etc.

NE VOUS DITES PAS :

J'en ai assez de me battre avec mon enfant à l'heure du shampoing. Tant pis s'il a les cheveux sales !

N'abandonnez pas la partie simplement parce que votre enfant vous résiste. Cette attitude défaitiste lui montre à capituler devant l'adversité, mais elle ne l'amène pas à apprendre les règles de l'hygiène.

DITES-VOUS PLUTÔT :

Mon but est d'aider mon enfant à devenir plus tolérant envers les choses qui lui déplaisent.

Vous aurez plus de facilité à gérer l'opposition de votre enfant et vous serez plus à même de l'inciter à coopérer si vous vous concentrez sur votre objectif à long terme. Vous ne faites pas que laver les cheveux de l'enfant : vous lui apprenez à collaborer et à travailler en harmonie avec ses semblables.

NE VOUS DITES PAS :

Il faut absolument que je lave les cheveux de mon enfant avant que ma mère n'arrive. Elle me critique toujours quand il a les cheveux sales.

Chaque fois que vous faites quelque chose dans le but de plaire à quelqu'un d'autre, vous endossez un lourd fardeau. Oubliez ce que pensent les autres et concentrez-vous plutôt sur les besoins de votre enfant.

DITES-VOUS PLUTÔT :

Lorsque j'aide mon enfant à tolérer le shampoing, cela me fait évoluer dans mon rôle de parent.

C'est en apprenant les joies de la coopération à son enfant que l'on apprend le métier de parent. Ce qui est merveilleux quand on est parent, c'est que nos enfants nous en apprennent autant sur la vie que nous leur en apprenons nous-mêmes.

NE VOUS DITES PAS :

Pourquoi faut-il toujours que mon enfant refuse de faire ce que je lui demande ? Cela m'exaspère au point que je ne puis plus tolérer ses caprices.

N'allez pas penser que vous pouvez forcer votre enfant de quatre ans à coopérer. Psychologiquement, un enfant d'âge préscolaire est centré sur ses propres besoins et n'est pas conscient des vôtres. Vous serez beaucoup moins stressé une fois que vous aurez accepté que le comportement de votre enfant est tout à fait normal à ce stade de son développement.

DITES-VOUS PLUTÔT :

C'est compréhensible que mon enfant ait peur d'avoir du shampoing et de l'eau dans les yeux.

Communiquez avec patience, amour et empathie. Votre compréhension aidera beaucoup l'enfant à supporter le « supplice » du shampoing.

Comment parler à votre enfant

NE LUI MANQUEZ PAS DE RESPECT. NE DITES PAS :

Ça m'est égal que tu aies peur de l'eau et du shampoing. Endurcis-toi un peu !

Même si vous êtes bien décidé à laver les cheveux de votre enfant en dépit de ses protestations, ne lui tenez pas ce genre de langage. Votre manque d'empathie fait croire à l'enfant que vous êtes incapable de le supporter quand il a peur ou est perturbé.

AGISSEZ PLUTÔT AVEC COMPRÉHENSION. DITES :

Je sais que tu n'aimes pas le shampoing, mais il faut tout de même que je te lave les cheveux. Je vais faire bien attention pour que tu n'aies pas de savon dans les yeux.

Montrez à l'enfant que vous êtes là pour l'aider. Il sera plus enclin à coopérer s'il sent qu'il a votre appui.

NE SOYEZ PAS INTOLÉRANT. NE DITES PAS :

Tu es vraiment idiot de pleurer. Je vais juste te faire un shampoing.

Lorsque vous dites à votre enfant qu'il est idiot parce qu'il a peur que vous lui fassiez du mal, vous ne tenez pas compte de ses sentiments. Or, sachez qu'il n'en sera que plus craintif. De plus, votre intervention lui fait croire que vous ne l'aimez que lorsqu'il fait ce que vous lui demandez. Cette approche blessante et irrespectueuse ne le motivera pas à coopérer et peut même porter atteinte à la relation parent-enfant.

PROPOSEZ PLUTÔT UNE SOLUTION. DITES :

Je comprends que tu aies peur d'avoir du savon dans les yeux. Tiens, garde cette serviette sur tes yeux pour les protéger.

Dites à l'enfant que vous comprenez ses craintes et que vous êtes là pour le protéger. Il est important que vous lui fassiez ensuite son shampoing pour qu'il saisisse bien qu'il doit absolument passer par là.

NE MARCHANDEZ PAS. NE DITES PAS :

Si tu me laisses te laver les cheveux, tu auras droit à une friandise.

Ce genre de promesse habitue l'enfant à recevoir une récompense en échange de sa coopération. Cette approche peut produire des résultats à court terme, mais elle ne lui permettra pas de développer et de maintenir le comportement souhaité.

AYEZ PLUTÔT RECOURS À LA RÈGLE DE GRAND-MÈRE. DITES :

Quand j'aurai fini de te laver les cheveux, tu pourras rester dans la baignoire pour t'amuser avec tes petits bateaux.

La règle de grand-mère montre à l'enfant que les responsabilités viennent avant le plaisir. Cette stratégie lui permet de comprendre que s'il accepte ses responsabilités, tout le monde y trouvera son compte.

LE NEZ QUI COULE

Bon nombre de parents ont du mal à comprendre pourquoi leur enfant de trois ans évite à tout prix de se moucher. Le refus de l'enfant peut s'expliquer de plusieurs façons : peut-être a-t-il peur que son nez tombe ou reste dans le mouchoir ; peut-être trouve-t-il la chose dégoûtante ; ou peut-être ressent-il de la douleur quand il se mouche. Quelle que soit la raison de son refus, votre rôle est de l'encourager à acquérir le comportement désiré. Si vous y allez avec douceur, votre enfant cessera éventuellement d'avoir peur de se moucher.

CONSEILS PRATIQUES

- Utilisez les mouchoirs les plus doux possibles pour moucher l'enfant.
- Disposez des boîtes de mouchoirs de papier un peu partout dans la maison pour que l'enfant apprenne à se servir de lui-même quand son nez coule.
- Montrez à l'enfant comment vous vous y prenez pour vous moucher. N'oubliez pas que les enfants d'âge préscolaire apprennent par l'exemple.

Votre discours intérieur

NE VOUS DITES PAS :
Mais qu'est-ce qu'il a encore ? Ce n'est pourtant pas bien difficile de se moucher !

Vous aurez bien du mal à apprendre la coopération à votre enfant si vous ne pouvez pas ou ne voulez pas vous mettre à sa place.

DITES-VOUS PLUTÔT :
Il ne veut pas se moucher parce qu'il a le nez irrité. C'est tout à fait compréhensible.

Tenez compte de ce que votre enfant vit et ressent. Il sera plus disposé à suivre vos directives si vous lui montrez que vous êtes de tout cœur avec lui.

NE VOUS DITES PAS :
J'en ai assez de me battre avec mon enfant pour qu'il se mouche. Tant pis s'il a la morve au nez !

Vous pouvez percevoir l'éducation de votre enfant comme un cycle continuel de désagréments et de contrariétés ou comme une série de leçons comportementales absolument captivantes. Si vous désirez vraiment apprendre la coopération à votre enfant, choisissez la seconde option.

DITES-VOUS PLUTÔT :
Mon objectif à long terme est d'aider mon enfant à acquérir de bonnes habitudes hygiéniques. C'est là-dessus que je dois me concentrer.

Les protestations de votre enfant vous contrarieront moins si vous vous concentrez sur l'objectif visé. Dans ce cas-ci, votre but est d'aider l'enfant à apprendre à se moucher. Quant à l'enfant, son objectif est d'éviter douleurs et malaises. En travaillant de concert, le parent et l'enfant seront satisfaits.

NE VOUS DITES PAS :
Qu'est-ce que les gens vont penser en voyant que mon enfant a la morve au nez ?

Concentrez-vous sur ce qui est bon pour l'enfant et non sur ce que les autres pourraient penser. Il est normal que vous ne puissiez pas garder votre enfant propre si son nez sans arrêt coule. Acceptez cet état de choses et ne faites pas de cas de ceux qui semblent vouloir vous juger.

DITES-VOUS PLUTÔT :
Je me soucie peu de ce que les autres peuvent penser de nous.

Vous serez moins exaspéré si vous cessez de vous inquiéter de ce que les autres pensent de vous et de votre enfant. Si vous restez calme et décontracté, l'enfant fera de même. Dans cet état d'esprit, vous serez un meilleur maître et votre enfant sera un bien meilleur élève.

Comment parler à votre enfant

NE CHERCHEZ PAS À L'HUMILIER. NE DITES PAS :
Tu es vraiment dégoûtant avec ton nez qui coule. Allez, mouche-toi et plus vite que ça !

Même si votre enfant a le visage couvert de morve, ne lui dites pas qu'il est dégoûtant. En exprimant inutilement vos opinions négatives, vous risquez de léser l'enfant dans son amour-propre. Vos propos blessants ne sont pas un bon exemple à suivre et ils ne permettront pas à l'enfant de faire l'apprentissage désiré.

FAITES PLUTÔT PREUVE D'EMPATHIE. DITES :
Je comprends que tu ne veuilles pas te moucher, mais en laissant ton nez couler tu t'exposes à toutes sortes de microbes qui peuvent nuire à ta santé.

Ne laissez pas cette situation anodine dégénérer en lutte de pouvoir. N'oubliez pas que votre rôle est on ne peut plus simple : gardez une boîte de mouchoirs de papier à portée de main, aidez votre enfant à se moucher et à s'essuyer le nez, et continuez d'être un parent aimant et attentionné. Vous verrez que si vous agissez avec empathie, tout le monde y trouvera son compte.

NE HARCELEZ PAS L'ENFANT. NE DITES PAS :
Combien de fois va-t-il falloir que je te répète d'aller te moucher ?

Même si le peu d'empressement de votre enfant vous frustre au plus haut point, ne lui posez pas des questions auxquelles il ne peut répondre. Vos propos lui font croire qu'il est un fardeau pour vous, ce qui ne l'incitera pas à coopérer.

ENSEIGNEZ-LUI PLUTÔT LE COMPORTEMENT DÉSIRÉ. DITES :
Je vais te montrer comment on fait pour se moucher doucement. Comme ça, ton nez ne deviendra pas tout rouge et irrité.

Mettez l'accent sur la solution et non sur le problème. Votre sollicitude montrera ici à l'enfant que vous vous préoccupez de sa santé et de ce qu'il ressent.

NE LE MENACEZ PAS. NE DITES PAS :
Je t'avertis que si tu m'obliges à me lever pour aller t'essuyer le nez, tu vas le regretter !

Ce n'est pas en menaçant l'enfant que vous lui apprendrez à prendre soin de lui-même. En fait, si vous adoptez cette stratégie, votre enfant sera tenté de vous mettre au défi, ce qui vous obligera à mettre vos menaces à exécution. Aux yeux de l'enfant, tous les moyens sont bons pour attirer votre attention ; vos menaces l'inciteront donc à adopter un comportement négatif dans le seul but de gagner votre attention.

CONCLUEZ PLUTÔT UN MARCHÉ AVEC LUI. DITES :
Quand tu te seras mouché, tu pourras retourner jouer.

Les enfants d'âge préscolaire n'aiment pas être interrompus quand ils sont en train de jouer. C'est pourquoi il est important que vous promettiez à l'enfant qu'il pourra retourner à ses jeux dès qu'il aura fait ce que vous lui demandez.

NE L'EFFRAYEZ PAS INUTILEMENT. NE DITES PAS :
Personne ne va t'aimer si tu continues d'avoir la morve au nez.

Ne forcez pas l'enfant à vous obéir en le déstabilisant ou en lui disant que les autres vont le rejeter s'il ne se plie pas à vos exigences. Plutôt que de l'aider à acquérir de bonnes habitudes, cette stratégie lui apprend que l'on peut attirer l'attention de quelqu'un en amplifiant la gravité d'une situation.

FÉLICITEZ-LE PLUTÔT DE SA COOPÉRATION. DITES :
C'est bien que tu sois allé te chercher un mouchoir de papier. Bravo ! Tu vas voir que tu te sentiras beaucoup mieux une fois que tu te seras mouché.

Quand vous félicitez votre enfant de sa coopération, cela l'encourage à répéter le comportement désiré. Ayant réussi à obtenir une marque d'attention positive de votre part, l'enfant se sentira fier de ce qu'il a accompli.

LE BROSSAGE DES CHEVEUX

La matinée se déroule dans le calme et la bonne humeur... puis voilà que vous mentionnez à votre fillette de trois ans que le moment est venu de lui brosser les cheveux. À ces mots, votre petite chérie s'enfuit en hurlant. Habitué à pareille réaction, le parent sait que la bataille ne fait que commencer. Si vous voulez éviter les luttes de pouvoir de ce genre, il vous faudra aider votre enfant à modifier son attitude vis-à-vis le rituel de la coiffure. Sachant qu'il est difficile pour lui de rester sagement assis pendant que vous le peignez, trouvez des moyens de rendre l'expérience aussi agréable que possible. Par exemple, permettez à votre fillette de décider quelles barrettes iront dans ses cheveux; demandez-lui de vous indiquer où mettre ces barrettes pour un maximum de confort; laissez l'enfant choisir entre le peigne ou la brosse. Tout au long de cet indispensable apprentissage, soyez l'allié de votre enfant plutôt que son ennemi.

CONSEILS PRATIQUES

- Établissez une règle disant que les cheveux de l'enfant doivent être peignés ou brossés à tous les jours.
- Accordez-vous suffisamment de temps pour coiffer l'enfant. Vous risquez d'être trop brusque si vous êtes pressé.
- Choisissez des peignes et des brosses qui sont faciles à utiliser.
- Afin que l'enfant puisse participer au processus, laissez-le prendre certaines des décisions qui concernent sa coiffure.

Votre discours intérieur

NE VOUS DITES PAS :

Je ne coifferai plus mon enfant parce qu'il n'aime pas ça. Je ne veux pas qu'il soit fâché contre moi.

Soyez compréhensif, mais ne laissez pas votre empathie vous détourner de votre objectif. Les protestations de l'enfant ne doivent pas vous pousser à prendre une décision trop radicale. Dites-vous que sa résistance ne vous vise pas personnellement, mais qu'elle est l'expression du désir qu'il a de contrôler son environnement – quoiqu'il soit également possible que l'enfant proteste parce que les poils de la brosse ou les dents du peigne lui écorchent le cuir chevelu.

DITES-VOUS PLUTÔT :

La façon dont mon enfant réagit aux règles que je lui impose ne doit pas m'amener à remettre en cause mes aptitudes parentales.

L'opinion que vous avez de vous-même en tant que parent et le comportement de votre enfant sont deux choses bien différentes. Vous serez beaucoup plus détendu et plus apte à gérer les protestations de votre enfant si vous faites la distinction entre les deux. Songez qu'il continuera de vous aimer même s'il n'aime pas vos règles.

NE VOUS DITES PAS :

Ma fille serait si mignonne si elle me laissait lui faire la même coiffure que ma mère me faisait quand j'étais petite.

Il n'y a aucun mal à vouloir que votre enfant soit mignon. Cela dit, évitez de vous comparer à lui. Ce qui vous plaisait quand vous étiez jeune ne lui plaira pas nécessairement.

DITES-VOUS PLUTÔT :

J'aimais avoir une queue de cheval quand j'étais petite, mais ça ne veut pas dire que ma fille doit aimer cela.

Sous certains aspects, votre enfant est différent de vous. Il est donc normal qu'il ou elle n'aime pas les mêmes choses que vous. Offrez-lui vos suggestions, mais laissez-le choisir lui-même la coiffure qui lui convient.

NE VOUS DITES PAS :

Je ne peux pas laisser mon enfant aller au jardin d'enfants peigné comme ça.

Ne vous préoccupez pas de ce que pourrait penser le professeur de votre enfant. L'important est qu'il apprenne à se peigner et à se coiffer correctement.

DITES-VOUS PLUTÔT :

Mon enfant doit apprendre à prendre ses propres décisions en ce qui concerne sa coiffure.

Votre rôle en tant que parent est d'aider l'enfant à développer ses capacités décisionnelles. Écoutez ses opinions et encouragez-le dans ses choix. Après tout, ce sont ses cheveux à lui, n'est-ce pas ?

Comment parler à votre enfant

NE LE CULPABILISEZ PAS. NE DITES PAS :

Un jour tu auras toi aussi des enfants, et j'espère qu'ils te donneront autant de mal que tu m'en donnes quand j'essaie de te coiffer.

Ce n'est pas en faisant de sombres prédictions de ce genre que vous apprendrez la coopération à votre enfant. Le message très malsain que cette approche lui transmet est que ses actions doivent toujours vous plaire.

RAPPELEZ-LUI PLUTÔT LA RÈGLE. DITES :

La règle dit que tu dois te peigner avant d'aller chez ton père.

Faites de la règle le symbole d'autorité et l'enfant se concentrera sur celle-ci, et non sur vous.

NE PRENEZ PAS LA RÉTICENCE DE L'ENFANT PERSONNELLEMENT. NE DITES PAS :

Comme parent, je fais vraiment tout de travers.

Le fait que votre enfant refuse de coopérer n'a rien à voir avec vos aptitudes parentales ou avec vos talents de coiffeur ou de coiffeuse. Si l'enfant regimbe, c'est qu'il veut avoir son mot à dire quant à la façon dont il est coiffé.

TOURNEZ PLUTÔT LA CHOSE EN JEU. DITES :

Faisons comme si on était au salon de coiffure. Moi je suis la coiffeuse et toi tu es le client. Quand j'aurai fini, on inversera les rôles.

Vous éviterez les conflits en faisant de la coiffure une activité amusante. Ce petit jeu permettra à l'enfant de prendre une part active dans le processus décisionnel tout en s'exerçant à manier le peigne et la brosse.

NE DIMINUEZ PAS L'ENFANT. NE DITES PAS :

Cette barrette est ridicule, mais vas-y, mets-la puisque tu y tiens tant. Si tu veux avoir l'air d'une idiote, c'est ton affaire !

N'insultez pas l'enfant, mais surtout ne capitulez pas. Ce genre de réaction de votre part ne l'aidera pas à apprendre à soigner son apparence.

REMERCIEZ-LE PLUTÔT DE SA COOPÉRATION. DITES :

Merci d'être resté assis bien sagement pendant que je te coiffais.

Un enfant que l'on remercie et que l'on félicite se montrera encore plus coopératif à l'avenir. De fait, le meilleur moyen de motiver un enfant est de lui accorder votre soutien et votre approbation.

NE VOUS FÂCHEZ PAS. NE DITES PAS :

Arrête de crier sinon je vais me fâcher !

Lorsque vous dites à votre enfant qu'il est responsable de votre colère, vous le mettez sur la défensive et l'empêchez d'agir avec empathie. De toute manière, il ne comprendra pas votre réaction puisqu'il crie parce que vous lui faites mal. N'oubliez que c'est vous, et non l'enfant, qui contrôlez vos émotions.

ARRIVEZ-EN PLUTÔT À UNE ENTENTE. DITES :

Quand j'aurai fini de te coiffer, tu pourras aller t'amuser.

La règle de grand-mère enseigne à l'enfant qu'il doit s'acquitter de ses responsabilités avant de faire ce qui lui plaît. Cette approche lui fait comprendre que s'il coopère, tout le monde est content et tout le monde est gagnant - une leçon qui lui sera profitable tout au long de sa vie.

CHAPITRE 7

LE JARDIN D'ENFANTS

La plus grande découverte de ma génération est que les êtres humains peuvent changer leur vie simplement en changeant d'attitude.

WILLIAM JAMES

LE DÉPART POUR LE JARDIN D'ENFANTS

Un enfant d'âge préscolaire peut exprimer son refus d'aller au jardin d'enfants de plusieurs façons : il vous dira qu'il a mal au ventre ou qu'il veut rester au lit ; il se plaindra que son institutrice ne l'aime pas ou que ses camarades de classe sont méchants avec lui. Écoutez attentivement ses plaintes et discutez avec son professeur pour déterminer s'il y a effectivement problème. Voyant qu'il peut compter sur votre appui, l'enfant n'hésitera pas à solliciter votre aide en cas de difficulté. Il sera par ailleurs plus enclin à coopérer s'il sait que vous prenez ses tracas au sérieux.

CONSEILS PRATIQUES

- Avant d'inscrire votre petit au jardin d'enfants, faites-lui visiter l'endroit. Il est important qu'il s'y sente à l'aise. Rencontrez les enseignants ainsi que le directeur de l'établissement pour vous assurer que leur approche pédagogique conviendra à l'enfant. Assistez à une classe au besoin.
- Avant de lui faire fréquenter le jardin d'enfants, faites-lui passer de courtes périodes de temps loin de vous afin qu'il puisse s'habituer à votre absence.
- Restez en contact avec le professeur de l'enfant. Cela vous permettra de régler immédiatement les petits problèmes avant qu'ils ne s'aggravent.

- Dites à votre enfant qu'il a de la chance d'aller au jardin d'enfants. Ne lui présentez pas la chose comme une obligation.
- Constituez un horaire ainsi que des règles fixes afin que votre tout-petit sache quels jours il va au jardin d'enfants et quels jours il reste à la maison.

Votre discours intérieur

NE VOUS DITES PAS :
Mon enfant me donne toujours du fil à retordre. Mais qu'est-ce qui cloche chez lui ?

N'amplifiez pas inutilement le problème. Vous vous sentirez dépassé par les événements si vous adoptez ce genre d'attitude.

DITES-VOUS PLUTÔT :
Je comprends que mon enfant veuille rester à la maison. Il y a des jours où moi aussi j'aimerais mieux rester tranquillement à la maison plutôt que d'aller travailler

Votre enfant sera plus porté à coopérer si vous lui montrez que vous comprenez ce qu'il ressent.

NE VOUS DITES PAS :
Je me sens coupable du fait que je dois envoyer mon enfant au jardin d'enfants pendant que je vais travailler.

Ce sentiment de culpabilité n'aidera ni le parent ni l'enfant à s'acclimater aux périodes de séparation. Vous vous sentez coupable parce que vous avez l'impression de faire quelque chose de mal, or, il faudrait plutôt que vous vous disiez que vous agissez pour le bien de votre famille en travaillant et en envoyant votre bambin au jardin d'enfants. Et n'oubliez pas que votre enfant n'est pas responsable de ce que vous ressentez.

DITES-VOUS PLUTÔT :

Je suis content que mon enfant aille au jardin d'enfants, même si je m'ennuie de lui quand il est loin de moi.

Soyez heureux du fait que votre enfant puisse fréquenter le jardin d'enfants. Votre enthousiasme et votre attitude positive aideront l'enfant à percevoir la chose comme une expérience enrichissante.

NE VOUS DITES PAS :

Qu'est-ce que sa maîtresse va penser si je ne l'oblige pas à aller à l'école ?

Évitez de vous faire du souci en imaginant toutes sortes de scénarios hypothétiques. Il est inutile que vous vous fassiez du mauvais sang en pensant à ce que vous feriez dans une situation qui se situe hors de votre contrôle.

DITES-VOUS PLUTÔT :

Mon objectif est d'amener mon enfant à aimer l'école et à apprécier ses expériences d'apprentissage.

Tout comme vous, les professeurs du jardin d'enfants visent le développement social et cognitif de votre petit ; il est donc important que vous fassiez d'eux vos alliés. Vous aurez par ailleurs moins de difficulté à gérer la réserve de votre enfant si vous vous concentrez sur vos objectifs à long terme.

NE VOUS DITES PAS :

Ça me brise le cœur de voir mon enfant pleurer. Je vais lui permettre de rester à la maison puisque c'est ce qu'il veut.

En capitulant, vous montrez à l'enfant qu'il pourra obtenir ce qu'il veut en piquant une crise.

DITES-VOUS PLUTÔT :
Mon enfant se rebiffe quand vient le temps d'aller au jardin d'enfants, mais ça ne veut pas dire qu'il n'aime pas apprendre de nouvelles choses.

Abordez le problème avec mesure, sans en exagérer les conséquences. Sachez que la plupart des enfants ont du mal à s'acclimater à ce nouvel environnement qu'est le jardin d'enfants.

Comment parler à votre enfant

NE LE CULPABILISEZ PAS. NE DITES PAS :
Comment ça, tu ne veux pas aller au jardin d'enfants ? Tu sais combien ça m'a coûté pour t'inscrire ?

Culpabiliser l'enfant en lui disant qu'il vous oblige à faire des sacrifices n'est pas une bonne façon de l'inciter à coopérer. Pour comprendre sa difficulté, il faut que vous alliez à la source du problème, chose que cette stratégie ne vous permet pas de faire. Une telle approche amènera probablement l'enfant à éprouver du ressentiment à votre égard.

INVITEZ-LE PLUTÔT À SE CONFIER À VOUS. DITES :
Aide-moi à comprendre pourquoi tu ne veux pas aller au jardin d'enfants.

Lorsque vous invitez l'enfant à vous faire part de ses appréhensions, vous lui signifiez que vous vous souciez de son bien-être. Cette approche vous aidera à identifier le problème, puis à le résoudre.

N'ABUSEZ PAS DE VOTRE AUTORITÉ. NE DITES PAS :
Tu iras au jardin d'enfants que ça te plaise ou non. Maintenant prépare-toi à partir, et plus vite que ça !

Cette approche est vouée à l'échec parce qu'elle suppose que vous pouvez contrôler le comportement de votre enfant, ce qui n'est pas le cas. De plus, votre manque d'empathie signale à l'enfant que vous ne vous souciez pas de ce qu'il ressent.

RÉORIENTEZ PLUTÔT SON ATTENTION. DITES :
Pense à toutes les activités amusantes que tu vas manquer si tu ne vas pas au jardin d'enfants.

L'enfant oubliera son problème immédiat si vous l'amenez à se concentrer sur le plaisir et les bonnes choses qui l'attendent. En redirigeant son attention, vous lui permettez de voir la situation sous un jour différent.

NE CAPITULEZ PAS. NE DITES PAS :
D'accord, reste à la maison puisque c'est ce que tu veux. De toute façon, ça m'est égal que tu ailles ou non à l'école.

En tenant ce genre de discours à votre enfant, vous lui faites comprendre que vous vous souciez peu de lui et de son éducation. Suivant votre exemple, l'enfant adoptera lui-même cette attitude je-m'en-foutiste et aura tendance à abandonner face à l'adversité. Peut-être croyez-vous faire son bonheur en lui permettant de rester à la maison, mais en réalité vous ne l'aidez pas à surmonter sa peur d'aller à l'école.

ADOPTEZ PLUTÔT UNE ATTITUDE POSITIVE. DITES :
On a tous deux un travail à faire aujourd'hui : le mien est d'aller au bureau, et le tien est d'aller au jardin d'enfants. Alors, on se retrouve ce soir après le travail ?

Les séparations seront moins douloureuses, tant pour vous que pour votre enfant, si vous donnez une tournure positive à la situation. Votre empathie et votre sens de la collaboration aideront l'enfant à comprendre que vous avez tous deux des responsabilités importantes à assumer.

NE MARCHANDEZ PAS AVEC L'ENFANT. NE DITES PAS :
Si tu vas au jardin d'enfants, je t'achèterai un nouveau jouet en revenant de travailler.

Adoptez cette stratégie et votre enfant s'attendra à recevoir une récompense chaque fois qu'il fera ce que vous lui demandez. Le plaisir qu'il aura avec ses camarades et la gentillesse de son institutrice devraient suffire à le motiver à aller au jardin d'enfants.

CONCLUEZ PLUTÔT UN MARCHÉ AVEC LUI. DITES :
Je sais que tu aimerais rester à la maison pour jouer avec tes puzzles, mais tu sais qu'ils en ont de très beaux au jardin d'enfants. Si tu y vas, je suis sûr que ton professeur va te permettre d'en faire quelques-uns.

La règle de grand-mère motive l'enfant en lui rappelant qu'il pourra faire ce qu'il veut – dans la mesure du raisonnable, bien entendu – s'il fait d'abord ce que vous lui demandez.

NE LE MENACEZ PAS. NE DITES PAS :
Si tu ne vas pas au jardin d'enfants, plus tard tu seras un imbécile et un ignorant.

Cette sombre et fort blessante prophétie ne fera qu'aviver les craintes de l'enfant. Par conséquent, il aura encore plus peur d'aller à l'école.

RAPPELEZ-LUI PLUTÔT LA RÈGLE. DITES :
Je comprends que tu ne veuilles pas aller au jardin d'enfants, mais la règle nous dit que tu dois y aller les lundis, les mercredis et les vendredis. Comme nous sommes aujourd'hui mercredi, il faut que tu te prépares à y aller.

Cette approche délicate montre à l'enfant que vous vous souciez de son bien-être, et ce, même si la règle lui dit qu'il doit faire une chose qui ne lui plaît pas.

UN NOUVEAU JARDIN D'ENFANTS

Même si votre enfant ne proteste pas de vive voix, d'autres signes peuvent indiquer qu'il n'est pas chaud à l'idée de fréquenter un jardin d'enfants autre que celui auquel il est habitué. Peut-être exprimera-t-il son mécontentement en refusant catégoriquement de discuter de la chose avec vous ; peut-être piquera-t-il une crise en cours de route ; peut-être se montrera-t-il agressif envers les autres enfants ; ou peut-être vous dira-t-il qu'il a mal au ventre chaque fois que vous abordez le sujet. À travers ces comportements, l'enfant cherche à vous signifier qu'il a du mal à s'ajuster à ce changement.

CONSEILS PRATIQUES

- Soulignez les aspects positifs de la nouvelle école. Vous pouvez par exemple dire à l'enfant que la cour de cette école est plus grande, qu'elle abrite un plus grand nombre d'enfants de son âge, qu'elle est située plus près de la maison, etc.
- Avant de changer d'école, visitez la nouvelle école avec l'enfant pour lui montrer son nouvel environnement et lui faire comprendre qu'un changement est imminent.

Votre discours intérieur

NE VOUS DITES PAS :
Mon enfant ne sera jamais capable de s'adapter aux changements qui surviendront dans sa vie parce qu'il est trop timide.

Votre enfant ne fait que commencer à apprendre à s'adapter à de nouvelles situations. Votre rôle est de l'aider à cheminer sur cette voie, or vous vous découragerez très vite si vous vous dites qu'il est trop timide pour apprendre à gérer le changement.

DITES-VOUS PLUTÔT :
Je sais que c'est dur pour mon enfant de changer d'école, mais je suis sûr qu'il parviendra à s'adapter.

Accueillez les craintes de votre enfant avec empathie et ayez confiance en sa faculté d'adaptation. Votre attitude positive et votre ouverture d'esprit vous permettront de trouver des moyens de l'aider sur la voie du changement.

NE VOUS DITES PAS :
Je ne suis plus capable de tolérer la résistance de mon enfant. J'ai suffisamment de stress comme ça avec le déménagement.

Vous aurez bien du mal à trouver une solution imaginative au problème si vous vous dites dépassé par les événements. Ce genre de message négatif n'est sain ni pour vous, ni pour votre enfant.

DITES-VOUS PLUTÔT :
En aidant mon enfant à s'adapter au changement, j'apprends moi-même de nouvelles façons de composer avec le changement.

Alors même qu'il enseigne de nouvelles aptitudes à son enfant, le parent apprend lui aussi de précieuses leçons. Voyez en la situation une occasion d'évoluer, tant pour vous que pour votre enfant.

NE VOUS DITES PAS :

Je vais être drôlement embarrassé si mon enfant pique une crise devant sa nouvelle institutrice.

Vous ne devez pas vous sentir embarrassé par les émotions de votre enfant, puisque vous n'êtes pas responsable de ce qu'il ressent. Votre gêne lui signalerait que vous vous souciez moins de ce qu'il ressent que de ce que les autres pensent de vous.

DITES-VOUS PLUTÔT :

Je me sens un peu coupable d'obliger mon enfant à changer d'école, mais c'est une décision que j'ai prise dans son intérêt.

Vous serez plus apte à attaquer le problème de front si vous reconnaissez votre sentiment de culpabilité, mais aussi que vous avez agi dans l'intérêt de l'enfant.

NE VOUS DITES PAS :

Le refus de mon enfant est catastrophique. Il ne veut absolument pas aller à sa nouvelle école !

Le problème vous paraîtra insoluble si vous en exagérez la gravité. N'oubliez pas que tout événement est neutre en soi et que c'est vous qui en faites une chose positive ou négative.

DITES-VOUS PLUTÔT :

Mon objectif est d'aider mon enfant à s'adapter au changement.

Ne perdez pas de vue votre principal objectif et efforcez-vous de voir en ce changement d'école une occasion d'aider l'enfant à développer ses capacités d'adaptation.

Comment parler à votre enfant

NE LE CULPABILISEZ PAS. NE DITES PAS :

Tu vas aller à cette nouvelle école que ça te plaise ou non. Tu sais qu'on n'a pas les moyens de continuer de t'envoyer à ton ancienne école.

Évitez de dire à l'enfant que ses besoins vous coûtent trop cher. En faisant cela, vous le rendez responsable d'une situation sur laquelle il n'a aucun contrôle. Sans compter que votre manque total d'empathie lui fera comprendre que vous ne vous souciez pas de ses sentiments.

ENCOURAGEZ-LE PLUTÔT À COOPÉRER. DITES :

Je sais que c'est un changement difficile pour toi, mais je sais aussi que tu y arriveras parce que tu es fort et courageux.

N'hésitez pas à souligner le courage de l'enfant. Vos bons mots d'encouragement lui donneront la force de traverser cette épreuve et de s'adapter au changement qui l'attend.

NE LUI PROMETTEZ PAS UNE RÉCOMPENSE. NE DITES PAS :

Si tu vas à ta nouvelle école sans rechigner, je vais t'acheter une nouvelle bicyclette.

Cette stratégie montre à l'enfant qu'il est susceptible de recevoir une récompense s'il fait une chose qu'il n'a pas envie de faire.

CONCLUEZ PLUTÔT UN MARCHÉ AVEC LUI. DITES :

Quand tu seras revenu de l'école, tu pourras inviter un ami à la maison.

La règle de grand-mère motive l'enfant en lui faisant comprendre que sa coopération aura une conséquence positive. Cette approche lui apprend aussi que l'on doit s'acquitter de ses responsabilités avant de pouvoir faire ce que l'on veut.

NE BLÂMEZ PAS L'AUTRE PARENT DE L'ENFANT. NE DITES PAS :

Ton père ne me donne pas une pension alimentaire suffisamment généreuse pour que je puisse continuer de t'envoyer à ton ancien jardin d'enfants.

Ne rendez pas votre ex-conjoint responsable du fait que votre enfant doit changer d'école. En agissant ainsi, vous forcez l'enfant à prendre parti pour l'un ou l'autre de ses parents. Cette approche risque en outre d'exacerber les tensions entre votre ex-conjoint et vous.

SOULIGNEZ PLUTÔT L'ASPECT POSITIF DE LA CHOSE. DITES :

Je sais que tu ne veux pas changer de jardin d'enfants, mais comme celui-ci est plus près de mon travail, je vais pouvoir passer mon heure de dîner avec toi de temps à autre.

En amenant l'enfant à se concentrer sur les aspects positifs de sa nouvelle école, vous lui apprendrez à tolérer sa frustration et à accepter les compromis.

NE CATALOGUEZ PAS L'ENFANT. NE DITES PAS :

Je sais que tu es timide et que tu as de la difficulté à te faire de nouveaux amis, mais tu vas tout de même devoir aller à cette nouvelle école.

Lorsque vous dites à votre enfant qu'il est timide, vous lui laissez entendre que son problème est permanent. Faites-lui plutôt comprendre que son comportement ne le définit pas et qu'il est possible pour lui de changer.

ACCORDEZ-LUI PLUTÔT VOTRE SOUTIEN. DITES :

Aujourd'hui, on va visiter ta nouvelle école. Je suis sûr qu'elle va te plaire et que tu t'y feras beaucoup d'amis.

Procurez à l'enfant le soutien affectif dont il a besoin et montrez-lui que vous avez confiance en sa capacité de se faire de nouveaux amis. Votre attitude positive l'aidera à accepter le fait que les changements font partie de la vie.

L'OBÉISSANCE AU PROFESSEUR

Si votre enfant de trois ans est indiscipliné et n'écoute pas en classe, portez une attention particulière aux observations de son professeur. L'enfant est-il souvent inattentif? Recherche-t-il la confrontation? Semble-t-il s'ennuyer? Est-il contrarié parce qu'il doit aller à l'école? Sa situation à la maison affecte-t-elle son comportement en classe? Peut-être a-t-il du mal à s'adapter à l'arrivée d'un nouveau bébé. Travaillez en étroite collaboration avec son professeur afin de déterminer quelles sont les meilleures conditions d'apprentissage pour votre enfant, mais aussi afin que vous puissiez tous deux lui transmettre des messages qui le motiveront à coopérer.

CONSEILS PRATIQUES

- Expliquez à l'enfant l'importance du respect des autres, notamment de ses professeurs.
- Dites à l'enfant combien vous aimiez vos instituteurs et vos institutrices quand vous étiez écolier.
- Traitez votre enfant avec respect et, en retour, il saura lui aussi respecter ses professeurs.
- Donnez l'exemple en agissant avec empathie, bonté, délicatesse et courtoisie.

Votre discours intérieur

NE VOUS DITES PAS :

Ça me fait honte quand l'institutrice de mon enfant me dit qu'il n'écoute pas en classe.

Un sentiment de gêne ou de honte laisse supposer que vous êtes responsable du comportement de l'enfant, ce qui n'est pas le cas. Votre responsabilité est de lui enseigner à agir de façon appropriée, et la sienne est de faire ce que vous lui avez appris. C'est donc l'enfant qui manque à ses responsabilités lorsqu'il ne se comporte pas bien.

DITES-VOUS PLUTÔT :

Mon enfant n'obéit pas en classe, mais je sais que le professeur comprend que ce n'est pas ma faute.

L'enseignant qui s'occupe de votre enfant sait que les enfants d'âge préscolaire ne sont pas toujours très coopératifs et que c'est là une chose normale à ce stade de leur développement.

NE VOUS DITES PAS :

Mon enfant me déçoit beaucoup quand il n'écoute pas son professeur.

Vous êtes déçu parce que vous avez du mal à faire la distinction entre votre enfant en tant qu'individu et son comportement. Or, l'enfant a besoin de savoir que vous continuez de l'aimer même lorsque vous n'approuvez pas son comportement.

DITES-VOUS PLUTÔT :

Je n'apprécie pas le fait que mon enfant n'écoute pas son professeur, mais c'est un problème qu'on peut résoudre ensemble.

Il est bon que vous exprimiez vos émotions en vous disant que vous n'approuvez pas le comportement de l'enfant. Une fois la chose faite, vous aurez l'esprit plus tranquille et vous pourrez vous employer à trouver une solution au problème.

NE VOUS DITES PAS :
Pourquoi mon enfant n'est-il pas capable d'écouter et d'obéir ?

Quel parent n'aimerait pas que son enfant soit poli et obéissant ? Le fait est qu'un enfant normal et en santé choisira bien souvent de ne pas faire ce qu'on lui demande, et ce, même s'il est capable d'accomplir la tâche demandée.

DITES-VOUS PLUTÔT :
Mon objectif est d'aider mon enfant à faire du mieux qu'il peut et de lui apprendre à suivre les directives qu'on lui donne.

Ne perdez pas de vue votre objectif à long terme. Cela vous permettra de mieux vous concentrer sur votre tâche, qui est d'aider l'enfant à réussir ce qu'il entreprend.

NE VOUS DITES PAS :
Mon enfant va rester ignorant s'il n'apprend pas à être silencieux et attentif à l'école.

Ne remettez pas en cause les capacités d'apprentissage de votre enfant simplement parce qu'il a des problèmes de comportement. Une telle attitude négative vous rendra anxieux inutilement et vous empêchera de trouver des moyens efficaces d'orienter l'enfant sur la voie de l'apprentissage.

DITES-VOUS PLUTÔT :
L'apprentissage scolaire est un processus continu. C'est pourquoi je dois faire preuve de patience avec mon enfant.

Voyez en la situation une occasion d'aider l'enfant à évoluer. Et n'oubliez pas que votre enfant a besoin de temps et de persévérance pour développer ses capacités d'apprentissage.

Comment parler à votre enfant

NE LE MENACEZ PAS. NE DITES PAS :
Je vais te donner la fessée chaque fois que ton professeur me dira que tu n'obéis pas et que tu n'écoutes pas en classe.

Si vous menacez l'enfant d'une punition corporelle, il en viendra à avoir peur de vous et de ses professeurs. Cela ne l'aidera aucunement à développer son sens de la coopération.

INVITEZ-LE PLUTÔT À S'EXPLIQUER. DITES :
À quoi penses-tu lorsque tu as du mal à écouter ton institutrice et à obéir à l'école ?

Évitez de confronter l'enfant en lui demandant « Pourquoi agis-tu comme ceci ? » ou « Pourquoi ne fais-tu pas cela ? ». Demandez-lui plutôt de vous expliquer ce qui le tracasse ou ce qui motive son comportement. Écoutez attentivement ce qu'il vous dit, car ses réponses vous aideront à trouver une ou des solutions au problème.

N'HUMILIEZ PAS L'ENFANT. NE DITES PAS :
Mais qu'est-ce qui cloche chez toi ? Je pensais que tu étais assez intelligent pour écouter en classe !

Ne dites pas à votre enfant qu'il est idiot ou anormal parce qu'il choisit de ne pas écouter et de ne pas obéir quand il est à l'école. Lui parler ainsi ne l'aide pas à apprendre le comportement désiré et lui transmet une bien piètre image de lui-même.

OFFREZ-LUI PLUTÔT VOTRE AIDE. DITES :
C'est important d'écouter son professeur. En réfléchissant bien, je suis sûr qu'ensemble on peut trouver des façons de t'aider à écouter à l'école.

En invitant l'enfant à vous aider à résoudre le problème, vous lui permettez de prendre part à l'élaboration d'une solution, ce qui est très valorisant pour lui. Cette stratégie a également le mérite de mettre l'accent sur l'objectif visé plutôt que sur le manque de coopération de l'enfant.

NE COUVREZ PAS L'ENFANT DE HONTE. NE DITES PAS :
J'ai vraiment honte de toi. Je t'ai répété encore et encore que tu devais écouter ton professeur, mais de toute évidence tu ne veux rien comprendre.

En essayant de motiver votre enfant par la honte, vous lui faites comprendre que vous ne l'aimez que lorsqu'il se comporte correctement. Un enfant qui apprend à obéir dans l'espoir de sauvegarder son amour-propre sera motivé uniquement par la peur et par l'anxiété ; par conséquent, il aura tendance à manquer d'assurance et à se sentir déprimé.

ACCORDEZ-LUI PLUTÔT VOTRE APPUI. DITES :
Aujourd'hui, je vais rencontrer ton professeur et ensemble on va essayer de trouver des façons de t'aider à écouter et à obéir en classe.

Vous aurez plus de chances de découvrir la nature du problème si vous travaillez en collaboration avec l'enseignant qui s'occupe de l'enfant. Peut-être votre enfant a-t-il des problèmes auditifs ; peut-être s'ennuie-t-il en classe ou peut-être a-t-il peur d'échouer. Une fois que vous aurez identifié la véritable cause du problème, vous pourrez prendre les mesures qui s'imposent pour aider votre enfant. Votre attitude positive lui montrera que son bien-être vous tient à cœur.

LE CHANGEMENT DE CLASSE

Votre bambin de quatre ans se comporte comme un directeur général bienveillant qui s'entend à merveille avec ses subordonnés et, l'instant d'après, il agit comme un despote qui refuse de se mêler à ceux qu'il perçoit comme ses inférieurs. Ne vous laissez pas distraire par les caprices de votre enfant. Expliquez-lui plutôt les règles qui dictent dans quelle classe il doit être placé et faites-lui bien comprendre que ces règles sont là pour son bien.

CONSEILS PRATIQUES

- Demandez à l'institutrice d'aider votre enfant à s'ajuster à sa nouvelle classe.
- Assurez-vous que l'enfant est placé dans une classe de niveau adéquat où on lui proposera des activités stimulantes.

Votre discours intérieur

NE VOUS DITES PAS :
Je vais aller voir le directeur pour lui demander que mon enfant soit placé dans une autre classe.

En pareilles circonstances, la première réaction du parent sera bien souvent de voler à la rescousse de son enfant. Sachez toutefois que ce n'est pas en vous opposant aux règles de l'école que vous aiderez l'enfant à apprendre à faire face aux petits défis de l'existence. Au contraire, votre attitude lui signale que vous ne le croyez pas capable de s'ajuster à une situation qui présente certaines difficultés.

DITES-VOUS PLUTÔT :
Mon enfant ne le comprend peut-être pas, mais j'agis dans son intérêt.

Votre objectif en tant que parent est de fournir à l'enfant les outils nécessaires pour qu'il puisse devenir un adulte autonome et équilibré qui saura s'adapter aisément aux circonstances de la vie. Mais avant d'en arriver là, l'enfant doit d'abord apprendre à gérer ses déceptions et ses frustrations.

NE VOUS DITES PAS :
Comme je ne veux pas contrarier mon enfant, je vais lui permettre de rester à la maison.

Premièrement : vous n'êtes pas responsable du fait que l'enfant se sent contrarié ; n'oubliez pas que c'est lui qui contrôle ses émotions, et non vous. Deuxièmement : si vous capitulez, cela montre à l'enfant qu'il n'a qu'à se plaindre ou à piquer une crise pour que vous fassiez ses quatre volontés. Troisièmement : le fait que vous vous rétractiez n'aide pas l'enfant à apprendre à faire les choses qu'il ne veut pas faire.

DITES-VOUS PLUTÔT :
Je suis capable de tolérer le mécontentement de mon enfant pour l'instant. Je sais qu'il va éventuellement s'ajuster à la situation.

Évitez de vous emporter inutilement. Cela ne vous aidera pas à régler le problème et cela incitera l'enfant à se rebeller s'il n'obtient pas ce qu'il veut. Votre enfant est peut-être contrarié, mais n'ayez crainte, cela lui passera. Réagissez calmement à la situation et votre enfant fera de même.

NE VOUS DITES PAS :
Mon enfant va me détester parce que j'insiste pour qu'il reste dans la classe des petits. Je suis en train de gâcher sa vie.

N'exagérez pas le problème. Vous aimez votre enfant d'un amour inconditionnel, or, l'inverse est également vrai : votre enfant vous aime lui aussi de façon inconditionnelle.

DITES-VOUS PLUTÔT :
Ce n'est pas grave qu'il soit dans une classe d'enfants plus jeunes que lui.

Vous aurez plus de facilité à composer avec les petits problèmes de la vie si vous prenez un peu de recul face à eux. Une attitude calme et détendue vous aidera à trouver une solution imaginative au problème.

Comment parler à votre enfant

NE FAITES PAS ABSTRACTION DE SES SENTIMENTS. NE DITES PAS :
Cela m'est égal que tu ne veuilles pas aller dans la classe des petits. C'est là qu'on t'a placé, alors fais-toi une raison !

Votre manque d'empathie signale à l'enfant qu'il ne peut pas compter sur votre appui. Privé de votre soutien, il se sentira isolé et délaissé.

RAPPELEZ-LUI PLUTÔT LA RÈGLE. DITES :
Je sais que tu ne veux pas être dans la classe des petits, mais la règle dit que tu dois y rester pendant un petit bout de temps. Réfléchissons un peu aux choses amusantes que tu pourras faire pendant que tu es là.

Expliquez la règle à l'enfant, mais avec empathie. Quand il verra que vous le respectez suffisamment pour vous soucier de son bien-être, il se sentira plus enclin à coopérer.

NE LE GRONDEZ PAS. NE DITES PAS :

Arrête de geindre parce qu'on t'a mis avec les petits. Je suis vraiment fatigué de t'entendre.

En ignorant ses sentiments de la sorte, vous signalez à l'enfant que ses émotions sont sans importance. Vous n'êtes peut-être pas d'humeur à tolérer les lamentations de votre enfant, mais dites-vous bien que ce n'est pas en le réprimandant que vous réglerez le problème. En fait, votre attitude ne fera que vous attirer la colère et le ressentiment de l'enfant.

ADOPTEZ PLUTÔT UNE ATTITUDE PROACTIVE. DITES :

Raconte-moi ce que tu as fait aujourd'hui au jardin d'enfants.

Si votre enfant n'est pas satisfait de la classe dans laquelle on l'a placé, aidez-le à se concentrer sur les aspects positifs. Cette approche lui fera comprendre qu'il est plus amusant de songer aux bons côtés d'une situation plutôt que de se plaindre constamment des choses qui nous déplaisent.

NE LUI OFFREZ PAS UNE COMPENSATION. NE DITES PAS :

Si tu arrêtes de te plaindre du fait que tu es dans la classe des petits, on ira t'acheter un nouveau jouet en revenant à la maison.

Cette stratégie montre à l'enfant qu'il sera récompensé s'il n'exprime pas ses émotions. Montrez-lui plutôt que vous voulez qu'il les partage avec vous et faites-lui comprendre que vous serez disponible chaque fois qu'il voudra se confier.

INVITEZ-LE PLUTÔT À ÊTRE POSITIF. DITES :

Raconte-moi ce que tu fais avec tes petits camarades au jardin d'enfants.

Amenez l'enfant à se concentrer sur les moments agréables qu'il a vécus en classe ; cela lui apprendra à voir le bon côté des choses au lieu de ne voir que les mauvais. Il est prouvé que les émotions positives améliorent la circulation sanguine, soulagent la dépression et favorisent de façon générale la bonne santé.

NE RABAISSEZ PAS L'ENFANT. NE DITES PAS :

Quand tu chiales comme ça, tu montres que tu es un gros bébé et que tu mérites d'être avec les petits.

Vos propos méprisants montrent à l'enfant que vous vous souciez peu de ce qu'il ressent. Cette approche blessante et peu constructive est à éviter absolument.

FÉLICITEZ-LE PLUTÔT DE SA COOPÉRATION. DITES :

Je suis très fière que tu ailles au jardin d'enfants même si tu n'aimes pas être dans la classe des petits.

Vos bons mots encouragent l'enfant à gérer sa frustration. Et comme il cherche à vous plaire et à s'attirer vos louanges, il ne sera que trop heureux de répéter le comportement désiré.

LE TRAVAIL À LA MAISON

Il est normal qu'un enfant d'âge préscolaire se rebelle quand ses parents le poussent à s'exercer, à travailler et à répéter pour qu'il excelle dans une activité donnée. Le parent doit comprendre que son enfant a besoin de stimulation, mais aussi de repos. Sachant cela, évitez de surmener votre enfant en l'obligeant à participer à un trop grand nombre d'activités. Encouragez-le à travailler et à s'exercer, mais n'exigez pas de lui qu'il fasse des choses qui sont au-dessus de ses capacités.

CONSEILS PRATIQUES

- Établissez un horaire de travail fixe. Cela aidera l'enfant à s'exercer régulièrement.
- Faites en sorte que votre enfant ait beaucoup de temps libre. Il est important qu'il puisse choisir ses propres activités de temps à autre.

Votre discours intérieur

NE VOUS DITES PAS :

Mon enfant ne veut jamais s'exercer. Il est vraiment paresseux.

N'exagérez pas la gravité de la situation. Votre enfant n'est pas paresseux simplement parce qu'il ne s'exerce pas avec autant de diligence que vous le souhaiteriez. Le problème est peut-être qu'il est fatigué, qu'il n'aime pas l'activité que vous lui imposez ou qu'il manque tout simplement de motivation.

DITES-VOUS PLUTÔT :
Je comprends qu'il peut être ennuyeux de répéter jour après jour les mêmes exercices.

En adoptant une attitude empathique, vous comprendrez mieux ce que ressent votre enfant. Songez à toutes ces activités que vous n'aimez pas faire et à la difficulté que vous avez à surmonter l'ennui qu'elles suscitent en vous.

NE VOUS DITES PAS :
J'ai peur que mon enfant joue mal durant son récital s'il ne répète pas suffisamment son morceau.

Vos appréhensions face à un échec potentiel de l'enfant n'aideront pas celui-ci à développer de bonnes habitudes de travail. Un tel état d'esprit ne fera qu'augmenter votre niveau d'anxiété, vous empêchant de vous concentrer sur le problème qui vous occupe.

DITES-VOUS PLUTÔT :
Ce n'est pas grave que mon enfant ne veuille pas s'exercer aujourd'hui.

N'ayez crainte, la résistance de votre enfant n'est que temporaire. Il n'est donc pas impératif que vous trouviez un moyen de le faire répéter à tout prix.

NE VOUS DITES PAS :
Qu'il s'exerce ou non, ça ne me concerne pas. C'est à son professeur de le faire travailler.

Vous ne rendez pas service à l'enfant en abdiquant ainsi vos responsabilités. Pour qu'un enfant tire le maximum de ses leçons, il est essentiel que tous, parents et professeurs, conjuguent leurs efforts. Et n'oubliez pas que les premiers et les plus importants éducateurs d'un enfant sont ses parents.

DITES-VOUS PLUTÔT :
Mon objectif est d'aider mon enfant à développer de bonnes habitudes de travail.

Si votre enfant doit s'exercer et répéter, ce n'est pas simplement pour améliorer ses compétences dans une activité donnée : ce travail lui permet aussi de développer la persévérance et l'autodiscipline, deux aptitudes dont il aura besoin tout au long de sa vie.

NE VOUS DITES PAS :
J'en ai marre de me battre pour l'obliger à s'exercer. Quand il aura échoué, il apprendra qu'il faut travailler.

N'allez pas croire qu'un échec puisse devenir un agent de motivation pour votre enfant. Ce n'est pas en échouant que l'enfant apprendra qu'il faut persévérer pour atteindre ses objectifs.

DITES-VOUS PLUTÔT :
Je ne perdrai pas espoir en mon enfant simplement parce qu'il n'aime pas s'exercer.

Votre attitude positive et votre constance font de vous un bon exemple à suivre pour l'enfant. Cette approche lui apprend qu'en persévérant, il est possible d'atteindre ses objectifs et de surmonter n'importe quel défi.

Comment parler à votre enfant

NE L'EFFRAYEZ PAS. NE DITES PAS :
Tu ne seras jamais admis dans une bonne maternelle si tu ne t'exerces pas à réciter ton alphabet.

Votre valeur en tant que parent ne dépend pas des succès ou des échecs de votre enfant. Or, quand vous recourez à la peur pour motiver l'enfant, vous vous jaugez vous-même en vous basant sur sa performance. Votre enfant coopérera peut-être, mais alors ce ne sera que pour éviter de vous décevoir.

COMPLIMENTEZ PLUTÔT L'ENFANT. DITES :
Tu as très bien travaillé aujourd'hui. On se sent bien quand on travaille fort et qu'on arrive à de bons résultats, tu ne trouves pas ?

Lorsque vous félicitez votre enfant des efforts qu'il a faits, cela l'encourage à travailler encore plus fort pour atteindre ses objectifs. N'oubliez pas cependant que ce sont ses efforts, et non le résultat de sa performance que vous devez souligner.

NE LE CULPABILISEZ PAS. NE DITES PAS :
Pourquoi ne veux-tu pas t'exercer ? Tu m'as pourtant dit que tu aimais ça, jouer du piano.

Ne mettez pas l'enfant au pied du mur en lui demandant pourquoi il ne veut pas faire une chose. Ce genre de discours aura l'heur de le mettre sur la défensive et lui donnera l'impression qu'il a à justifier son comportement.

OFFREZ-LUI PLUTÔT VOTRE AIDE. DITES :
Viens, je vais te tenir compagnie pendant que tu fais tes gammes.

Dans bien des cas, votre présence et votre attention suffiront à motiver l'enfant. Voyant que vous prenez le temps de vous asseoir avec lui, il saura que ses leçons et son travail vous tiennent à cœur.

NE FAITES PAS DE COMPARAISONS. NE DITES PAS :

Ton frère s'exerce toujours sans rechigner.

Ce genre de comparaison ne fera qu'attiser les rivalités entre vos enfants. Or, votre rôle en tant que parent est d'aider chacun de vos enfants à atteindre son plein potentiel, et ce, indépendamment de ce que peuvent accomplir ses frères et sœurs.

UTILISEZ PLUTÔT UN MINUTEUR. DITES :

L'horloge nous dit que c'est l'heure de répéter. Ta répétition sera terminée quand le minuteur va sonner.

Le minuteur vous libère de votre rôle d'autorité et permet à l'enfant de s'imposer sa propre discipline. Cette approche objective permet en outre d'éviter toute comparaison avec les habitudes de travail des autres enfants.

CHAPITRE 8

L'HEURE DU COUCHER

Il y a toujours un temps pour la gratitude et les nouveaux départs.

J. ROBERT MOSKIN

LES PRÉPARATIFS

La plupart des enfants n'aiment pas qu'on leur dise qu'il est temps d'aller au lit. En fait, l'heure du dodo ne deviendra une perspective alléchante que si l'enfant a sommeil. Le parent doit donc établir un rituel du coucher bien précis et s'assurer que son enfant est bien confortable dans son pyjama. N'oubliez pas que constance et prévisibilité sont deux choses très importantes pour un enfant.

CONSEILS PRATIQUES

- Établissez une règle disant à quelle heure votre enfant doit se mettre en pyjama. Avertissez-le quelques minutes à l'avance.
- Employez un minuteur pour régler chacune des étapes du rituel du coucher.
- Juste avant l'heure du dodo, calmez l'enfant en lui proposant des activités relaxantes. Vous pouvez par exemple lui lire une histoire, ou lui masser le dos.
- Établissez un rituel réservé uniquement à l'heure du coucher. Quand l'enfant fera ce rituel, cela lui rappellera qu'il sera bientôt l'heure d'aller au lit.

Votre discours intérieur

NE VOUS DITES PAS :

Le soir venu, ma fatigue est si grande que je n'ai plus la force de m'occuper des enfants.

Ce genre d'attitude pessimiste ne vous aidera pas à surmonter votre fatigue. Songez que quand vous vous dites incapable de faire une chose, vous invitez la défaite. Ne sous-estimez pas le pouvoir de l'autosuggestion.

DITES-VOUS PLUTÔT :

Je suis capable de gérer la résistance de mon enfant même si je suis fatigué.

Affirmez votre capacité à composer avec les événements. Cela vous permettra de prendre la situation en main et vous donnera l'énergie qu'il vous faut pour gagner la coopération de l'enfant. Vous verrez que votre attitude positive aura tôt fait de déteindre sur lui.

NE VOUS DITES PAS :

Mon enfant m'enrage quand il ne fait pas ce que je lui dis de faire.

Il est utopique et contre-productif pour un parent d'exiger que son enfant coopère. Et si vous vous fâchez, vous serez incapable de penser clairement pour trouver une solution à ce problème. Votre attitude montrera par ailleurs à l'enfant qu'il est acceptable de réagir à une frustration en se mettant en colère.

DITES-VOUS PLUTÔT :

Je vais rester calme même si mon enfant refuse d'enfiler son pyjama.

Ne perdez pas les pédales simplement parce que votre enfant n'a pas envie d'aller se coucher. Conservez une attitude positive et vos interactions avec l'enfant seront positives elles aussi.

NE VOUS DITES PAS :

Ma soirée va être gâchée si je ne parviens pas à coucher mon enfant vers 20 heures.

En adoptant cette attitude, vous exigez beaucoup de vous et de votre enfant. Ce n'est définitivement pas là un objectif réaliste. Sans compter que c'est vous, et non l'enfant, qui avez le pouvoir de décider si votre soirée est gâchée ou non.

DITES-VOUS PLUTÔT :
Mon enfant s'est beaucoup amusé aujourd'hui. Je comprends qu'il ne veuille pas que sa journée finisse.

Faites preuve d'empathie quand les objectifs de votre enfant ne concordent pas avec les vôtres. Mettez-vous à sa place ; imaginez ce qu'il ressent. Vous serez alors en bonne position pour solliciter sa coopération.

Comment parler à votre enfant

NE LE MENACEZ PAS. NE DITES PAS :
Tu ferais bien de mettre ton pyjama sinon tu auras la fessée !

Vos menaces apprennent à l'enfant que la violence est un bon moyen d'obtenir ce que l'on veut dans la vie. Vous ne voulez pas que votre enfant use de violence, alors ne lui donnez pas cet exemple.

INVITEZ-LE PLUTÔT À S'EXPRIMER. DITES :
Dis-moi pourquoi tu ne veux pas mettre ton pyjama.

Cette stratégie habitue l'enfant à s'exprimer et lui montre que vous vous souciez de ce qu'il pense et ressent. Une fois que l'enfant vous aura dit ce qui le tracasse, vous pourrez envisager une solution au lieu de le harceler et de le réprimander à cause de son comportement.

NE L'EFFRAYEZ PAS. NE DITES PAS :
Je t'avertis que je suis d'une humeur massacrante. Tu ferais bien d'aller tout de suite dans ta chambre et de mettre ton pyjama.

Ne forcez pas votre enfant à coopérer en lui disant que vous êtes de mauvaise humeur. N'oubliez pas que tout événement est neutre en soi et que c'est votre perception de cet événement qui en fait une chose bonne ou mauvaise.

RAPPELEZ-LUI PLUTÔT LA RÈGLE. DITES :
Je comprends que tu ne veuilles pas mettre ton pyjama, mais la règle dit que tu dois être en pyjama à 19 heures.

Votre enfant doit apprendre à respecter les règles parce que celles-ci régissent tous les aspects de notre vie, incluant l'heure du coucher. Invoquer la règle vous permet en outre de vous délester de votre rôle d'autorité et de montrer à l'enfant que vous êtes non pas son ennemi, mais son allié.

NE LE PUNISSEZ PAS. NE DITES PAS :
Tu ne veux pas mettre ton pyjama ? Dans ce cas, tu vas rester dans ta chambre jusqu'à ce que tu sois prêt à obéir.

Si vous punissez votre enfant juste avant d'aller au lit, comment fera-t-il pour se coucher à l'heure prévue ? Cette stratégie est peu efficace puisqu'elle montre à l'enfant qu'il peut retarder l'heure du coucher en refusant de mettre son pyjama.

UTILISEZ PLUTÔT UN MINUTEUR. DITES :
On va voir si tu peux te déshabiller et mettre ton pyjama avant que le minuteur sonne.

L'utilisation d'un minuteur vous permet de transformer le moment de mettre son pyjama en une compétition amusante. N'hésitez pas à applaudir les efforts de l'enfant dans cette course contre la montre. Votre enfant aura tant de plaisir à se prêter à ce jeu qu'il en oubliera de rechigner.

L'HEURE DE LA SIESTE

C'est généralement quand il est totalement épuisé qu'un enfant de trois ans s'insurge le plus vigoureusement contre le rituel de la sieste. Le problème est que, même s'il est fatigué, il se dira que, tout comme vous, il a le droit de rester debout. Faites-lui savoir que pendant qu'il fait la sieste, vous vous accordez également un moment de tranquillité. L'enfant sera plus enclin à se calmer s'il sait que vous vous reposez vous aussi.

CONSEILS PRATIQUES

- Instaurez un rituel fixe relié à la sieste et n'en dérogez pas.
- Établissez des règles concernant la sieste et les moments de repos. Utilisez au besoin un minuteur pour délimiter un temps de repos minimum.
- Proposez des activités paisibles à l'enfant afin qu'il puisse se tranquilliser avant de faire sa sieste.

Votre discours intérieur

NE VOUS DITES PAS :

Je suis trop fatigué pour être patient avec mon enfant.

N'utilisez pas la fatigue comme excuse pour traiter votre enfant brutalement. Cette approche montre à l'enfant qu'en certaines circonstances, l'on n'est pas tenu de respecter les autres.

DITES-VOUS PLUTÔT :

Nous sommes tous les deux fatigués, mais ce n'est pas une raison pour laisser l'impatience m'envahir.

Évitez la mauvaise humeur en conservant une attitude positive. Montrez à votre enfant qu'il est important de se comporter correctement envers ses semblables, et ce, même si l'on est fatigué.

NE VOUS DITES PAS :

Quand mon enfant ne fait pas la sieste, il gâche le reste de ma journée.

Il est irrationnel que vous rendiez votre enfant responsable du déroulement de votre journée. Soyez également averti que si vous augurez un désastre, celui-ci risque d'arriver.

DITES-VOUS PLUTÔT :

Mon enfant refuse de faire la sieste, mais ça ne veut pas dire que ma journée entière est gâchée.

C'est vous qui décidez de votre attitude face au refus de votre enfant. Restez calme lorsqu'il vous résiste, car c'est en suivant votre exemple qu'il apprendra à gérer sa frustration.

NE VOUS DITES PAS :

Je n'aime pas entendre mon enfant pleurer. Je vais lui permettre de rester debout au lieu de faire la sieste.

Aucun parent n'aime entendre son enfant pleurer. Sachez cependant qu'en permettant à votre enfant de rester debout, vous ne lui apprenez pas à faire face à l'adversité.

DITES-VOUS PLUTÔT :

Je peux accepter que mon enfant ne veuille pas dormir, mais il va tout de même devoir observer une période de repos.

Arrive un âge où l'enfant n'a plus vraiment besoin de faire la sieste. Si c'est le cas de votre enfant, permettez-lui de choisir entre faire la sieste et observer une période de repos. Faites-lui bien comprendre qu'il doit nécessairement choisir l'une ou l'autre de ces options.

NE VOUS DITES PAS :

Ça m'est égal que mon enfant ne fasse pas la sieste.

Si vous capitulez, l'enfant se rendra compte qu'à force de vous résister, il peut avoir raison de vous.

DITES-VOUS PLUTÔT :

Mon enfant ne veut pas faire la sieste, mais je sais qu'il a tout de même besoin de se reposer.

Soyez ferme et insistez sur le fait que l'enfant doit obéir à la règle. Après tout, n'avez-vous pas tous deux besoin d'un peu de repos ?

Comment parler à votre enfant

NE LE MENACEZ PAS. NE DITES PAS :

Va dans ta chambre et couche-toi avant que je ne perde patience !

Votre enfant sera incapable de dormir si vous le menacez, car il sera trop anxieux. Cette stratégie enseigne par ailleurs à l'enfant qu'il est acceptable d'intimider plus petit et plus faible que soi pour arriver à ses fins.

RAPPELEZ-LUI PLUTÔT LA RÈGLE. DITES :

Je sais que tu n'as pas sommeil, mais la règle dit que tu dois te reposer jusqu'à ce que le minuteur sonne.

Rappelez la règle à l'enfant et faites-lui comprendre qu'il doit attendre la sonnerie avant de se lever. Cette façon de faire vous permettra de demeurer positif et d'éviter les conflits.

NE JOUEZ PAS LES TYRANS. NE DITES PAS :

J'en ai assez de t'entendre geindre chaque fois que c'est l'heure de la sieste. Maintenant tais-toi et file dans ta chambre !

En agissant ainsi, vous signifiez à l'enfant que vous l'aimez seulement quand il vous obéit. Avant d'en arriver là, posez-vous cette question : désirez-vous vraiment que votre enfant imite votre comportement tyrannique ?

ARRIVEZ-EN PLUTÔT À UNE ENTENTE. DITES :

Si tu respectes bien la période de repos, plus tard, dans l'après-midi, tu pourras inviter un ami à venir jouer avec toi.

La règle de grand-mère incite l'enfant à coopérer en l'amenant à se concentrer sur le plaisir qu'il aura après sa période de repos.

NE LE HARCELEZ PAS. NE DITES PAS :

Combien de fois vais-je devoir te répéter d'aller faire ta sieste ?

Au lieu d'inciter l'enfant à coopérer, vos demandes réitérées lui montreront qu'il est acceptable de harceler les autres pour obtenir ce que l'on veut.

ADOPTEZ PLUTÔT UNE ATTITUDE POSITIVE. DITES :

C'est bien qu'on se repose un peu tous les deux. Après on se sentira bien et on aura tout plein d'énergie.

L'enfant sera plus disposé à coopérer si vous conservez une attitude positive et si vous donnez l'exemple en observant vous aussi une période de repos.

LE PASSAGE DU PETIT LIT AU GRAND LIT

Vous estimez que votre petit trésor de deux ans est prêt à sortir du berceau pour dormir dans un vrai lit, mais l'intéressé démontre peu d'enthousiasme pour cette aventure qui fera de lui un «grand garçon» ou une «grande fille». N'oubliez pas qu'il est normal pour un enfant de cet âge d'accueillir ce genre de changement avec anxiété. Parlez de la transition en termes positifs au moins deux semaines avant le jour fatidique, et effectuez d'un seul coup tous les changements majeurs - décoration de la pièce, nouveaux rideaux, nouveaux meubles, etc. - pour que l'enfant n'ait pas à s'adapter à chacun d'eux individuellement. Cela dit, si vous pensez que votre enfant aura moins de mal à s'adapter à une série de changements mineurs et graduels, eh bien, allez-y, procédez ainsi. Après tout, vous connaissez votre enfant mieux que quiconque.

CONSEILS PRATIQUES

- Avant d'effectuer la transition, assurez-vous que votre enfant est capable de dormir dans un grand lit sans en tomber durant la nuit. Installez au besoin une barrière temporaire qui l'empêchera de tomber. Il n'est pas recommandé de laisser un enfant de moins de six ans dormir sur la couchette supérieure d'un lit superposé.
- Afin de faciliter la transition, encouragez l'enfant à amener quelques «amis» - animaux en peluche, poupées, etc. - au lit avec lui.

- Achetez des draps aux couleurs favorites de l'enfant ou à l'effigie de ses personnages de bandes animées préférés.

Votre discours intérieur

NE VOUS DITES PAS :
Mon enfant va encore piquer une crise si je l'oblige à changer de lit. Ce sera plus simple de le laisser encore dormir dans son petit lit.

Si vous vous attendez à un conflit, il est probable que celui-ci surviendra. Dites-vous bien qu'en adoptant cette stratégie, vous ne faites que reporter l'échéance.

DITES-VOUS PLUTÔT :
Mon enfant va probablement toujours résister aux grands changements, mais je suis capable de gérer ça.

Affirmez votre capacité de gérer les protestations de l'enfant. Votre attitude positive vous aidera à rester calme et patient et aidera votre enfant à faire de même.

NE VOUS DITES PAS :
Pourquoi faut-il toujours que les changements soient difficiles ? Ça ne pourrait pas être facile pour une fois ?

L'enfant d'âge préscolaire qui résiste au changement cherche en fait à affirmer son identité et à contrôler son environnement. La situation peut devenir très simple si vous décidez de la percevoir comme telle.

DITES-VOUS PLUTÔT :
Je suis capable de rester calme parce que je sais que les crises de mon enfant font partie de son développement.

Pour que votre enfant apprenne à se maîtriser, il faut que vous lui donniez l'exemple en conservant vous-même votre calme.

NE VOUS DITES PAS :
Mon enfant est trop craintif pour être capable de s'adapter à ce changement.

Si vous qualifiez votre enfant de craintif, vous ne le croirez jamais capable de s'adapter au changement ou de gagner en assurance.

DITES-VOUS PLUTÔT :
Mon but est d'aider mon enfant à s'ajuster au changement.

Il n'y a pas de limites à ce que votre enfant pourra accomplir s'il a confiance en lui-même. Or, cette confiance, il l'acquerra en apprenant à s'adapter aux changements qui surviennent dans sa vie, et ce, même si ces changements lui font peur.

Comment parler à votre enfant

NE SOYEZ PAS TYRANNIQUE. NE DITES PAS :
On ne l'a plus, ton lit d'enfant. Maintenant arrête de te plaindre et va dormir dans ton grand lit !

Votre manque d'empathie signale à l'enfant qu'il ne peut pas compter sur votre soutien affectif. Il coopérera peut-être parce qu'il a peur que vous ne le rejetiez, mais il n'apprendra pas à gérer sa peur du changement.

RAPPELEZ-LUI PLUTÔT LA RÈGLE. DITES :
La règle dit que quand on a deux ans, on a la permission de dormir dans un grand lit.

Le fait que la règle devienne ici un symbole d'autorité vous permet d'agir en allié pour mieux soutenir l'enfant. Au lieu de dire à l'enfant qu'il *doit* dormir dans un grand lit, donnez une tournure positive à la situation en lui disant qu'il a enfin la *permission* de dormir dans un grand lit.

NE PROMETTEZ RIEN À LA LÉGÈRE. NE DITES PAS :
Si tu acceptes de coucher dans le grand lit, je vais m'allonger à côté de toi jusqu'à ce que tu t'endormes.

Si vous faites ce genre de promesse sans l'accompagner de certaines restrictions, vous risquez d'avoir à l'honorer pendant plusieurs années. Il est en effet fort probable que votre enfant s'habituera à votre présence au point de ne pouvoir s'endormir que si vous êtes là.

SOULIGNEZ PLUTÔT LE COURAGE DE L'ENFANT. DITES :
C'est très courageux de ta part de dormir dans le grand lit. Je vais rester avec toi jusqu'à ce que le minuteur sonne, et après, j'irai me coucher dans mon lit.

L'enfant aura moins de mal à s'adapter à ce changement si vous soulignez son courage. L'utilisation du minuteur est judicieuse parce qu'elle fixe une limite quant au temps que vous passerez auprès de l'enfant pour le réconforter, ce qui l'aidera à s'ajuster à cette nouvelle situation.

NE REVENEZ PAS SUR VOTRE DÉCISION. NE DITES PAS :
Ne pleure pas, je vais aller chercher ton lit d'enfant pour que tu puisses retourner dormir dedans.

Si vous revenez sur votre décision, l'enfant comprendra qu'il lui suffit de pleurer pour obtenir ce qu'il désire. Le fait que vous changlez d'avis uniquement par frustration n'aide pas l'enfant à apprendre les vertus de la persévérance.

SOULIGNEZ PLUTÔT LES ASPECTS POSITIFS DE LA CHOSE. DITES : *Ton nouveau lit est si grand que je peux m'étendre à côté de toi pendant que je te lis une histoire. On est bien comme ça, tu ne trouves pas ?*

L'enfant oubliera son lit de bébé si vous l'amenez à se concentrer sur les bienfaits de son nouveau lit.

LE LIT DE MAMAN

Vous voulez que votre enfant dorme dans son lit, mais il semble préférer dormir avec vous dans le vôtre, ou dans celui de sa sœur – voire dans celui du chien. Établissez une règle qui dictera où chacun des membres de votre famille doit dormir. Une fois que vous aurez décidé que votre enfant doit dormir dans son propre lit, ne vous ravisez pas ; ne lui permettez plus de dormir avec vous dans votre lit, et ce, même s'il est malade ou si votre conjoint ou conjointe n'est pas à la maison. L'enfant cherchera moins à déroger à la règle si vous faites preuve de fermeté.

CONSEILS PRATIQUES

- Établissez des règles et un rituel précis en ce qui concerne le coucher. Votre enfant saura ainsi à quoi s'en tenir.
- Si votre enfant est habitué de dormir avec vous et que vous décidez qu'il est temps pour lui d'apprendre à dormir dans son propre lit, expliquez-lui bien le nouveau règlement et veillez à son application.

Votre discours intérieur

NE VOUS DITES PAS :
Ça me brise le cœur d'entendre mon enfant pleurer pendant la nuit. Je vais lui permettre de venir se coucher avec moi.

Rien n'affecte davantage un parent aimant que d'entendre son enfant pleurer. Cela dit, évitez de changer la règle : à moins que votre enfant ne souffre ou ne soit très malade, laissez-le dormir dans son lit à lui. Si vous capitulez, l'enfant comprendra que vos règles n'ont pas vraiment d'importance et qu'il lui suffit de pleurer pour obtenir ce qu'il désire.

DITES-VOUS PLUTÔT :
Je n'aime pas entendre mon enfant pleurer, mais je vais rester ferme pour qu'il puisse s'habituer à dormir dans son propre lit.

Ne perdez pas de vue votre objectif premier. Cela vous aidera à rester calme et à tolérer dans l'immédiat les protestations et le comportement peu coopératif de l'enfant.

NE VOUS DITES PAS :
Tout le monde va penser que je suis inconséquent de laisser mon enfant dormir avec moi.

Lorsque vous vous préoccupez de ce que pensent les autres, vous permettez à leurs opinions d'influencer vos décisions. Agissez pour le bien de votre famille, et non pour faire plaisir aux autres.

DITES-VOUS PLUTÔT :
Je me fous de ce que pensent les autres. En tant que parent, je dois me fier à mon propre jugement.

Basez vos décisions parentales sur vos propres croyances et valeurs, et non sur les croyances et les valeurs de quelqu'un d'autre.

NE VOUS DITES PAS :
Je déteste mon ex-conjoint parce qu'il permet à notre enfant de dormir dans son lit.

Ne gaspillez pas votre énergie à détester votre ex-conjoint parce que ses règles sont différentes des vôtres. Cette attitude ne peut que contribuer à accroître les tensions entre vous et risque même de porter atteinte à la relation qu'entretient l'enfant avec son autre parent.

DITES-VOUS PLUTÔT :
Je dois accepter que mon ex-conjoint ait chez lui des règles différentes des miennes.

En acceptant le fait que vos règles ne s'appliquent pas nécessairement chez votre ex-conjoint, vous éviterez les conflits inutiles et vous n'obligerez pas l'enfant à choisir entre ses deux parents.

Comment parler à votre enfant

NE LE MENACEZ PAS. NE DITES PAS :
Arrête de pleurer, sinon je vais te donner une bonne raison de continuer !

En plus d'attiser la colère et le ressentiment que l'enfant éprouve à votre égard, vos menaces de violence l'empêchent de gérer efficacement ses émotions.

RAPPELEZ-LUI PLUTÔT LA RÈGLE. DITES :
Je sais que tu veux dormir dans mon lit, mais la règle dit que chacun doit dormir dans son propre lit.

Évitez les conflits entre vous et votre enfant en laissant à la règle le soin de dicter sa conduite. Cette approche lui apprendra par ailleurs que les règles sont des choses que l'on se doit de respecter.

NE MARCHANDEZ PAS AVEC LUI. NE DITES PAS :

Si tu vas dormir dans ton lit, je t'achèterai ce nouveau jouet que tu voulais.

N'essayez pas d'acheter la coopération de l'enfant. Cette approche lui fait comprendre que vos règles ne sont pas suffisamment importantes pour qu'il ait à y obéir sans la promesse d'une compensation.

CONCLUEZ PLUTÔT UN MARCHÉ AVEC LUI. DITES :

Si tu passes toute la nuit dans ton lit, on pourra prendre notre petit-déjeuner ensemble demain matin.

La règle de grand-mère vous permet d'accorder quelque chose à l'enfant contre son obéissance à l'une de vos exigences. À travers cette leçon importante, l'enfant apprend qu'il est possible d'en arriver à un compromis satisfaisant pour tous.

NE CAPITULEZ PAS. NE DITES PAS :

Bon, tu as assez pleuré. Tu peux venir te coucher dans mon lit.

C'est une dangereuse habitude que de changer la règle simplement parce que votre enfant pleure. Décidez à l'avance de votre réaction. Vous pouvez par exemple décider de laisser l'enfant tranquille s'il ne fait que pleurnicher, mais d'intervenir si ses pleurs se changent en cris de détresse.

REDIRIGEZ PLUTÔT SON ATTENTION. DITES :

Je sais que tu te sens isolé quand tu dors tout seul dans ta chambre, mais tu as ton ourson pour te tenir compagnie. Parle-lui si tu te sens triste.

Amenez l'enfant à se concentrer sur une chose qui l'aidera à s'adapter à la situation. Montrez-lui que vous comprenez qu'il a besoin de compagnie, mais tout en lui assurant qu'il a le courage de dormir seul.

NE BLÂMEZ PAS L'AUTRE PARENT DE L'ENFANT. NE DITES PAS :
Ce n'est pas parce que ta mère te laisse dormir dans son lit que tu peux dormir dans le mien quand tu es chez moi.

Ne blâmez pas votre ex-conjoint du fait que votre enfant ne veut pas dormir dans son propre lit. Votre intervention n'aidera pas l'enfant à apprendre à dormir seul et elle ne l'aidera pas à comprendre que chacun est responsable des choix qu'il fait.

AIDEZ PLUTÔT L'ENFANT À FAIRE LA PART DES CHOSES. DITES :
Je sais que tu peux dormir dans le lit de maman quand tu es chez elle, mais ici tu dois dormir dans ton propre lit.

Aidez votre enfant à comprendre que l'on doit se soumettre à des règles différentes selon l'endroit où l'on se trouve. Cette stratégie lui montre que vous êtes là pour lui apprendre à s'adapter à différents environnements.

CHAPITRE 9

L'APPRENTISSAGE DE LA SAGESSE

Ces années magiques sont faites de… moments magiques.

ANONYME

LE CHANGEMENT DE CHAMBRE

Selon vous, comment votre enfant de deux ans se sentira-t-il en apprenant qu'il doit céder sa chambre à son petit frère ou sa petite sœur ? Voilà quelqu'un qu'il ne connaît pas et qui survient tout à coup, usurpant à tout jamais son espace ! Pour faciliter la transition, demandez à l'enfant de vous aider à aménager sa nouvelle chambre. Si possible, complétez les préparatifs – peinture, décoration, choix des meubles, etc. – bien avant l'arrivée du bébé.

CONSEILS PRATIQUES

- Choisissez une approche qui tient compte de la personnalité de l'enfant. Votre enfant a-t-il une bonne capacité d'adaptation ou a-t-il tendance à manquer de souplesse ? Cette information vous permettra de prévoir sa réaction et d'ajuster votre tir en conséquence.
- Parlez de l'arrivée du bébé en termes positifs pour que l'enfant considère ce nouveau membre de la famille comme un ami et non comme un ennemi.

Votre discours intérieur

NE VOUS DITES PAS :
Je vais permettre à mon enfant de garder sa chambre parce que je ne veux pas le contrarier.

Il vous paraîtra peut-être plus simple de laisser les choses telles qu'elles sont, mais songez que cela ne vous donnera pas l'espace dont vous avez besoin pour le bébé, et que cela n'aidera pas votre enfant à développer sa capacité d'adaptation. Pour pouvoir apprendre à s'adapter au changement, l'enfant doit nécessairement en faire l'expérience.

DITES-VOUS PLUTÔT :
Si je m'ajuste bien au changement, mon enfant apprendra à s'ajuster lui aussi.

Votre enthousiasme fera comprendre à l'enfant combien il peut être excitant d'aménager dans une nouvelle chambre. Par votre exemple, montrez-lui qu'il est possible de considérer le changement comme un défi stimulant plutôt que comme une menace.

NE VOUS DITES PAS :
Je suis très déçu que mon enfant n'apprécie pas tous les efforts qu'on a faits pour aménager sa nouvelle chambre.

Aimer inconditionnellement signifie que l'on doit donner sans attendre quoi que ce soit en retour. Le fait que vous soyez déçu de votre enfant parce qu'il ne réagit pas positivement au changement lui signifie que vous ne l'aimez que lorsqu'il agit comme vous le voulez.

DITES-VOUS PLUTÔT :
Je comprends que mon enfant ne veuille pas céder sa chambre.

Les enfants d'âge préscolaire sont, par définition, égocentriques. Votre enfant sent qu'il a perdu le contrôle de son territoire et se soucie donc peu de la façon dont vous avez aménagé sa nouvelle chambre.

Conservez une attitude positive et montrez à l'enfant que vous l'aimez et que vous le soutenez tout au long de cette période d'adaptation.

NE VOUS DITES PAS :
Mais qu'est-ce qui cloche chez lui ? S'il était normal, il serait content d'aménager dans une nouvelle chambre.

Lorsque vous vous dites que votre enfant est anormal parce qu'il ne se comporte pas comme vous le voulez, cela suppose que vous contrôlez son comportement, ses pensées et ses émotions. Or, ce n'est pas le cas. La seule chose que vous contrôlez, c'est la façon dont vous réagissez aux comportements de l'enfant.

DITES-VOUS PLUTÔT :
Je comprends la détresse de mon enfant. Il m'est déjà arrivé à moi aussi d'avoir du mal à m'adapter au changement.

Votre empathie montre à l'enfant que vous êtes de son côté, ce qui l'incitera à coopérer et à suivre vos directives.

Comment parler à votre enfant

NE LUI MANQUEZ PAS DE RESPECT. NE DITES PAS :
Cela m'est égal que tu veuilles garder ton ancienne chambre ! Il faudra bien que tu t'habitues à ta nouvelle, que cela te plaise ou non !

Votre manque d'empathie fait comprendre à l'enfant que vous êtes son ennemi en ce moment de crise. Or, personne ne veut coopérer avec un ennemi.

REDIRIGEZ PLUTÔT SON ATTENTION. DITES :
Je comprends que tu ne veuilles pas quitter ton ancienne chambre, mais la nouvelle est beaucoup plus belle. Viens, on va y jeter un coup d'œil ensemble.

Soulignez les avantages de la nouvelle pièce. Cela aidera l'enfant à aborder ce changement avec une attitude positive.

NE NÉGOCIEZ PAS. NE DITES PAS :

Si tu cèdes ta chambre au bébé, je t'achèterai de nouveaux vêtements.

Il est normal qu'un enfant d'âge préscolaire veuille mettre à l'épreuve les règles instaurées par le parent. Or, quand vous offrez une récompense à votre enfant, vous lui montrez que la règle n'a aucune valeur et qu'il peut marchander son obéissance.

CONCLUEZ PLUTÔT UN MARCHÉ AVEC LUI. DITES :

Quand tu seras bien installé dans ta nouvelle pièce, tu inviteras tes amis à coucher. Tu pourras leur montrer combien tu as une belle chambre.

En ce temps de changement, la règle de grand-mère permet à l'enfant de sentir qu'il a une certaine maîtrise sur sa vie.

N'INSULTEZ PAS L'ENFANT. NE DITES PAS :

J'en ai assez de tes caprices ! Arrête de faire ton gros bébé !

Vous ne pouvez pas blâmer un enfant de deux ou trois ans du fait qu'il agit en bébé, c'est un bébé ! De plus, sachez que l'enfant sera peu porté à suivre vos directives si vous lui dites que les protestations qu'il vous transmet avec tant de sincérité ne sont que des caprices.

ADOPTEZ PLUTÔT UNE ATTITUDE PROACTIVE. DITES :

J'ai besoin que tu m'aides à aménager ton ancienne chambre pour le bébé. Comme tu aimais beaucoup cette chambre, je suis sûr que tu sauras quoi faire pour que le bébé s'y sente à l'aise.

Invitez votre enfant à prendre part aux préparatifs reliés à la venue du bébé. L'enfant doit sentir qu'il joue un rôle important dans cette transition ; cela l'aidera à trouver des façons positives de s'ajuster à sa nouvelle identité, à ses nouveaux quartiers et… au bébé.

NE SUPPLIEZ PAS L'ENFANT. NE DITES PAS :

Je t'en prie, sois gentil et cède ta chambre au bébé !

Cette approche montre à l'enfant que l'on peut obtenir tout ce que l'on veut dans la vie simplement en suppliant son prochain. Il est préférable de motiver l'enfant en lui montrant combien sa coopération peut lui être profitable.

INVITEZ-LE PLUTÔT À S'IMPLIQUER. DITES :

Allons au centre commercial pour trouver des façons de décorer ta nouvelle chambre.

En impliquant l'enfant de la sorte et en lui demandant son avis, vous l'aiderez à prendre possession de son nouvel espace. Cette façon de faire lui montre par ailleurs que son avis est important pour vous.

NE L'EFFRAYEZ PAS INUTILEMENT. NE DITES PAS :

Pourquoi as-tu peur de changer de chambre ? Tu crois qu'il y a des monstres dans ta nouvelle chambre ?

Votre attitude montre à l'enfant que vous vous souciez peu de ce qu'il ressent. Un enfant que l'on traite ainsi apprendra qu'il peut obtenir ce qu'il veut en faisant peur aux autres.

SOULIGNEZ PLUTÔT SON COURAGE. DITES :

Tu sais que tu es très brave et très fort ? Je suis certain que tu n'auras aucun mal à t'adapter à ta nouvelle chambre.

Votre enfant sera plus apte à développer sa capacité d'adaptation si vous lui parlez de ses atouts et de ses qualités. Avec votre soutien, l'enfant ne sera que trop heureux de s'ajuster à ce changement. Après tout, nous avons tous besoin d'être valorisé de temps à autre.

LE REFUS DE SE FAIRE GARDER

Votre enfant de quatre ans veut que vous soyez là tout le temps et il ne comprend pas pourquoi vous songez à le laisser, ne serait-ce qu'un instant. Même si vous avez passé la journée avec lui, il est normal qu'il se sente rejeté lorsque vous lui annoncez que vous comptez sortir sans lui. Afin que cette brève séparation se passe aussi bien que possible, retenez les services d'une gardienne qui a l'habitude de travailler avec des enfants de son âge. Et n'éternisez pas les adieux ! De cette manière, l'enfant ne prendra pas l'habitude de s'accrocher à vous chaque fois que vous quittez la maison sans lui.

CONSEILS PRATIQUES

- Déterminez une soirée de sortie fixe durant la semaine afin que votre enfant puisse s'habituer à se faire garder.
- Avertissez l'enfant à l'avance quand vous projetez une sortie. Rappelez-lui la chose tout au long de la journée afin qu'il puisse se préparer à votre absence et qu'il ne soit pas pris de court lorsque la gardienne arrivera et que vous partirez.
- Une gardienne d'enfants peut devenir une amie pour votre enfant. Quand vous lui en parlez, dites «ton amie» plutôt que «ta gardienne» ou «ta baby-sitter»; cela permettra à l'enfant de créer des liens plus étroits avec cette personne et l'aidera à mieux tolérer vos absences.

Votre discours intérieur

NE VOUS DITES PAS :

Ça me fend le cœur d'entendre mon enfant pleurer quand on le laisse seul avec la gardienne.

Si vous vous dites que vous aurez de la peine ou que vous allez être bouleversé, c'est probablement ce qui arrivera. Sachez que c'est *vous* qui décidez de votre réaction lorsque votre enfant pleure. Or, ce n'est pas en vous mettant dans tous vos états que vous l'aiderez à gérer cette séparation.

DITES-VOUS PLUTÔT :

Je sais que mon enfant n'aime pas nous voir partir, mais je sais aussi qu'il s'en remettra.

Vous aurez plus de facilité à gérer la situation si vous vous dites que la détresse de votre enfant n'est que temporaire. L'enfant sera plus enclin à se calmer si vous conservez votre calme.

NE VOUS DITES PAS :

J'imagine qu'il va falloir attendre qu'il soit un peu plus vieux avant de le faire garder.

Votre enfant n'apprendra pas à composer avec les situations qui lui déplaisent si vous changez vos plans chaque fois qu'il se met à pleurer. Cette approche lui apprend au contraire qu'il peut influencer vos décisions en piquant une crise.

DITES-VOUS PLUTÔT :

Mon rôle en tant que parent est d'aider mon enfant à s'ajuster au changement.

Vous saurez mieux aider l'enfant à s'acclimater à vos absences si vous vous concentrez sur un objectif parental à long terme.

NE VOUS DITES PAS :
Je me sens coupable de lui faire de la peine en le faisant garder – d'autant plus qu'il a passé la journée à la garderie.

Vous vous sentez coupable parce que vous croyez avoir mal agi en laissant votre enfant à la garderie toute la journée. Chassez ces pensées négatives de votre esprit.

DITES-VOUS PLUTÔT :
Mon enfant apprendra à tolérer la frustration en se faisant garder.

Les expériences de ce genre sont positives puisqu'elles permettent à l'enfant de s'habituer à être séparé de vous. Votre responsabilité en tant que parent est de choisir une gardienne d'enfant compétente, de lui fournir les numéros de téléphone où vous contacter en cas de besoin, de lui donner des instructions précises concernant l'enfant, puis de rassurer ce dernier en lui disant que vous serez bientôt de retour à la maison. Une fois que vous aurez fait tout cela, détendez-vous et profitez de votre sortie !

Comment parler à votre enfant

NE CAPITULEZ PAS. NE DITES PAS :
Bon, bon, arrête de pleurer. On va rester à la maison puisque c'est ce que tu veux.

Pour que votre enfant devienne autonome et indépendant, il est important qu'il apprenne à gérer vos absences. Or, il ne pourra pas s'habituer à être séparé de vous si vous cédez à ses protestations.

AGISSEZ PLUTÔT AVEC EMPATHIE ET FERMETÉ. DITES :
Je suis désolé que tu ne veuilles pas que l'on parte, mais ce soir, maman et papa vont dîner au restaurant. Quand on reviendra, on ira dans ta chambre et on te fera un gros câlin.

Traitez l'enfant avec empathie tout en lui expliquant fermement que vous devez sortir. Par cette attitude, vous montrez à l'enfant que vous vous souciez de ce qu'il ressent et vous lui faites comprendre qu'il sera en sécurité durant votre absence.

NE DÉNIGREZ PAS L'ENFANT. NE DITES PAS :
Mais qu'est-ce que tu as encore ? Je croyais que tu aimais passer du temps avec ta gardienne d'enfant !

Ne faites pas croire à l'enfant qu'il est anormal parce qu'il ne veut pas se faire garder. En adoptant ce genre de discours, vous lui signifiez que ses sentiments sont inacceptables et que vous ne tolérerez jamais qu'il soit en désaccord avec vous.

ADOPTEZ PLUTÔT UNE ATTITUDE POSITIVE. DITES :
Laura va venir te voir ce soir. Je sais que tu l'aimes bien et que tu as beaucoup de plaisir avec elle.

Aidez votre enfant à oublier sa hantise concernant votre absence en l'amenant à se concentrer sur le plaisir qu'il aura avec son amie.

NE LE MENACEZ PAS. NE DITES PAS :
Comme tu fais une crise chaque fois qu'on sort, à l'avenir on va partir en cachette.

Ne faites jamais cela ! En disant à l'enfant que vous ne l'informerez plus de vos départs, vous le forcez à remettre en cause la confiance qu'il a en vous. En plus d'accroître le niveau d'anxiété de l'enfant, cette approche lui fait comprendre qu'il est acceptable pour lui de sortir en cachette sans vous avertir.

PERMETTEZ-LUI PLUTÔT DE CHOISIR. DITES :
Maman et papa vont sortir vendredi soir. Avec laquelle de tes bonnes amies voudrais-tu passer la soirée ?

Motivez votre enfant à coopérer en lui permettant de choisir la personne qui le gardera en votre absence. L'enfant se sentira valorisé du fait que vous accordez de l'importance à son opinion.

NE LE CULPABILISEZ PAS. NE DITES PAS :

Tu me fais honte quand tu piques une crise devant la gardienne.

Si vous dites à votre enfant que son comportement vous fait honte, la séparation n'en sera que plus difficile. L'enfant sentira qu'il vous a déçu et il aura l'impression d'être incapable de faire ce que vous lui demandez.

ENCOURAGEZ PLUTÔT L'ENFANT. DITES :

Maman et papa sortent ce soir et tu vas rester avec la gardienne jusqu'à notre retour. Je sais que tu es assez fort et courageux pour être séparé de nous pendant un petit moment.

Avertissez l'enfant tôt dans la journée des plans que vous avez pour la soirée et dites-lui que vous le savez capable de gérer cette séparation.

L'AIDE ET LA COLLABORATION DE VOTRE ENFANT

Voilà plusieurs fois que vous demandez à votre fillette de trois ans de vous apporter une couche propre pour que vous puissiez changer son petit frère. Or, plus elle vous ignore et plus vous vous mettez en colère. Au lieu de l'asticoter inutilement, essayez de comprendre son point de vue. Est-elle jalouse du bébé? Entend-elle votre requête? Comprend-elle ce que vous lui demandez? Est-elle occupée à faire autre chose? Vous désirez que votre enfant apprenne ces deux facultés essentielles que sont l'aide et la coopération. Il faut d'abord que vous lui montriez que vous êtes capable de comprendre son point de vue.

CONSEILS PRATIQUES

- Enseignez à l'enfant les vertus de l'empathie, de la gentillesse et de l'obligeance en donnant vous-même l'exemple.
- N'hésitez pas à féliciter votre enfant de l'aide qu'il vous apporte. Vos louanges l'encourageront à répéter le comportement désiré.
- Tenez compte de ce que l'enfant est en train de faire avant de lui demander de vous aider. Peut-être tient-il à compléter l'activité qui l'occupe avant de vous aider.

Votre discours intérieur

NE VOUS DITES PAS :

Mais qu'est-ce que j'ai bien pu faire de travers pour que mon enfant ne veuille jamais m'aider ?

N'exagérez pas la situation en employant des mots comme « jamais ». Évitez également de vous blâmer vous-même ; l'émotion négative que cela engendrerait inhiberait votre capacité à résoudre le problème.

DITES-VOUS PLUTÔT :

Ce n'est pas grave que mon enfant refuse de m'aider. Je suis capable de gérer ça.

Vous aurez plus de facilité à trouver une solution au problème qui vous occupe si vous prenez un peu de recul face à la situation. Le refus de votre enfant vous irrite et vous frustre peut-être, mais dites-vous tout de même que vous êtes capable de la tolérer.

NE VOUS DITES PAS :

Mon enfant a toujours été égoïste.

Lorsque vous qualifiez votre enfant d'égoïste, vous faites d'un comportement ponctuel un problème permanent. Vous aurez bien du mal à trouver une solution si vous vous mettez dans un tel état d'esprit.

DITES-VOUS PLUTÔT :

Mon but est d'aider mon enfant à devenir une personne gentille et serviable.

Conservez une attitude positive en vous concentrant sur un objectif à long terme.

NE VOUS DITES PAS :

Ça m'enrage que mon enfant m'ignore quand je lui demande de m'aider.

Ne vous fâchez pas simplement parce que l'enfant refuse de répondre à votre requête. Une attitude colérique ne vous aidera pas à trouver une solution au problème.

DITES-VOUS PLUTÔT :

Je ne dois pas me fâcher sous prétexte que mon enfant ne veut pas m'aider.

Vous seul contrôlez vos émotions, et donc, votre colère. Plutôt que de vous répéter que le comportement de votre enfant vous frustre, voyez le bon côté des choses : cette situation vous permet de lui apprendre l'importance de la serviabilité.

Comment parler à votre enfant

NE LE MENACEZ PAS. NE DITES PAS :

Viens ici et aide-moi, sinon tu seras puni !

Un enfant à qui l'on donne des ordres obéira peut-être parce qu'il a peur, par contre, il n'apprendra pas que l'on se doit d'aider ses semblables par gentillesse et par empathie.

SOULIGNEZ PLUTÔT SES QUALITÉS. DITES :

J'ai besoin de ton aide. Je sais combien tu peux te montrer serviable.

En disant à l'enfant que vous avez besoin de son aide, vous lui signifiez qu'il est un membre estimé de votre famille.

NE LE CULPABILISEZ PAS. NE DITES PAS :

Je me tue à tout faire pour toi depuis ce matin, et toi tu ne lèverais même pas le petit doigt pour m'aider ? Tu n'es vraiment pas gentil !

Vos propos blessants font comprendre à l'enfant qu'il n'a pas le droit de commettre des erreurs, ce qui l'incitera à remettre en cause sa relation avec vous. De plus, en disant à l'enfant qu'il n'est pas gentil, vous lui signifiez que son comportement le définit en tant qu'individu.

INVITEZ-LE PLUTÔT À SE CONFIER À VOUS. DITES :
Dis-moi à quoi tu penses quand je te demande de m'apporter une couche pour ton petit frère.

Votre requête respectueuse incitera l'enfant à vous ouvrir son cœur, ce qui vous aidera à mieux comprendre son comportement, puis à trouver une solution au problème. Cette stratégie habitue aussi l'enfant à exprimer ses sentiments, ce qui est très sain.

NE VOUS FÂCHEZ PAS. NE DITES PAS :
Tu me mets hors de moi quand tu n'écoutes pas. Maintenant viens ici et aide-moi !

Lorsque vous dites à votre enfant qu'il est responsable de votre courroux, vous lui faites croire qu'il a une emprise considérable sur vos émotions, ce qui est une perspective terrifiante pour un enfant en bas âge. En vérité, vous seul contrôlez vos émotions.

CONCLUEZ PLUTÔT UN MARCHÉ AVEC LUI. DITES :
Va me chercher une couche pour le bébé et après je te lirai ton histoire favorite.

Motivez l'enfant à coopérer en lui proposant une activité qu'il aime. Cette utilisation de la règle de grand-mère aide l'enfant à comprendre qu'il lui sera possible d'obtenir ce qu'il veut une fois qu'il aura fait ce que vous lui demandez.

N'EFFRAYEZ PAS L'ENFANT. NE DITES PAS :
Puisque c'est comme ça, je vais trouver une autre petite fille pour prendre ta place et m'aider avec le bébé.

N'essayez pas de motiver votre enfant par la peur ! Sachez qu'il ne sera pas plus disposé à vous aider si vous menacez de l'abandonner. Vos propos font par ailleurs comprendre à l'enfant que votre amour pour lui dépend de son comportement : vous l'aimez lorsqu'il se conduit bien, mais ne l'aimez plus lorsqu'il désobéit. Si l'enfant coopère, ce sera parce qu'il craint de perdre votre amour et non parce qu'il se soucie de votre bien-être et de celui du bébé.

REMERCIEZ-LE PLUTÔT DE SON AIDE. DITES :
Je te remercie beaucoup de ton aide. Je ne sais vraiment pas ce que je ferais sans toi.

Votre enfant sera plus motivé à coopérer si vous lui dites que vous avez besoin de lui. Songez qu'aux yeux d'un enfant, les louanges d'un parent sont synonymes d'amour.

LA PUNITION

Le but de la punition est de permettre à l'enfant de prendre du recul face à une situation frustrante, de se calmer. Si l'enfant résiste, le rôle du parent est de l'emmener, fermement quoique avec douceur, à l'endroit où il devra purger sa peine et marquer un temps d'arrêt. Son refus de coopérer ne fait que renforcer la nécessité d'une brève séparation entre vous. Gardez votre calme et restez attentionné quand vous punissez votre enfant ; il n'est pas nécessaire que vous lui manquiez de respect ou que vous le bousculiez. En fait, l'enfant coopérera plus volontiers si vous restez calme.

CONSEILS PRATIQUES

- Surveillez votre enfant quand il joue afin que vous puissiez intervenir dès les premiers signes de frustration.
- Mettez l'enfant en punition dès qu'il semble avoir besoin de se calmer. Songez que s'il est frustré ou trop excité, il risque de se blesser ou de blesser quelqu'un d'autre.
- Présentez la période d'isolement non pas comme une punition, mais comme une conséquence positive qui permet à l'enfant de développer sa maîtrise de soi.
- Devant des comportements inappropriés ou antisociaux (coups, morsures, insultes), punissez votre enfant afin qu'il comprenne combien il est important de respecter son prochain.

Votre discours intérieur

NE VOUS DITES PAS :

Je suis un très mauvais parent. Si j'étais capable de contrôler mon enfant, il se comporterait mieux et je n'aurais pas à le punir.

Vous ne pouvez pas contrôler le comportement de votre enfant ; vous nc pouvez que le guider. Ne vous rendez pas responsable de ses choix et ne vous dites pas que c'est une mauvaise chose que de lui infliger une punition. Votre sentiment de culpabilité vous empêche de réfléchir efficacement à la situation.

DITES-VOUS PLUTÔT :

Je vais punir mon enfant pour l'aider à se calmer.

Songez que vous punissez l'enfant non pas pour l'humilier ou pour lui faire du mal, mais pour qu'il puisse se calmer. Au lieu de vous sentir coupable, dites-vous que cette stratégie lui permet de se ressaisir et de réfléchir à sa conduite.

NE VOUS DITES PAS :

Je déteste que mon enfant me fasse honte devant mes amis. Ça me met vraiment en colère.

Ne blâmez pas votre enfant de la colère et de l'embarras que vous ressentez. Cette attitude vous donnera envie de le punir au lieu de lui apprendre à choisir un comportement paisible et coopératif.

DITES-VOUS PLUTÔT :

Si je reste calme quand je punis mon enfant, ce sera plus facile pour lui de se calmer.

Votre flegme montre à l'enfant que l'on peut aborder une situation difficile avec calme et maîtrise de soi.

Comment parler à votre enfant

NE LE CATALOGUEZ PAS. NE DITES PAS :

Si tu n'étais pas un si mauvais garçon, je n'aurais pas à te punir.

En disant à votre enfant qu'il est mauvais, vous l'incitez à se voir comme tel et à le devenir. Compte tenu que l'enfant aura tendance à vouloir vous faire plaisir, nourrissez à son égard des attentes positives qui le motiveront à s'améliorer.

RAPPELEZ-LUI PLUTÔT LA RÈGLE. DITES :

Je comprends que tu ne veuilles pas être puni, mais la règle dit que quand tu frappes tes camarades, tu dois t'arrêter de jouer et rester seul dans ton coin pendant un moment.

Montrez à l'enfant que ses choix entraînent des conséquences prévisibles.

NE DÉGAGEZ PAS L'ENFANT DE SES RESPONSABILITÉS. NE DITES PAS :

Puisque tu me dis que tu regrettes ton geste, tu n'as pas à être puni.

Même si cette solution vous semble attrayante parce que plus facile à gérer, ne soustrayez pas l'enfant aux conséquences de ses actions. Cette façon de faire montre à l'enfant qu'il n'a qu'à s'excuser pour éviter d'être puni.

CONCLUEZ PLUTÔT UNE ENTENTE AVEC LUI. DITES :

Si tu restes sagement en punition jusqu'à ce que le minuteur sonne, tu pourras revenir jouer ensuite.

La règle de grand-mère montre à l'enfant que vous respectez son désir de retourner jouer après sa période de réflexion. Cette approche habitue par ailleurs l'enfant à accepter que sa gratification soit reportée à plus tard.

NE LE CULPABILISEZ PAS. NE DITES PAS :

Si tu te comportais correctement, tu ne serais pas puni.

Évitez de culpabiliser votre enfant pour le motiver à coopérer. Cette stratégie ne lui apprend pas à choisir un comportement approprié lorsqu'il est frustré.

DONNEZ PLUTÔT UNE TOURNURE POSITIVE À LA SITUATION. DITES :

La punition est une période de réflexion qui nous aide à nous calmer. Et quand on est calme, on a plus de plaisir et on prend de meilleures décisions.

Présentez cette période de réflexion comme une chose positive. Grâce à cette approche, l'enfant apprendra à se désengager et à prendre du recul quand une situation devient trop tendue.

NE LE MENACEZ PAS. NE DITES PAS :

Je t'ai puni, il me semble ! File dans ta chambre avant que je ne te donne une fessée !

Votre attitude montre à l'enfant qu'il est acceptable de menacer les gens dans le but d'influencer leur comportement. De plus, le fait que vous vous fâchiez n'apprend pas à l'enfant à se conduire correctement.

USEZ PLUTÔT D'EMPATHIE. DITES :

Je suis vraiment désolé que tu aies choisi de ne pas observer ta punition jusqu'à la fin. Maintenant tu vas devoir reprendre ta période de réflexion à partir du début.

En disant à l'enfant que vous êtes navré du fait qu'il ait désobéi, vous lui montrez à agir avec empathie. D'un autre côté, il est important que l'enfant retourne en punition pour qu'il apprenne à respecter vos règles.

LE REFUS DE SE SÉPARER DE SA DOUDOU

Votre petit bout de trois ans traîne sa couverture ou sa sucette favorite partout où il va. Votre hantise est que si vous n'habituez pas l'enfant à se passer de cet objet réconfortant et familier, il voudra l'apporter avec lui lorsqu'il commencera à aller à l'école. Si vous voulez amener l'enfant à délaisser ces choses qui le rassurent, vous devez fixer des règles strictes quant à leur utilisation et vous devez aider l'enfant à découvrir d'autres moyens de se réconforter. Arrivez-en à des compromis qui vous satisferont tous deux et qui aideront l'enfant à traverser cette période de transition.

CONSEILS PRATIQUES

- Pour que l'enfant consente à abandonner les objets qui lui procurent un certain réconfort, il faut qu'il se sente en sécurité dans son environnement. Procurez-lui chaleur et compréhension tout au long de cette importante transition.
- Établissez des règles qui dictent où et quand l'enfant peut utiliser sa couverture, sa sucette, ses peluches et autres objets réconfortants.
- Les anniversaires constituent de bonnes occasions d'inciter l'enfant à délaisser ses objets de réconfort. Dites par exemple: «Maintenant que tu es un grand garçon (ou une grande fille)

de cinq ans, on va s'exercer à laisser nounours à la maison quand tu vas à la maternelle.»

- Si votre enfant utilise une sucette, consultez un dentiste pour déterminer si cela peut être préjudiciable à l'alignement de ses dents et de ses mâchoires. Si cette habitude s'avère sans danger, limitez tout de même l'emploi de la sucette à l'heure du coucher.

Votre discours intérieur

NE VOUS DITES PAS :

Je ne suis plus capable de voir mon enfant traîner cette couverture partout où il va.

Quand vous vous dites que vous ne pouvez plus tolérer quelque chose, vous vous empêchez de trouver des façons constructives de gérer la situation. N'oubliez jamais que les émotions négatives inhibent la créativité.

DITES-VOUS PLUTÔT :

Je suis capable de tolérer cette couverture jusqu'à ce que mon enfant soit prêt à l'abandonner.

Par votre attitude tolérante et pondérée, vous montrez à l'enfant que vous respectez son désir de renoncer graduellement à cet objet qui le réconforte. Songez que personne n'aime se faire donner des ordres.

NE VOUS DITES PAS :

Si je ne lui enlève pas tout de suite sa couverture, elle l'aura encore dans les bras le jour de son mariage !

En exagérant ainsi le problème, vous exercez une pression indue sur votre enfant. Sachez qu'il vous résistera encore plus s'il n'est pas prêt à perdre cette habitude que vous déplorez. Son opposition est pour lui une façon de contrôler son environnement.

DITES-VOUS PLUTÔT :
Mon but est d'aider mon enfant à trouver de nouvelles façons de se réconforter.

Encouragez votre enfant à développer d'autres « techniques de réconfort ». Quand il se sent vulnérable, vous pouvez par exemple lui suggérer de dessiner, de s'adonner à l'une de ses activités favorites, de se remémorer des moments agréables qu'il a vécus ou de regarder des livres d'images.

NE VOUS DITES PAS :
Si je force mon enfant à perdre cette habitude, les gens vont arrêter de me regarder comme si j'étais un mauvais parent.

Ne basez pas vos décisions parentales sur ce que les autres peuvent penser de vous.

DITES-VOUS PLUTÔT :
Mon enfant a encore besoin de sa sucette. Tant pis si les gens voient ça d'un mauvais œil !

Ne gaspillez pas votre temps et votre énergie à vous préoccuper de choses que vous ne pouvez pas contrôler – l'opinion des autres, par exemple.

Comment parler à votre enfant

NE LE MENACEZ PAS. NE DITES PAS :
Si tu ne retires pas tout de suite cette sucette de ta bouche, je la jette à la poubelle !

Ne menacez jamais votre enfant de la sorte. En jetant sa sucette à la poubelle, vous le punissez pour un crime qu'il n'a pas commis. Plutôt que d'aider l'enfant à s'ajuster à la situation, cette approche exacerbe son sentiment d'insécurité et, par le fait même, le rend encore plus réticent à vous obéir.

UTILISEZ PLUTÔT UN MINUTEUR. DITES :
Tu peux sucer ta tétine jusqu'à ce que le minuteur sonne, mais ensuite on va devoir la mettre de côté jusqu'à demain.

L'emploi du minuteur permet au parent et à l'enfant d'en arriver à un compromis pacifique et non menaçant. Cette stratégie motivera par ailleurs votre enfant à vous céder sa sucette le moment venu.

NE LE DIMINUEZ PAS. NE DITES PAS :
Mais qu'est-ce qui cloche chez toi ? Faudra-t-il donc toujours que tu trimballes cette stupide couverture avec toi partout où tu vas ?

En disant cela, vous faites croire à l'enfant qu'il est inadapté, simplement parce qu'il aime sa couverture. En fait, il est tout à fait normal pour un enfant d'âge préscolaire de puiser du réconfort dans un objet tel qu'une couverture ou un jouet spécifique. Sans doute aviez-vous votre propre objet réconfortant quand vous étiez enfant.

ÉTABLISSEZ PLUTÔT CERTAINES LIMITES. DITES :
Je sais que tu veux amener ta couverture avec toi à la bibliothèque, mais la règle dit que tu peux l'utiliser seulement à la maison.

Si vous établissez des limites en ce qui concerne l'utilisation d'un objet réconfortant, l'enfant s'habituera progressivement à s'en détacher.

NE MARCHANDEZ PAS AVEC L'ENFANT. NE DITES PAS :

Si tu me donnes ta couverture, je vais t'acheter un nouveau jouet.

Vos promesses de récompense n'aideront pas l'enfant à se détacher de son objet de réconfort. En adoptant cette stratégie, vous empêchez l'enfant de s'adapter au changement.

RAPPELEZ-LUI PLUTÔT LA RÈGLE. DITES :

La règle dit que tu ne peux employer ta sucette qu'à l'heure du coucher. Je suis sûr que tu pourras t'en passer d'ici là. Entre-temps, trouvons quelque chose d'amusant à faire.

Si vous limitez l'emploi de l'objet de réconfort à certains moments de la journée et si vous redirigez l'attention de l'enfant vers d'autres activités, celui-ci abandonnera progressivement l'objet en question.

NE RABAISSEZ PAS L'ENFANT. NE DITES PAS :

Tu as vraiment l'air ridicule avec ta tétine dans la bouche !

Dites à votre enfant qu'il est « ridicule » et vous ne ferez qu'exacerber ce besoin qu'il a de sucer sa tétine. Cette stratégie montre par ailleurs à l'enfant qu'il est acceptable d'insulter les autres lorsqu'on se sent frustré.

USEZ PLUTÔT D'EMPATHIE. DITES :

Je sais combien tu aimes ta sucette, mais les gens ont beaucoup de mal à comprendre ce que tu dis quand tu l'as dans la bouche. Pourrais-tu la retirer s'il te plaît ?

Prenez le temps d'expliquer à l'enfant la nature du problème. Tout en lui montrant que vous respectez son attachement à l'objet de réconfort, faites-lui comprendre que vous lui demandez de s'en séparer pour des raisons d'ordre pratique.

LES VISITES

La visite à un parent âgé a sans doute une grande importance à vos yeux. Votre enfant de cinq ans, par contre, n'entretient probablement pas envers ce parent les mêmes liens affectifs que vous et ne peut donc pas comprendre le sens d'une telle visite. Prenez le temps de partager vos sentiments avec l'enfant et expliquez-lui l'importance du lien familial.

CONSEILS PRATIQUES

- Donnez l'exemple en traitant vos parents, vos grands-parents et toutes les autres personnes âgées de votre communauté avec respect, empathie et bonté.
- Ne vous lamentez pas chaque fois que vous devez visiter une personne âgée et évitez de critiquer les conditions de vie à la maison de retraite.

Votre discours intérieur

NE VOUS DITES PAS :

Ma mère va me détester si je ne vais pas la voir avec mon fils.

Évitez de vous dire que la résistance de votre enfant attirera sur vous la colère d'une autre personne. Dans cet état d'esprit, vous aurez l'impression d'avoir à forcer l'enfant à coopérer coûte que coûte.

DITES-VOUS PLUTÔT :

Mon enfant n'est pas mal élevé simplement parce qu'il refuse de visiter sa grand-mère.

Le refus de votre enfant peut être attribuable à toute une variété de facteurs. Il est par exemple possible que l'apparence et le comportement imprévisible de grand-mère lui fassent un peu peur.

NE VOUS DITES PAS :

J'ai dû faire quelque chose de travers en tant que parent pour que mon enfant se soucie si peu de sa grand-mère.

Lorsque vous vous dites que vous êtes responsable du manque d'empathie ou de sensibilité de votre enfant, vous vous faites du tort inutilement. N'oubliez pas que c'est l'enfant, et non vous, qui est responsable de ses propres sentiments.

DITES-VOUS PLUTÔT :

Mon but est d'aider mon enfant à développer son sens de l'empathie et de la compassion.

Votre rôle en tant que parent est d'amener l'enfant à développer son sens inné de l'empathie. Vous gérerez mieux la situation si vous gardez en tête cet objectif à long terme lorsque l'enfant refuse de coopérer.

NE VOUS DITES PAS :

Je me sens atrocement coupable quand mon enfant refuse de visiter son grand-père.

Vous vous sentez coupable parce que vous avez l'impression d'avoir commis une erreur, ce qui n'est pas le cas. Vous n'êtes pas à blâmer pour la réticence de votre enfant – lui non plus, d'ailleurs. La vérité est que vous avez droit à vos sentiments et que votre enfant a droit aux siens.

DITES-VOUS PLUTÔT :
Je comprends la résistance de mon enfant. Moi non plus, je n'ai pas toujours envie de rendre visite à mes parents.

Cette attitude empathique vous aidera à trouver des moyens d'encourager l'enfant à coopérer. Souvenez-vous que la règle d'or du parent est : « Agis avec ton enfant comme tu voudrais qu'il agisse avec toi. »

Comment parler à votre enfant

NE LE CULPABILISEZ PAS. NE DITES PAS :
Comment ça, tu ne veux pas aller voir grand-mère ? Tu ne l'aimes pas, c'est ça ?

Vous n'aidez pas l'enfant à développer son sens de l'empathie lorsque vous tentez de le motiver en le culpabilisant. En adoptant cette stratégie, vous faites lui croire qu'il a tort de ressentir certaines émotions.

USEZ PLUTÔT D'EMPATHIE. DITES :
Je comprends que tu ne veuilles pas aller voir grand-mère, mais tu sais combien elle t'adore. Elle serait si contente que tu lui rendes visite !

Stimulez l'empathie naturelle de l'enfant en l'amenant à réfléchir sur les sentiments des gens qui l'entourent. Avec un peu de temps, il constatera de lui-même combien il est gratifiant de rendre les autres heureux.

NE L'EFFRAYEZ PAS INUTILEMENT. NE DITES PAS :
Grand-mère va être furieuse contre toi si tu ne viens pas avec moi pour lui rendre visite.

Ne faites pas croire à l'enfant que sa réticence risque de mettre grand-mère en colère. Votre enfant aura bien du mal à éprouver de l'empathie à son égard si vous lui tenez de tels propos. De fait, l'enfant nourrira sans doute quelque rancœur à l'idée que quelqu'un puisse être fâché contre lui parce qu'il exprime ouvertement ses sentiments.

INVITEZ-LE PLUTÔT À SE CONFIER À VOUS. DITES :

S'il te plaît, dis-moi pourquoi tu ne veux pas visiter grand-mère. Aide-moi à comprendre.

Vous serez plus apte à trouver une solution au problème si vous savez ce qui tracasse votre enfant. Peut-être refuse-t-il de visiter grand-mère parce que l'ambiance, les bruits et les odeurs de la maison de retraite le troublent ou lui font peur. Si c'est le cas, invitez l'enfant à égayer sa visite en apportant de la lotion, des fleurs ou un de ses dessins à grand-mère.

NE NÉGOCIEZ PAS AVEC L'ENFANT. NE DITES PAS :

Si tu viens visiter grand-mère avec moi, je t'achèterai une pizza pour dîner.

Si vous adoptez cette stratégie, votre enfant prendra l'habitude de ne coopérer que si vous lui donnez quelque chose en retour. Or, il est important que l'enfant apprenne que faire le bonheur de son prochain est une récompense en soi.

CONCLUEZ PLUTÔT UN MARCHÉ AVEC LUI. DITES :

Allons visiter grand-mère, ensuite on ira s'amuser au parc avant de rentrer à la maison.

Grâce à la règle de grand-mère, l'enfant apprend qu'il doit s'acquitter de ses responsabilités avant de pouvoir faire ce qu'il désire. Cette leçon lui sera profitable par la suite, quand il sera grand, car elle lui permettra de mieux gérer sa vie en établissant certaines priorités. Cette approche lui montre par ailleurs qu'il est possible pour lui de contrôler son existence – un objectif cher aux enfants d'âge préscolaire.

NE VOUS FÂCHEZ PAS. NE DITES PAS :

J'en ai assez ! Cette fois, tu vas m'écouter, tu vas monter dans la voiture et on va rendre visite à grand-mère !

Sachez qu'en vous fâchant, vous ne faites qu'attiser les peurs et les appréhensions de votre enfant. Votre attitude lui fait croire que vous cessez de l'aimer quand il ne vous obéit pas, ce qui est une perspective fort effrayante pour un enfant de cet âge.

DONNEZ PLUTÔT À LA SITUATION UNE TOURNURE POSITIVE.
DITES :
Apporte à grand-mère le beau dessin que tu as fait ce matin. Elle va être très heureuse de le voir et toi tu seras très content de lui montrer.

Sollicitez l'empathie naturelle de l'enfant en lui faisant comprendre qu'il peut poser un geste concret qui rendra sa grand-mère heureuse. De plus, l'enfant se sentira plus proche de sa grand-mère si vous lui dites que celle-ci apprécie ses talents d'artiste.

LE REFUS DE MARCHER

Pour un enfant en bas âge, il n'y a rien de tel que de se faire porter dans les bras d'un parent aimant. C'est pour cela que votre petit de deux ans cherche à prolonger cet instant de pur bonheur. Il n'y a pas de mal à ce que vous lui accordiez ce petit plaisir aussi souvent que possible, mais quand la situation ne s'y prête pas, sachez que vous pouvez l'amener à marcher seul sans sacrifier ce contact et cette tendresse que vous lui prodiguez quand vous le portez.

CONSEILS PRATIQUES

- Établissez des règles qui dictent quand et pour combien de temps l'enfant peut être porté lors d'une sortie donnée.
- Encouragez et félicitez l'enfant quand il s'applique à marcher.
- N'oubliez pas que les jambes de l'enfant sont beaucoup plus courtes que les vôtres et qu'il ne peut pas marcher aussi vite que vous.
- Travaillez à accroître graduellement la tolérance de l'enfant en ce qui a trait à la marche. Commencez par de petites promenades autour de la maison, puis allongez progressivement vos excursions au fur et à mesure que l'enfant gagne en endurance.
- Limitez le temps que l'enfant passe dans sa poussette. Il est important qu'il apprenne à apprécier la marche et qu'il fasse de l'exercice pour développer son endurance.

Votre discours intérieur

NE VOUS DITES PAS :

Je suis épuisé, mais mon enfant veut absolument que je le porte et je ne voudrais pas le décevoir.

Si vous vous dites que vous êtes épuisé, vous n'aurez pas l'énergie nécessaire pour gérer efficacement la situation. Songez qu'après avoir décidé que vous ne pouvez pas faire une chose, vous adopterez un comportement qui rend cette chose impossible à réaliser.

DITES-VOUS PLUTÔT :

Mon enfant est déçu du fait que je ne peux pas le porter, mais je suis capable de gérer sa déception.

La déception de votre enfant n'a rien de dramatique. Il a droit à ses sentiments et vous avez droit aux vôtres. Votre enfant n'obtiendra pas toujours ce qu'il désire et il doit donc s'exercer à gérer sa déception.

NE VOUS DITES PAS :

Mon enfant est trop paresseux pour marcher.

Si vous qualifiez votre enfant de paresseux, vous verrez son refus de marcher comme un problème insoluble et permanent. La vérité est que votre enfant sera un jour trop grand et trop lourd pour que vous puissiez le porter et qu'il devra alors nécessairement marcher.

DITES-VOUS PLUTÔT :

Ce n'est pas en me fâchant que je motiverai mon enfant à marcher.

Lorsque la réticence de votre enfant vous frustre, dites-vous que vous avez la possibilité de contrôler vos sentiments de colère et de frustration. Au lieu de compromettre votre relation avec votre enfant en vous mettant en colère, assumez vos responsabilités parentales et essayez, avec calme et enthousiasme, de trouver une solution au problème.

NE VOUS DITES PAS :
Je devrais porter mon enfant chaque fois qu'il me le demande.

Vous dire que vous « devriez » faire quelque chose suggère qu'il n'y a qu'une seule façon d'aborder la situation. Dites-vous plutôt que votre but est d'aider votre enfant à devenir une personne équilibrée et autonome, mais sans sacrifier pour autant votre propre bien-être.

DITES-VOUS PLUTÔT :
Je comprends ce désir qu'a mon enfant de se faire porter.

Considérez les besoins de votre enfant avec empathie. Cette attitude vous permettra de trouver des moyens à la fois tendres et humains de l'aider à gérer les petites déceptions de l'existence.

Comment parler à votre enfant

NE LE DÉVALORISEZ PAS. NE DITES PAS :
Pourquoi ne veux-tu pas marcher par toi-même ? Si tu continues comme ça, tu vas devenir gros et paresseux.

En disant à votre enfant qu'il deviendra gros et paresseux, vous l'incitez à se voir ainsi et à devenir ainsi. De plus, cette stratégie ne l'aide aucunement à gérer son besoin d'être porté.

PROPOSEZ-LUI PLUTÔT UNE AUTRE SOLUTION. DITES :
J'aimerais bien pouvoir te porter, mais j'ai des paquets pleins les bras. Marche à côté de moi, et, quand on arrivera à la maison, tu pourras t'asseoir sur mes genoux et je te lirai une belle histoire.

En offrant une seconde option à l'enfant, vous lui montrez que vous respectez son besoin de se blottir dans vos bras et que vous êtes prêt à trouver avec lui des moyens de satisfaire ce besoin sans renoncer pour autant à votre propre bien-être.

NE MARCHANDEZ PAS. NE DITES PAS :
Si tu marches par toi-même, on arrêtera en chemin pour t'acheter une glace.

Usez de ce genre de tractation et votre enfant s'attendra bientôt à recevoir une récompense chaque fois qu'il aura fait ce que vous lui aurez demandé. Sachez par ailleurs qu'il est néfaste d'associer la nourriture à l'approbation d'un parent ; ce genre de stratégie peut amener votre enfant à développer des troubles alimentaires et provoquer l'obésité infantile.

CONCLUEZ PLUTÔT UN MARCHÉ AVEC LUI. DITES :
Je ne peux pas te porter en ce moment, mais on va tout de même se donner la main tandis qu'on fait nos courses.

Ce compromis attrayant montre à l'enfant que vous êtes sensible à ses besoins tout en lui faisant comprendre qu'il doit lui aussi respecter les vôtres.

NE LE CULPABILISEZ PAS. NE DITES PAS :
Tu ne vois pas que je suis épuisé ? C'est fou ce que tu peux être égoïste !

Au lieu d'encourager l'enfant à développer son autonomie en l'invitant à marcher, cette approche culpabilisante l'incite à vous obéir par crainte de vous blesser ou de vous décevoir. Si vous persistez sur cette voie, l'enfant en viendra à avoir peur de vous dire ce qu'il ressent.

ESSAYEZ PLUTÔT DE L'ENCOURAGER. DITES :
Tu sais que tu marches très bien tout seul ? Je sais que tu es capable de marcher encore pendant un petit moment.

En félicitant et en encourageant l'enfant de la sorte, vous le motivez à poursuivre son périple. Fier de son exploit, il acceptera plus volontiers de marcher à l'avenir.

LE POUCE DANS LA BOUCHE

Que voilà une source constante de conflits entre parents et enfants! La American Academy of Pediatric Dentistry affirme que la majorité des enfants arrêtent de sucer leur pouce entre deux et quatre ans et que cette habitude ne devient un problème qu'au moment de la croissance des incisives, soit vers l'âge de cinq ans. En encourageant votre enfant à ne pas sucer son pouce, vous lui éviterez toutes sortes de malaises - douleur aux pouces, durillons, infections, etc. D'un autre côté, soyez compréhensif et reconnaissez le fait que cette habitude est très réconfortante pour l'enfant.

CONSEILS PRATIQUES

- Si votre enfant suce son pouce, amenez-le régulièrement chez le dentiste afin de prévenir tout dommage que cette habitude pourrait causer.
- Demandez au dentiste de travailler avec vous pour encourager l'enfant à sucer son pouce le moins possible.

Votre discours intérieur

NE VOUS DITES PAS :

Ça m'inquiète de voir mon enfant sucer son pouce.

Vous aurez plus de mal à trouver une solution créative au problème si vous vous rongez les sangs et anticipez le pire.

DITES-VOUS PLUTÔT :

Je ne m'inquiète pas du fait que mon enfant suce son pouce, mais je vais tout de même essayer de trouver un moyen de l'aider à se défaire de cette habitude.

Si vous refusez de sombrer dans l'inquiétude, vous serez plus à même de trouver des façons d'aider l'enfant à garder son pouce hors de sa bouche. De toute manière, il est prouvé qu'une attitude et des pensées positives favorisent le maintien d'une bonne santé.

NE VOUS DITES PAS :

Qu'est-ce que ma mère va dire si mon enfant continue de sucer son pouce ?

Si vous vous inquiétez de ce que pensent les autres, vous vous sentirez obligé de leur plaire et, par conséquent, vous mettrez beaucoup de pression sur votre enfant pour qu'il abandonne le comportement indésirable. Songez que vous ne pourrez pas vous concentrer sur le problème qui vous occupe si vous vous souciez constamment de l'opinion des autres.

DITES-VOUS PLUTÔT :

En tant que parent, je dois agir dans l'intérêt de mon enfant.

N'oubliez pas qu'en ce cas-ci, votre rôle est d'amener l'enfant à ne plus sucer son pouce.

NE VOUS DITES PAS :

Il y a longtemps que j'aurais dû obliger mon enfant à arrêter de sucer son pouce.

Vous n'aiderez pas votre enfant à ne plus sucer son pouce en vous blâmant ainsi. Par contre, une telle attitude diminuera votre capacité à trouver une solution au problème. Il est difficile de penser clairement et de conserver une bonne ouverture d'esprit lorsqu'on se laisse envahir par des pensées négatives.

DITES-VOUS PLUTÔT :

Je saurai mieux aider mon enfant si je reste calme.

Vous serez plus apte à réfléchir de façon rationnelle - et donc à trouver une solution au problème - si vous conservez votre calme. Cela vous aidera également à maintenir une attitude ouverte et aimante face à l'enfant, ce qui le motivera davantage à coopérer.

Comment parler à votre enfant

NE LE MENACEZ PAS. NE DITES PAS :

Si tu n'arrêtes pas de sucer ton pouce, je vais mettre de la sauce piquante dessus. Ça va te faire passer l'envie de le sucer, crois-moi !

En menaçant de mettre de la sauce piquante, du savon ou du poivre sur le pouce de votre enfant, vous lui montrez que vous êtes prêt à lui faire du mal pour l'obliger à coopérer.

USEZ PLUTÔT D'EMPATHIE. DITES :

Je sais que c'est dur pour toi de ne pas sucer ton pouce. Réfléchissons aux choses amusantes que tu pourrais faire pour garder tes mains occupées.

Dites à l'enfant que vous comprenez combien il est difficile pour lui de ne pas mettre son pouce dans sa bouche. Votre enfant sera davantage porté à croire ce que vous dites si vous adoptez à son égard une attitude à la fois franche et compréhensive. Il sera par ailleurs plus enclin à coopérer s'il sent que vous êtes avec lui, et non contre lui.

NE NÉGOCIEZ PAS. NE DITES PAS :
Si tu arrêtes de sucer ton pouce, je t'achèterai une nouvelle bicyclette.

Un enfant que l'on habitue à ce genre de rétribution aura tendance à refuser de coopérer jusqu'à ce qu'on lui promette une récompense.

PROPOSEZ-LUI PLUTÔT UN COMPORTEMENT DIFFÉRENT. DITES :
On va s'exercer à regarder la télé en restant assis sur nos mains. Comme ça, on ne pourra pas se mettre le pouce dans la bouche. Bravo ! tu fais ça comme un grand !

Enseignez à l'enfant un comportement préventif qui l'aidera à atteindre l'objectif que vous lui avez fixé. Et n'oubliez pas de le féliciter de sa coopération ! Cela l'encouragera à répéter par la suite le comportement désiré.

NE CRITIQUEZ PAS L'AUTRE PARENT DE L'ENFANT. NE DITES PAS :
Ton père te laisse peut-être sucer ton pouce quand tu es chez lui, mais il n'est pas question que tu fasses ça chez moi !

Le regard critique que vous posez sur l'autre parent de l'enfant fait comprendre à celui-ci qu'il peut obtenir ce qu'il désire en nourrissant le conflit qui règne entre ses deux parents. Les deux parents doivent unir leurs efforts en ce qui a trait à leur enfant.

DONNEZ PLUTÔT À L'ENFANT UNE BONNE RAISON DE COOPÉRER. DITES :
En gardant ton pouce hors de ta bouche, tu prends soin de tes nouvelles dents qui sont en train de pousser.

Rappelez à l'enfant qu'en ce cas-ci, son objectif est de prendre soin de ses dents. Adoptez une attitude positive qui lui permettra de se concentrer sur ce qu'il doit faire, et non sur ce qu'il ne doit pas faire.

L'APPRENTISSAGE DE LA PROPRETÉ

Les raisons pour lesquelles un enfant refuse d'aller à la toilette sont multiples et variées. Par exemple, il ne veut pas interrompre son jeu; il a peur d'utiliser la toilette dans un endroit qu'il ne connaît pas; il ne ressent pas le besoin de se soulager. Demandez à votre enfant de trois ans de vous dire ce qu'il pense quand il refuse d'aller à la toilette. En vous basant sur cette information, vous serez en mesure de rendre cette expérience aussi naturelle et agréable que possible, tant à la maison qu'à l'extérieur.

CONSEILS PRATIQUES

- Ne demandez pas constamment à l'enfant s'il a besoin d'aller à la toilette. Une telle approche incite l'enfant à attendre votre intervention et ne l'habitue pas à prendre l'initiative du geste.
- Encouragez l'enfant à aller à la toilette avant une sortie ou un long périple en voiture.
- En voiture, ne vous plaignez pas du fait que vous devez arrêter parce que votre enfant doit aller à la toilette. Demeurez positif, sachant que votre attitude est contagieuse.

Votre discours intérieur

NE VOUS DITES PAS :

Mon enfant m'énerve quand il refuse d'aller à la toilette lorsque je lui demande, mais qu'après il fait dans sa culotte.

Lorsque vous vous dites que le comportement de votre enfant vous énerve, c'est comme si vous rendiez l'enfant responsable de vos sentiments. Or, vous seul décidez de votre réaction émotionnelle face à une situation donnée.

DITES-VOUS PLUTÔT :

À son âge, il est normal de ne pas vouloir aller à la toilette.

Accueillez la réticence de l'enfant avec sérénité. Vous saurez mieux l'aider à apprendre la propreté si vous restez calme.

NE VOUS DITES PAS :

Mon enfant n'est pas normal. Les enfants de mon entourage étaient déjà propres à cet âge.

Évitez de comparer votre enfant aux autres enfants quand il refuse de faire ce que vous lui demandez.

DITES-VOUS PLUTÔT :

Il y a sans doute des enfants qui ne font plus dans leur culotte à cet âge, mais ça m'est égal. Je sais que mon enfant est tout à fait normal.

Lorsque vous cesserez de comparer votre enfant aux autres enfants, vous saurez mieux le soutenir dans les circonstances qui lui sont spécifiques. Au bout du compte, la meilleure façon d'aider votre enfant est d'avoir confiance en vos propres décisions.

NE VOUS DITES PAS :

J'en ai marre que mon enfant refuse d'aller à la toilette. Je vais lui remettre des couches.

En évitant le problème de cette façon, vous ne ferez que semer la confusion dans l'esprit de l'enfant. Cette stratégie ne lui permettra définitivement pas d'apprendre à aller à la toilette de lui-même. Voici venu le moment de mettre en pratique ces deux aptitudes parentales essentielles que sont la patience et la tolérance.

DITES-VOUS PLUTÔT :
Je sais que mon enfant va éventuellement apprendre à utiliser la toilette quand il en a besoin.

Envisagez l'avenir de façon positive. Cela vous aidera à accepter la résistance de l'enfant dans cet apprentissage de la propreté.

Comment parler à votre enfant

NE CRIEZ PAS. NE DITES PAS :
Va tout de suite à la toilette et fais tes besoins !

Votre attitude tyrannique vous donnera peut-être l'impression de contrôler le comportement de l'enfant mais, en fait, vous ne lui montrez ni à écouter ni à coopérer en agissant ainsi. Tout ce que vous pouvez contrôler, c'est votre *réaction* au comportement de l'enfant, et non le comportement lui-même.

FÉLICITEZ-LE PLUTÔT DE SA COOPÉRATION. DITES :
Je te félicite d'être allé à la toilette quand je te l'ai demandé. Tu vas voir comme on se sent bien quand on est propre et au sec.

En félicitant et en remerciant votre enfant d'avoir utilisé la toilette et en vantant les joies d'être au sec, vous l'encouragez à répéter le comportement désiré. Songez que votre approbation est très importante pour l'enfant.

NE LE MENACEZ PAS. NE DITES PAS :

Je vais me fâcher si tu ne vas pas tout de suite à la toilette !

Vous n'aidez pas l'enfant à développer son sens de l'empathie lorsque vous l'incitez à obéir en lui faisant peur. Vous voulez que votre enfant apprenne à traiter les autres avec respect et délicatesse ? En ce cas, agissez avec l'enfant comme vous souhaiteriez qu'il agisse avec vous.

INVITEZ-LE PLUTÔT À RÉPÉTER LE GESTE. DITES :

Viens, on va s'exercer à aller à la toilette. Marchons d'abord de la cuisine à la salle de bain. Maintenant, on va relever le siège de la toilette…

Votre enfant sera moins porté à s'oublier dans sa culotte si vous l'habituez à se rendre à la salle de bain à partir de différentes pièces de la maison. Encouragez-le à aller à la toilette quand il en a besoin et lorsque vous le lui demandez (avant un trajet en voiture ; à l'heure du coucher ; etc.).

NE MARCHANDEZ PAS AVEC L'ENFANT. NE DITES PAS :

Si tu vas à la toilette, je te donnerai des bonbons.

Cette approche montre à l'enfant que sa coopération lui donne droit à une récompense.

CONCLUEZ PLUTÔT UNE ENTENTE AVEC LUI. DITES :

Une fois que tu seras allé à la toilette, tu pourras continuer de t'amuser avec tes jouets.

La règle de grand-mère est une stratégie qui montre à l'enfant que les responsabilités passent avant le plaisir.

NE LE CATALOGUEZ PAS. NE DITES PAS :

Mais qu'ai-je fait au bon Dieu pour avoir un enfant si têtu ?

En traitant votre enfant de cette façon, vous lui apprenez à se définir à travers son comportement. Or, l'enfant et le comportement sont deux choses distinctes. N'oubliez pas que, indépendamment de la façon dont il se conduit, votre enfant mérite *toujours* votre amour.

OFFREZ-LUI PLUTÔT DE DOUX RAPPELS. DITES :

Vérifie ta culotte. Est-elle sèche ? On se sent bien quand on est au sec, tu ne trouves pas ?

Invitez l'enfant à vérifier régulièrement l'état de sa culotte. Vos interventions lui rappelleront qu'il doit aller à la toilette s'il veut rester bien au sec.

L'APPRIVOISEMENT À LA LECTURE

Quand votre enfant de quatre ans refuse que vous lui fassiez la lecture, la première chose qui vous vient à l'esprit est probablement : « Oh ! non ! mon enfant n'aimera jamais la lecture ! » En fait, votre enfant peut refuser pour une multitude de raisons. Peut-être a-t-il du mal à demeurer immobile pendant longtemps ; peut-être n'aime-t-il pas le livre que vous avez choisi ; peut-être ne comprend-t-il pas les mots que ce livre contient. Il est également possible que l'enfant soit tout simplement occupé à faire autre chose. Quoi qu'il en soit, efforcez-vous de découvrir la raison de son refus.

CONSEILS PRATIQUES

- Faites de la lecture une partie intégrante du rituel quotidien.
- Faites en sorte que, chaque jour, votre enfant puisse vous voir en train de lire. Votre exemple encouragera l'enfant à apprécier la lecture.
- Limitez le temps de télé et suggérez plutôt la lecture en guise de divertissement.
- Ne vous plaignez pas du fait que vous devez lire chaque soir le même livre à votre enfant. Les enfants puisent une bonne part de réconfort dans la constance et la répétition, aussi vous revient-il de trouver des façons de maintenir votre enthousiasme.

Votre discours intérieur

NE VOUS DITES PAS :
Je déteste le fait que mon enfant ne veuille pas que je lui fasse la lecture. Il ne pourra jamais réussir ses études s'il n'aime pas lire.

Exagérez les conséquences du refus de l'enfant, et votre réaction à son comportement sera elle aussi exagérée. Dites-vous bien que c'est vous qui choisissez de «détester» le comportement de l'enfant. Choisissez plutôt une réponse positive ; cela vous aidera à résoudre le problème.

DITES-VOUS PLUTÔT :
Mon enfant ne veut pas que je lui fasse la lecture, mais ça ne veut pas dire qu'il ne voudra pas lire quand il sera grand.

Il est important que vous compreniez que le manque d'intérêt de votre enfant pour la lecture n'est que temporaire.

NE VOUS DITES PAS :
Ça me fait de la peine que mon enfant ne veuille pas que je lui fasse la lecture. Je sais qu'il accepte de se prêter à cette activité avec son père.

Ne prenez pas le refus de votre enfant personnellement. Lorsqu'il refuse que vous lui fassiez la lecture, ce n'est pas vous qu'il rejette, mais votre suggestion.

DITES-VOUS PLUTÔT :
Je ne prendrai pas le refus de mon enfant comme une attaque personnelle.

Ne perdez pas de vue vos objectifs qui sont d'inculquer l'amour de la lecture à l'enfant, de passer du temps avec lui et de l'amener à développer son imaginaire. Vous saurez mieux composer avec son refus et serez plus motivé à continuer de lui faire la lecture si vous songez à ces objectifs.

NE VOUS DITES PAS :
Quand mon enfant me dit qu'il ne veut pas que je lui fasse la lecture, ça me met hors de moi.

Ce n'est pas en vous mettant en colère que vous intéresserez votre enfant à la lecture. N'oubliez pas que son refus est un événement neutre et que c'est votre réaction qui en fait une chose positive ou négative.

DITES-VOUS PLUTÔT :
Je veux inculquer l'amour de la lecture à mon enfant, mais je suis capable de gérer son refus, qui n'est au fond qu'un contretemps momentané.

Vous serez plus apte à trouver une solution au problème si vous vous dites capable de gérer le refus de votre enfant. En restant calme, vous montrez à l'enfant que vous respectez son opinion et ses sentiments même s'ils diffèrent des vôtres.

NE VOUS DITES PAS :
Si mon enfant n'aime pas la lecture, son professeur va penser que je suis un mauvais parent.

Lorsque vous vous préoccupez d'une chose que vous ne pouvez pas contrôler – la réaction d'un enseignant, par exemple –, vous vous détournez de votre objectif qui est de donner à votre enfant le goût de la lecture.

DITES-VOUS PLUTÔT :
Je ne vais pas me soucier de ce que pensent les autres. Mon but est d'aider mon enfant à aimer la lecture.

Votre objectif est d'aider l'enfant à développer son goût pour la lecture, et non de plaire aux autres.

Comment parler à votre enfant

ÉVITEZ LES RÉACTIONS EXTRÊMES. NE DITES PAS :

Mais qu'est-ce qui ne va pas chez toi ? Pourquoi ne veux-tu pas que je te fasse la lecture ?

Ne dites pas à l'enfant qu'il a un problème simplement parce qu'il ne veut pas se prêter à une activité donnée. Cette approche lui fait comprendre qu'il n'a pas le droit d'être en désaccord avec vous. De plus, quand vous lui demandez pourquoi il ne veut pas faire ceci ou cela, vous l'obligez à se justifier, ce qui est également déconseillé.

INVITEZ-LE PLUTÔT À SE CONFIER À VOUS. DITES :

Aide-moi à comprendre pourquoi tu ne veux pas que je te fasse la lecture.

Employez-vous à découvrir les raisons qui motivent le refus de l'enfant. De tels indices vous aideront à modifier votre approche et à accroître la réceptivité de l'enfant.

NE LE CULPABILISEZ PAS. NE DITES PAS :

Je prends le temps de te faire la lecture alors que je suis très occupé, et toi tu me dis que tu n'en a pas envie ?

Ce n'est pas en culpabilisant l'enfant que vous lui apprendrez la coopération. Cette stratégie l'incitera par contre à ne plus s'ouvrir à vous et à garder ses sentiments pour lui.

CONCLUEZ PLUTÔT UNE ENTENTE AVEC LUI. DITES :

On va lire ensemble jusqu'à ce que le minuteur sonne, et après tu pourras t'amuser avec tes jouets.

En plus de montrer à l'enfant qu'il doit faire ce que vous lui demandez *avant* de pouvoir faire ce qu'il veut, la règle de grand-mère vous permet de réaliser vos objectifs tout en respectant les désirs de l'enfant.

NE JOUEZ PAS LES TYRANS. NE DITES PAS :
Lire est une chose importante. Je vais te faire la lecture que ça te plaise ou non.

Ce n'est pas en obligeant l'enfant à vous entendre lire que vous lui inculquerez le goût de la lecture. Songez que personne n'aime être contraint à faire quelque chose.

DONNEZ PLUTÔT À LA SITUATION UNE TOURNURE POSITIVE. DITES :
On s'est tellement amusés en lisant ce livre hier soir que je me suis dit qu'on pourrait le relire ce soir.

Rappelez à l'enfant les bons moments passés à lire en votre compagnie ; cela le motivera à accueillir avec joie l'heure de la lecture. Restez positif, et vous verrez que votre enthousiasme sera contagieux.

CHAPITRE 10

LA SANTÉ

Les plus grands problèmes de la vie ne sont pas causés par les situations difficiles qui nous sont échues, mais par le fait que nous doutons de nos propres capacités, que nous ne nous croyons pas capables de faire face à ces situations.

SUSAN TAYLOR

LE PORT DES LUNETTES

Bon nombre d'adultes portent des lunettes pour être à la page, mais pour un enfant de cinq ans, une paire de lunettes n'est qu'un objet inconfortable et encombrant qui glisse sur le nez, tire les cheveux et se salit au moindre toucher. Conservez une attitude positive et n'hésitez pas à complimenter l'enfant sur son apparence afin que celui-ci en vienne à considérer ses lunettes comme des fenêtres ouvertes sur le monde.

CONSEILS PRATIQUES

- Établissez des règles qui dictent à quels moments l'enfant doit porter ses lunettes.
- Si vous portez vous-même des lunettes, évitez de vous plaindre de leur coût ou même du simple fait que vous devez les porter. Songez que votre attitude est contagieuse.
- Complimentez d'autres personnes à propos de leurs lunettes. Cela aidera l'enfant à voir ses propres lunettes sous un jour positif.

Votre discours intérieur

NE VOUS DITES PAS :

Mon enfant se plaint de tout, même d'une chose aussi banale qu'une paire de lunettes.

Vous aurez plus de mal à gérer l'opposition de votre enfant si vous exagérez l'importance de ses protestations. Ce n'est pas parce que l'enfant se plaint de ses lunettes que vous devez penser qu'il se plaint de tout.

DITES-VOUS PLUTÔT :

Je comprends la réticence de mon enfant. À son âge, moi aussi j'ai mis du temps à m'habituer à mes lunettes.

Agissez avec empathie et votre enfant aura moins de mal à accepter le fait qu'il doit porter des lunettes. En aidant l'enfant à gérer son inconfort, vous lui permettez de développer sa tolérance envers les petits désagréments de l'existence.

NE VOUS DITES PAS :

J'en ai assez de me battre avec mon enfant pour qu'il mette ses lunettes. Tant pis pour lui s'il ne veut pas les porter !

Ne capitulez jamais, surtout lorsque la santé et la sécurité de votre enfant sont en jeu. Dites-vous que son bien-être a préséance sur votre contrariété.

DITES-VOUS PLUTÔT :

Je dois aider mon enfant à s'habituer à porter ses lunettes. Cela fait partie de mes responsabilités parentales.

Songez aux besoins de votre enfant lorsque vous l'encouragez à porter ses lunettes. Rappelez-lui que ce précieux objet lui permet de voir clairement le monde qui l'entoure, ce qui est important tant pour son développement que pour sa sécurité.

Comment parler à votre enfant

NE LE CULPABILISEZ PAS. NE DITES PAS :

Tes lunettes m'ont coûté très cher, alors tu vas les porter !

Votre enfant n'est pas tenu de faire ce que vous voulez uniquement pour vous être agréable.

INVITEZ-LE PLUTÔT À SE CONFIER À VOUS. DITES :

Dis-moi pourquoi tu n'aimes pas porter tes lunettes.

Cette approche vous permet de découvrir ce qui motive le refus de l'enfant. En vous basant sur cette information, vous pourrez régler tout problème qui se présente et concevoir une stratégie qui encouragera l'enfant à coopérer. Si votre enfant vous dit par exemple que ses lunettes lui font mal au nez, la solution serait alors d'ajuster l'arcade de la monture.

N'EFFRAYEZ PAS L'ENFANT. NE DITES PAS :

Si tu ne portes pas tes lunettes, tu vas tomber dans l'escalier et tu vas te faire très mal.

Si vous adoptez cette approche, l'enfant comprendra qu'il doit porter ses lunettes pour éviter un malheur et non parce que cela lui permet de voir clairement le monde qui l'entoure et, par conséquent, de se mouvoir en toute sécurité.

TRANSFORMEZ PLUTÔT LA SITUATION EN JEU. DITES :

On va voir pendant combien de temps tu peux porter tes lunettes. Je vais mettre le minuteur et tu vas garder tes lunettes jusqu'à ce qu'il sonne.

Votre enfant s'habituera plus aisément à porter ses lunettes si vous lui fixez des objectifs précis. Répétez le jeu quotidiennement en augmentant progressivement sa durée. Vous verrez que l'enfant sera bientôt en mesure de porter ses lunettes toute la journée.

NE FAITES PAS ABSTRACTION DE SES SENTIMENTS. NE DITES PAS :
Tu vas porter tes lunettes, un point c'est tout. Ça m'est égal que les autres enfants se moquent de toi.

En plus de décourager tout désir de coopération chez l'enfant, votre manque d'empathie lui fait comprendre qu'il est seul devant l'adversité. Or, le monde est un endroit terrifiant pour l'enfant qui ne bénéficie pas du soutien d'un parent.

PRÉSENTEZ PLUTÔT LA SITUATION SOUS UN JOUR POSITIF. DITES :
Je sais que tu n'aimes pas porter tes lunettes, mais elles te permettent de voir beaucoup mieux les choses qui t'entourent.

Soulignez les avantages qu'il y a à porter des lunettes ; cela aidera l'enfant à surmonter son inconfort initial. Faites-lui bien comprendre que vous êtes son allié en cette période d'adaptation.

NE LE SUPPLIEZ PAS. NE DITES PAS :
Je t'en prie, mets tes lunettes ! Fais ça pour maman !

Si vous suppliez votre enfant pour qu'il vous obéisse, il se sentira coupable quand il ne fera pas ce que vous lui demandez. Cette approche lui montre par ailleurs que l'on peut inciter les gens à faire ce que l'on veut en les implorant.

RAPPELEZ-LUI PLUTÔT LA RÈGLE. DITES :
La règle dit que tu dois porter tes lunettes durant la journée.

Cette stratégie aide l'enfant à comprendre que vous êtes son allié et que vous avez tous deux un objectif commun, qui est de respecter la règle.

L'ÉCRAN SOLAIRE

Il y a beaucoup d'enfants de cinq ans qui détestent l'odeur et la texture des lotions de type «écran solaire» et des produits insectifuges. Même si votre enfant proteste quand vous essayez de lui mettre de l'écran solaire avant la baignade ou avant qu'il n'aille jouer au parc, faites-lui bien comprendre qu'il s'agit d'une règle à laquelle il ne peut déroger. Donnez l'exemple en permettant à l'enfant de vous enduire de lotion solaire.

CONSEILS PRATIQUES

- Choisissez une crème solaire ou un insectifuge qui soit à la fois efficace et sécuritaire pour les jeunes enfants.
- Établissez des règles qui dictent en quelles circonstances l'enfant doit utiliser de l'écran solaire.

Votre discours intérieur

NE VOUS DITES PAS :

Ça me frustre que mon enfant se tortille quand j'essaie de lui mettre de l'écran solaire.

Si vous vous répétez que le comportement de votre enfant vous frustre, vous n'en deviendrez que plus frustré et colérique. Vous aurez bien du mal à gérer la situation et à trouver une solution imaginative au problème en vous mettant dans un tel état d'esprit.

DITES-VOUS PLUTÔT :
Mon enfant me résiste un peu quand je lui mets de la crème solaire, mais je suis capable de gérer ça.

Votre capacité à gérer la situation dépend en grande partie de votre discours intérieur. Vous serez donc plus apte à composer avec l'opposition de l'enfant si vous vous dites que vous avez la situation bien en main.

NE VOUS DITES PAS :
Qu'est-ce que les gens vont penser en voyant mon enfant faire une crise parce qu'il ne veut pas que je lui mette d'écran solaire ?

La situation qui vous occupe ne concerne que vous et votre enfant. Ne laissez pas l'opinion des autres vous distraire de votre but.

DITES-VOUS PLUTÔT :
Mon but est de protéger mon enfant des rayons du soleil.

Ne perdez pas de vue les raisons pour lesquelles vous avez demandé à votre enfant de se mettre de la lotion solaire. Voyez son refus comme une contrariété mineure, et non comme une source d'embarras.

Comment parler à votre enfant

NE CAPITULEZ PAS. NE DITES PAS :
Ne te mets pas d'écran solaire puisque c'est ça que tu veux. Si tu attrapes un coup de soleil, peut-être que tu consentiras à t'en mettre la prochaine fois.

Il est vrai qu'un enfant apprend parfois de précieuses leçons en subissant les conséquences de ses actes. Cela dit, il faut épargner l'enfant si ces conséquences risquent de porter atteinte à sa santé. Or, c'est ici le cas. En disant à l'enfant que cela vous est égal qu'il attrape un coup de soleil, vous lui faites comprendre que vous vous souciez peu de son bien-être.

RAPPELEZ-LUI PLUTÔT LA RÈGLE. DITES :
Qu'est-ce que la règle dit qu'on doit faire avant d'aller jouer au soleil ?

En demandant à l'enfant de vous dire la règle, vous lui donnez l'occasion de se souvenir de ce qu'il doit faire. Cette stratégie l'aidera à l'accepter, si bien que le fait de mettre de la crème solaire deviendra éventuellement une habitude.

NE LE MENACEZ PAS. NE DITES PAS :
Si tu ne viens pas tout de suite ici pour que je te mette de la crème solaire, tu auras la fessée !

En punissant votre enfant parce qu'il ne coopère pas, vous ne ferez qu'aviver la peur et la colère qu'il ressent. Cette approche ne l'aidera pas à apprendre les leçons importantes qui concernent sa santé et sa sécurité. Les menaces de violence enseignent par contre à l'enfant que, dans la vie, les plus forts ont toujours raison.

POSEZ-LUI PLUTÔT DES QUESTIONS. DITES :
Peux-tu me dire pourquoi tu n'aimes pas cette crème solaire ?

Une fois que l'enfant aura formulé ses objections, vous serez en mesure de trouver des solutions qui l'amèneront à coopérer. Sachant par exemple que c'est l'odeur du produit qui le rebute, vous pourrez acheter une crème solaire dont le parfum lui plaît. Cette approche empathique montre à l'enfant que vous le respectez.

NE MARCHANDEZ PAS. NE DITES PAS :

Si tu me laisses te mettre de l'écran solaire, on ira à la plage et je t'achèterai une crème glacée.

Cette stratégie montre à l'enfant que sa coopération a un prix. Elle lui montre également qu'il est acceptable de manipuler les gens pour « acheter » leur coopération.

ARRIVEZ-EN PLUTÔT À UNE ENTENTE. DITES :

Une fois que tu te seras mis de l'écran solaire, tu pourras aller dans la piscine.

La règle de grand-mère permet au parent et à l'enfant d'en arriver à un compromis qui leur donnera satisfaction à tous deux.

N'EFFRAYEZ PAS L'ENFANT. NE DITES PAS :

Si tu ne te mets pas d'écran solaire, tu vas attraper le cancer.

Cette approche motive l'enfant à coopérer par peur. L'enfant obéira parce qu'il veut éviter les conséquences néfastes que vous évoquez, et non parce qu'il a compris l'importance de se protéger des rayons brûlants du soleil.

SOULIGNEZ PLUTÔT LES BIENFAITS DE LA CHOSE. DITES :

Il faut toujours protéger sa peau contre les rayons du soleil. Quand on se met de la crème solaire, on est en sécurité et notre peau demeure en santé.

Votre enfant n'aura aucun mal à développer de saines habitudes de vie si vous lui enseignez comment prendre soin de sa personne.

LA VISITE CHEZ LE MÉDECIN

Bien des gens ont peur d'aller chez le médecin, chez le dentiste ou à l'hôpital. Le problème est qu'on ne sait jamais à quoi s'attendre quand on va dans ces endroits. Vous comprendrez mieux les craintes de votre enfant si vous essayez de vous rappeler comment vous vous sentiez à son âge lorsque vous alliez chez le médecin. Afin de maintenir la relation de confiance qu'il y a entre vous et l'enfant, dites-lui franchement ce qui va se passer dans le cabinet du médecin - par exemple : « Le docteur va d'abord t'examiner la gorge, puis les oreilles. » Le parent et l'enfant sauront mieux gérer leur visite chez le médecin s'ils en discutent au préalable.

CONSEILS PRATIQUES

- Choisissez un médecin qui sait s'y prendre avec les enfants et qui vous permettra de rester auprès de l'enfant durant la consultation.
- Présentez la chose sous un jour positif. Dites à l'enfant qu'aller chez le médecin est une joie et un privilège, et non une obligation pénible.

Votre discours intérieur

NE VOUS DITES PAS :

Mon enfant me fait honte quand il se met à hurler dans le cabinet du médecin.

Le sentiment de honte et d'embarras que vous ressentez ne vous aidera pas à soutenir votre enfant dans ce moment difficile. N'oubliez pas qu'à travers son comportement, l'enfant vous exprime ses craintes et ses besoins. Concentrez-vous sur ses besoins plutôt que sur l'opinion des autres.

DITES-VOUS PLUTÔT :

Ce n'est pas grave si mon enfant pique une crise dans la salle d'attente. Les autres parents ont probablement vécu eux aussi ce genre d'expérience.

Votre attitude positive vous aidera à accepter le fait que les crises de ce genre sont chose normale chez les bébés et les enfants d'âge préscolaire. Vous serez moins porté à vous soucier de l'opinion des autres si vous vous mettez dans cet état d'esprit.

NE VOUS DITES PAS :

Mais qu'est-ce qui ne va pas chez lui ? Une visite chez le médecin n'est pas la mort !

En vous disant cela, vous supposez que votre enfant n'est pas normal. Ce faisant, vous exagérez le problème au point de le rendre insoluble. Il sera très difficile pour vous d'aider l'enfant à surmonter ses craintes si vous adoptez ce genre d'attitude.

DITES-VOUS PLUTÔT :

Il est normal que mon enfant ait peur d'aller chez le médecin. La plupart des gens sont inquiets quand ils viennent ici.

Vous accepterez plus volontiers les appréhensions de l'enfant si vous reconnaissez qu'aller chez le médecin est une situation anxiogène en soi.

Comment parler à votre enfant

NE CAPITULEZ PAS. NE DITES PAS :

Tu as vraiment très peur d'aller chez le médecin. Je vais annuler ton rendez-vous.

Votre enfant n'apprendra pas à surmonter ses craintes si vous le sauvez constamment des situations qui lui font peur. Songez également que vous risquez de mettre la santé de l'enfant en danger en lui épargnant une visite chez le médecin.

REDIRIGEZ PLUTÔT SON ATTENTION. DITES :

Je sais que tu ne veux pas aller chez le médecin, mais c'est lui qui nous aide à rester en santé. Réfléchissons aux choses amusantes que tu pourras faire dans le cabinet du médecin.

Amenez l'enfant à se concentrer sur des livres, des jouets et d'autres objets avec lesquels il pourra s'amuser dans la salle d'attente. Si vous lui apprenez à rediriger son attention de la sorte, votre enfant sera mieux équipé pour faire face aux situations déplaisantes de l'existence.

NE LE CATALOGUEZ PAS. NE DITES PAS :

Arrête de pleurer comme un gros bébé ! Le docteur n'est pas là pour te faire du mal.

Lorsque vous traitez votre enfant de «gros bébé», vous lui montrez que vous ne respectez pas ses sentiments et que vous ne le croyez pas capable de surmonter cette épreuve difficile. Vos propos blessants ne le motiveront pas à coopérer.

POSEZ-LUI PLUTÔT DES QUESTIONS. DITES :

Qu'est-ce qui fait que tu n'aimes pas aller chez le médecin ?

Questionner l'enfant vous permettra de mieux comprendre ses appréhensions. Votre attitude empathique incitera l'enfant à coopérer parce qu'elle lui montrera que vous vous souciez de ce qu'il ressent et que vous voulez comprendre ce qui le tracasse.

NE RABAISSEZ PAS L'ENFANT. NE DITES PAS :

Le docteur n'aime pas les enfants peureux.

Ce genre de discours fait comprendre à l'enfant que vous ne l'aimez et ne le respectez plus parce qu'il a peur. Vos paroles lui apprennent par ailleurs à se définir par ses sentiments, ce qui l'amènera à croire qu'il ne pourra jamais surmonter sa peur.

SOULIGNEZ PLUTÔT SON COURAGE. DITES :

Je comprends que tu ne veuilles pas aller chez le médecin, mais je sais que tu es capable d'y aller parce que tu es fort et courageux.

Soulignez la bravoure de l'enfant et dites-lui que vous le savez capable de faire face à cette épreuve difficile. Cette stratégie aura l'heur d'apaiser ses craintes et l'aidera à surmonter sa peur à l'avenir.

NE LE CULPABILISEZ PAS. NE DITES PAS :

Tu risques d'être très malade si tu ne vas pas chez le médecin. Tu dois y aller, si ce n'est que pour m'éviter ça.

Que voilà une façon désastreuse de motiver votre enfant ! Il aura non seulement peur de ce qui pourrait lui arriver s'il ne va pas chez le médecin, mais il craindra de perdre votre amour et votre approbation s'il refuse d'accéder à votre requête.

REDIRIGEZ PLUTÔT SON ATTENTION. DITES :

Après ta visite chez le médecin, on ira dîner chez grand-mère. Elle est toujours si contente de te voir.

Votre enfant aura moins de mal à surmonter sa peur si vous lui faites oublier le moment difficile qui l'attend en attirant son attention sur un événement plaisant à venir.

LA PRISE DE MÉDICAMENTS

Vous savez fort bien que le médicament de votre enfant sent et goûte mauvais. Alors, que faire? Vous serez sans doute tenté de lui mentir en lui disant qu'il est bon au goût et agréable à prendre, cependant, il serait préférable que vous lui rendiez cette épreuve plus tolérable en lui offrant une boisson sucrée ou un bonbon entre les gorgées de sirop. Constituez une alliance heureuse avec l'enfant, montrez-lui que vous êtes de son côté et que vous vous employez à trouver une solution au problème.

CONSEILS PRATIQUES

- Mettez-vous à la place de l'enfant afin de mieux comprendre ce qu'il ressent et donnez-lui tout plein de câlins à l'heure du médicament.
- Consultez votre pharmacien pour vérifier s'il existe une version du médicament qui soit bonne au goût ou plus facile à prendre.
- Évitez de vous plaindre quand vous prenez vos médicaments.
- Si votre enfant a du mal à avaler son médicament ou s'étouffe quand il essaie de l'avaler, vous pouvez mélanger le médicament avec de la nourriture, à moins de contre-indication. Vous pouvez également utiliser une cuillère spéciale, faire un jeu de la prise de médicament, ou utiliser une seringue orale.

Consultez votre médecin ou votre pharmacien si vous avez des questions concernant la façon dont votre enfant devrait prendre son médicament.

Votre discours intérieur

NE VOUS DITES PAS :

Je ne vais pas obliger mon enfant à prendre un médicament qu'il n'aime pas.

En rejetant le traitement prescrit par le médecin, vous risquez de compromettre la santé de votre enfant. Cette approche peut également habituer l'enfant à refuser tout traitement médical, ce qui, en certaines circonstances, pourrait mettre sa vie en danger.

DITES-VOUS PLUTÔT :

En tant que parent, mon rôle est d'aider mon enfant à suivre les traitements prescrits par son médecin.

Bien que votre enfant doive apprendre à faire face à l'adversité, faites toujours de sa santé et de sa sécurité vos principales considérations.

NE VOUS DITES PAS :

Il va prendre son médicament même s'il faut que je l'attache et que je le lui enfonce de force dans la gorge !

Votre enfant n'apprendra pas à coopérer si vous utilisez la manière forte. Cette approche lui montre par contre qu'il est acceptable de contraindre quelqu'un à obéir. La prise de médicament est une expérience suffisamment désagréable pour l'enfant sans que vous y ajoutiez l'ignominie de l'agression.

DITES-VOUS PLUTÔT :
Je préférerais que mon enfant n'ait pas à prendre cet horrible médicament, mais je sais que, de temps à autre, il faut tolérer certains désagréments.

Aucun parent n'aime voir son enfant souffrir. Cela dit, l'une des responsabilités du parent est d'aider son enfant à faire face à l'adversité et à surmonter les obstacles de l'existence.

Comment parler à votre enfant

NE JOUEZ PAS LES DÉLATEURS. NE DITES PAS :
Je vais dire au médecin que tu refuses de prendre ton médicament.

Si vous menacez de dénoncer l'enfant, il en viendra à avoir peur de son médecin.

TOURNEZ PLUTÔT LA SITUATION EN JEU. DITES :
Je sais que tu n'aimes pas le goût de ce médicament, mais il faut que tu le prennes parce qu'il est bon pour ta santé. On y va à trois. Tu es prêt ? Un, deux, trois... et hop ! c'est avalé !

Soulignez l'importance de la prise de médicament et faites de la chose une expérience aussi amusante que possible. L'enfant sera motivé à coopérer parce qu'il obtiendra deux choses qui lui sont chères : il aura du plaisir... ainsi que votre attention.

NE LE MENACEZ PAS. NE DITES PAS :
Je t'avertis que je vais te flanquer une bonne baffe si tu recraches ton médicament ! Allez, avale !

Il est possible que vous obteniez dans l'immédiat le résultat escompté en menaçant votre enfant mais, du même coup, vous lui enseignez que la loi du plus fort est souvent la meilleure. Constatant qu'il n'a aucun contrôle sur la situation, l'enfant se sentira totalement impuissant.

CONCLUEZ PLUTÔT UN MARCHÉ AVEC LUI. DITES :

Une fois que tu auras avalé ton médicament, tu pourras faire passer le goût avec un bon verre de lait.

La règle de grand-mère aide l'enfant à tolérer les choses qui lui déplaisent et à reporter sa gratification à plus tard. Sachant qu'il aura le choix de remplacer le goût infect du médicament par une saveur plus agréable, l'enfant aura l'impression d'exercer un certain contrôle sur la situation.

NE MENACEZ PAS DE LUI RETIRER UN PRIVILÈGE. NE DITES PAS :

Il n'y aura pas de télé aujourd'hui si tu ne prends pas ton médicament.

Le fait que vous priviez l'enfant de télé ne l'aidera pas à apprendre à coopérer et à prendre soin de sa santé. Si vous adoptez cette approche, attendez-vous à un conflit quand l'enfant voudra regarder la télé.

SOULIGNEZ PLUTÔT L'ASPECT POSITIF DE LA CHOSE. DITES :

Ton médicament va t'aider à guérir. Chaque fois que tu le prendras, tu te sentiras mieux.

Souligner le lien entre les médicaments et la santé est une excellente façon d'inciter l'enfant à coopérer. Cette stratégie lui fait également comprendre qu'il doit prendre soin de sa santé.

NE DIMINUEZ PAS L'ENFANT. NE DITES PAS :

Ne sois pas stupide. Tu sais très bien que tu dois prendre ton médicament.

En suggérant que le manque de coopération de l'enfant est dû à sa stupidité, vous créez trois problèmes : vous blessez l'enfant dans son amour-propre ; vous lui faites du mal en lui faisant croire que vous pensez qu'il est stupide et, par surcroît, vous l'encouragez à résister.

METTEZ PLUTÔT L'ACCENT SUR SES QUALITÉS. DITES :
Je suis désolé que tu n'aimes pas ton médicament, mais tu es fort et courageux et je sais que tu es capable de l'avaler.

Si vous annoncez à l'enfant qu'il est brave et fort, il cherchera à vous prouver - et à se prouver à lui-même - qu'il possède ces qualités. Cette approche a le mérite de convaincre l'enfant de prendre son médicament tout en le valorisant. Bref, tout le monde est gagnant !

LES INJECTIONS

Vous souvenez-vous de la peur que vous ressentiez lorsque, enfant, vous deviez recevoir une injection ou des points de suture? Ne l'oubliez pas lorsque votre enfant est sur le point de subir pareil traitement; cela vous aidera à réagir avec calme, tendresse et empathie à ses protestations. Demandez au médecin ou à l'infirmière de procéder à une anesthésie locale, ce qui désensibilisera la peau de l'enfant avant l'intervention. La croyance populaire dit que la souffrance forge le caractère, or, c'est absolument faux. De récentes études ont démontré qu'une douleur physique éprouvée durant l'enfance peut occasionner chez l'adulte une peur chronique des injections et autres interventions médicales potentiellement douloureuses[1].

CONSEILS PRATIQUES

- Choisissez si possible un médecin qui sait s'y prendre avec les enfants et qui est habile dans ce genre d'intervention.
- Évitez d'effrayer l'enfant en lui racontant des expériences horrifiantes relativement aux injections et aux points de suture. Cela dit, soyez franc avec lui et dites-lui la vérité. Songez que votre enfant n'aura plus confiance en vous si vous lui dites qu'il ne sentira rien du tout.

1. Neil SCHECHTER. *Pain in Infants, Children and Adolescents*, 2e édition. Lippincott, Williams and Wilkins, 2002.

- Discutez au préalable avec le médecin afin de trouver des manières de distraire et d'amuser votre enfant durant l'injection. Par exemple, invitez-le à faire des bulles de savons avec une paille pendant qu'il se fait piquer ou suturer.

Votre discours intérieur

NE VOUS DITES PAS :

C'est ma faute si mon enfant a besoin de points de suture. J'aurais dû le surveiller plus étroitement.

Si vous vous blâmez du fait que votre enfant a eu un accident, vous ne serez pas en mesure de l'aider à surmonter sa peur.

DITES-VOUS PLUTÔT :

Je n'aime pas voir mon enfant souffrir, mais il y a des douleurs qui sont nécessaires. Mon rôle est de l'aider à traverser cette épreuve.

Dites-vous qu'il est parfois nécessaire de supporter de petits maux pour éviter une plus grande souffrance. Cela vous aidera à conserver votre calme, ce qui est indispensable si vous comptez rassurer l'enfant.

NE VOUS DITES PAS :

Ça me rend malade de voir mon enfant se faire piquer. Je ne suis pas capable de rester auprès de lui pendant qu'il se fait faire ça !

Vous serez incapable d'aider votre enfant en ce moment critique si vous cédez à votre propre peur des aiguilles. Votre attitude montre par ailleurs à l'enfant que la fuite est une bonne façon d'éviter un problème ou une épreuve.

DITES-VOUS PLUTÔT :

Je dois surmonter ma peur des aiguilles pour aider mon enfant à surmonter la sienne.

Songez que c'est l'anxiété qui précède la piqûre qui fait le plus mal, et non la piqûre elle-même.

NE VOUS DITES PAS :

C'est horrible ! Je ne peux pas permettre que mon enfant souffre !

Sachez que vous serez plus anxieux si vous exagérez ainsi la souffrance de votre enfant. Cette attitude ne vous permettra pas d'agir pour le bien et la santé de l'enfant – il n'est en effet pas dans son intérêt que vous refusiez qu'il se fasse donner son injection.

DITES-VOUS PLUTÔT :

En tant que parent, ma responsabilité est d'aider mon enfant à traverser cette épreuve.

Votre rôle est de réconforter et de rassurer l'enfant, de l'aider à surmonter ses craintes et de lui faire savoir que vous êtes là pour lui prodiguer amour et soutien affectif.

Comment parler à votre enfant

NE LE CULPABILISEZ PAS. NE DITES PAS :

Fais-le pour maman.

Si vous culpabilisez l'enfant, celui-ci s'habituera à coopérer uniquement pour vous faire plaisir ou pour éviter de vous faire de la peine. En fait, ce que votre enfant devrait apprendre, c'est qu'il doit coopérer lorsque sa santé est en cause.

ADOPTEZ PLUTÔT UNE ATTITUDE POSITIVE. DITES :

Je sais que tu ne veux pas te faire piquer, mais cette injection va te permettre de rester en santé.

Amenez l'enfant à se concentrer sur les bienfaits de l'intervention qu'il est sur le point de subir.

N'INSULTEZ PAS L'ENFANT. NE DITES PAS :
Toi, tu es comme ton père : une vraie lavette !

Lorsque vous critiquez son autre parent, votre enfant se sent obligé de choisir un parent au détriment de l'autre. Il pensera « Je veux pas être comme papa ! » et coopérera uniquement pour que vous ne le rejetiez pas.

SOULIGNEZ PLUTÔT SES QUALITÉS. DITES :
Je sais que tu es fort et courageux et que tu es capable de supporter la piqûre que le médecin va te faire pour que tu restes en santé.

En affirmant la force et la bravoure de l'enfant, vous l'encouragez à surmonter sa peur.

NE MENTEZ PAS. NE DITES PAS :
Veux-tu bien te calmer ? Puisque je te dis que tu ne sentiras rien !

Votre enfant ne vous fera plus confiance à l'avenir si vous lui mentez ainsi. Vos propos lui signifient par ailleurs que vous vous souciez peu de ses craintes.

PARLEZ PLUTÔT AVEC FRANCHISE. DITES :
L'injection va te faire un peu mal, mais ce sera très vite passé et après tu te sentiras mieux. Faisons des bulles de savon pendant que le médecin te fait ta piqûre.

Montrez à l'enfant que vous sympathisez avec lui tout au long de cette épreuve. Le soutien physique et affectif que vous lui prodiguez lui fera comprendre que vous lui direz toujours la vérité et que vous serez toujours là quand il aura besoin de vous.

ANNEXE

LES JALONS DU DÉVELOPPEMENT DE L'ENFANT

La liste suivante décrit les principales étapes du développement de l'enfant entre un et cinq ans. Ces événements marquants sont regroupés selon l'âge auquel ils se produisent habituellement, mais comme chaque enfant se développe selon un rythme qui lui est propre, certains seront en avance alors que d'autres accuseront un certain retard par rapport à cette moyenne statistique. N'hésitez pas à consulter le médecin de votre enfant s'il semble mettre trop de temps à franchir ces étapes ou si vous nourrissez quelque inquiétude que ce soit concernant son développement.

Âge	**Jalons**
De 1 à 2 ans	• Explore son environnement; s'intéresse aux objets qui l'entourent. • Fait une longue sieste à chaque jour. • Joue seul pendant de courtes périodes de temps.
De 2 à 3 ans	• Court, grimpe, pousse, tire; est très actif. • Semble avoir les genoux cagneux.

- Mange avec ses doigts ou avec une cuillère ; boit dans une tasse.
- A parfois tendance à retirer ses vêtements.
- Explore ses organes génitaux.
- Dort moins et se réveille aisément.
- Aime la routine.
- Est troublé lorsque sa mère s'absente pour la nuit.
- Veut faire des choses par lui-même.
- Est grognon et indécis ; change souvent d'avis.
- A fréquemment des crises de colère et des sautes d'humeur.
- Imite les adultes.
- Joue à proximité des autres enfants de son âge, mais pas avec eux.
- N'est pas encore capable de partager, de patienter, d'attendre son tour, de capituler.
- Aime jouer dans l'eau.
- Prolonge le rituel du coucher.
- Utilise des mots et des phrases courtes.
- Est souvent négatif ; dit « non ».
- Comprend des choses qu'il ne peut exprimer.

De 3 à 4 ans

- Court, saute et grimpe.
- Mange seul ; boit dans une tasse sans faire de dégâts.
- Peut transporter des choses sans les échapper.
- Peut se vêtir et se dévêtir avec l'aide d'un parent.
- Ne dort pas toujours à l'heure de la sieste, mais joue sagement s'il ne dort pas.
- Interagit avec les adultes et recherche leur approbation.
- Coopère ; aime qu'on lui confie des tâches.
- Veut être inclus dans les activités des autres.

- Manifeste de la curiosité envers les choses et les gens.
- A un imaginaire fertile; peut avoir peur de l'obscurité et des animaux.
- Peut avoir un ami imaginaire.
- Se lève parfois durant la nuit.
- Aime bavarder; est un peu plus patient qu'avant.
- Assumera parfois certaines responsabilités - ranger ses jouets, par exemple.
- Joue seul sans problème; quelques conflits éclatent quand il joue avec d'autres enfants.
- Est très attaché à son parent du sexe opposé.
- Peut se montrer jaloux, surtout à l'arrivée d'un bébé dans la famille.
- Démontre parfois des sentiments de culpabilité.
- Exprime son insécurité en se plaignant, en pleurant et en quémandant des marques d'affection.
- Libère ses tensions en suçant son pouce ou en se rongeant les ongles.

De 4 à 5 ans

- Continue de grandir et de gagner du poids.
- Continue de gagner en coordination.
- A de bonnes habitudes en ce qui a trait à l'alimentation, le sommeil et l'élimination.
- Est très actif.
- Commence des choses qu'il ne finit pas nécessairement.
- Aime se vanter et donner des ordres.
- Joue avec les autres enfants, mais en s'affirmant beaucoup.
- S'engage dans des querelles de courte durée.

- Parle beaucoup et s'exprime clairement.
- Aime raconter des histoires en exagérant les faits.
- Utilise un langage amusant et coloré pour décrire ses besoins (pipi, caca).
- Invente des mots en assemblant des syllabes au hasard.
- Rit beaucoup, parfois de façon incontrôlée.
- Aime flâner.
- Se lave quand on le lui demande.
- Pose beaucoup de questions; s'intéresse au «pourquoi» et au «comment» des choses.
- Affiche une certaine dépendance envers ses pairs.

REMERCIEMENTS

Nos sincères remerciements vont à tous ces enfants d'âge préscolaires, à tous ces parents et enseignants qui, sciemment ou à leur insu, nous ont aidés à formuler notre message et à y rester fidèles. Nous tenons à remercier tout particulièrement les parents du groupe de soutien parental de l'Église épiscopalienne, les parents du jardin d'enfants du temple B'nai Jehudah, le jardin d'enfants Beth Shalom, l'organisme Parents as Teachers, de même que les milliers de parents et d'enseignants qui, au fil des ans, nous ont fait part de leurs expériences personnelles.

Ce livre n'aurait pu voir le jour sans le savoir que nous ont prodigué plusieurs spécialistes en biologie, en psychologie, en médecine et en spiritualité. Aussi est-ce avec respect et gratitude que nous remercions : Martin E. P. Seligman, Ph. D, Norman Cousins ; Daniel Goleman, Ph. D ; Norman Vincent Peale ; Dr Daniel Amen ; Steven Pinker, Ph. D ; Barbara Fredrickson, Ph. D ; Jonathan Haidt, Ph. D ; Dr Deepak Chopra ; Richard Carlson ; Dr Andrew Weil ; Dr David Simon ; Michael Meyerhoff, Ed. D. ; Marguerite Kelly ; Dr Amie Jew ; Jennifer Bingham, infirmière ; Dr James Coster ; Al Buehler ; Rachel Schanberg ; Dr Carol Fabian ; Peter Yarrow ; et Mark Weiss.

Nous devons également notre gratitude à Joseph Gredler pour avoir fait preuve de tant de respect et de gentillesse dans son travail avec nous. Merci à Beth Vesel et Bruce Lansky pour leur dévouement et pour les conseils qu'ils nous ont dispensés tout au long de cette aventure littéraire.

Et, pour finir, un grand merci à nos enfants : Amy Elizabeth Unell, Justin Alex Unell, Christopher Britton Wyckoff et Allison Leigh Wyckoff. Ce sont eux qui nous ont montré la voie.

DANS LA MÊME COLLECTION

Développez l'estime de soi de votre enfant, Carl Pickhardt, 2001

Interprétez les rêves de votre enfant, Laurent Lachance, 2001

L'enfant en colère, Tim Murphy en collaboration avec Loriann Hoff Oberlin, 2002

L'enfant dictateur, Fred G. Gosman, 2002

Ces enfants que l'on veut parfaits, Dr Elisabeth Guthrie et Kathy Matthews, 2002

L'enfant souffre-douleur, Maria G. R. Robichaud, 2003

Parent responsable, enfant équilibré, François Dumesnil, 2003

Éduquer sans punir, Dr Thomas Gordon, 2003

Des enfants, en avoir ou pas, Pascale Pontoreau, 2003

Ces enfants qui remettent tout à demain, Rita Emmett, 2003

Voyage dans les centres de la petite enfance, Diane Daniel, 2003

Questions de parents responsables, François Dumesnil, 2004

Mon ado me rend fou !, Michael J. Bradley, 2004

L'enfance du bonheur, Dr Edward M. Hallowell, 2004

Se faire obéir des enfants sans frapper et sans crier, Jerry Wyckoff et Barbara C. Unell, 2005

Retrouver son rôle de parent, Dr Gabor Maté et Gordon Neufeld, 2005

TABLE DES MATIÈRES

Avant-propos 7

Introduction 11

Chapitre 1 **Les déplacements**

L'heure du départ 22
La voiture : y monter 28
Le siège d'auto 33
La voiture : en descendre 38
L'ascenseur 43
Les voyages en avion 48
Les visites au centre commercial 54
La garderie 60
Les cours 66
Les séances d'entraînement 71
Les séjours chez papa ou maman 77
Les cours de natation 81

Chapitre 2 **L'habillage**

Les vêtements favoris 88
L'heure de s'habiller 93
Le port des chaussures 98
Le choix des vêtements 102
Les changements de vêtements 107

Chapitre 3 **Les repas**

L'heure des repas 114
L'utilisation des ustensiles 119
Une alimentation saine 124

Chapitre 4 **Les bonnes manières**

Le choix des émissions de télé 130
La politesse 135
Un ton de voix élevé 140
Une place assignée 146
Le refus de parler au téléphone 150

Chapitre 5 **Les jeux**

Le refus d'éteindre la télé 156
L'enfant qui ne joue pas seul 161
Les jeux vidéo 166
Le bruit 171
Le partage 176
Le volume du lecteur CD 181

Chapitre 6 **L'hygiène**

Le rangement 186
L'heure du bain 191
L'hygiène dentaire 196
La visite chez le coiffeur 201
Le changement de couche 206
Le lavage des mains 211
La coupe des ongles 216
Le lavage des cheveux 221
Le nez qui coule 226
Le brossage des cheveux 231

Chapitre 7 **Le jardin d'enfants**

Le départ pour le jardin d'enfants 238
Un nouveau jardin d'enfants 244

L'obéissance au professeur 249
Le changement de classe 254
Le travail à la maison 259

Chapitre 8 **L'heure du coucher**
Les préparatifs 266
L'heure de la sieste 270
Le passage du petit lit au grand lit 274
Le lit de maman 279

Chapitre 9 **L'apprentissage de la sagesse**
Le changement de chambre 286
Le refus de se faire garder 291
L'aide et la collaboration de votre enfant 296
La punition 301
Le refus de se séparer de sa doudou 305
Les visites 310
Le refus de marcher 315
Le pouce dans la bouche 319
L'apprentissage de la propreté 323
L'apprivoisement à la lecture 328

Chapitre 10 **La santé**
Le port des lunettes 334
L'écran solaire 338
La visite chez le médecin 342
La prise de médicaments 346
Les injections 351

Annexe Les jalons du développement de l'enfant 355